国家自然科学基金青年项目（批准号：72002129）资助

ZHONGGUO SHANGSHI GONGSI SHANGYU JIANZHI GUIBI YANJIU:
JIYU DA GUDONG DE SHIJIAO

中国上市公司商誉减值规避研究：基于大股东的视角

韩宏稳 著

·广州·

版权所有　翻印必究

图书在版编目（CIP）数据

中国上市公司商誉减值规避研究：基于大股东的视角/韩宏稳著．—广州：中山大学出版社，2022.2
　　ISBN 978 - 7 - 306 - 07433 - 1

Ⅰ. ①中… Ⅱ. ①韩… Ⅲ. ①上市公司—信用—风险管理—研究—中国　Ⅳ. ①F279.246

中国版本图书馆 CIP 数据核字（2022）第 026102 号

出版人：	王天琪
策划编辑：	曾育林
责任编辑：	曾育林
封面设计：	曾　斌
责任校对：	陈　莹
责任技编：	靳晓虹
出版发行：	中山大学出版社
电　　话：	编辑部 020 - 84113349，84110776，84110779，84111997，84110283
	发行部 020 - 84111998，84111981，84111160
地　　址：	广州市新港西路 135 号
邮　　编：	510275　　传　真：020 - 84036565
网　　址：	http://www.zsup.com.cn　E-mail: zdcbs@mail.sysu.edu.cn
印刷者：	广东虎彩云印刷有限公司
规　　格：	787mm×1092mm　1/16　14.625 印张　300 千字
版次印次：	2022 年 2 月第 1 版　2022 年 2 月第 1 次印刷
定　　价：	58.00 元

如发现本书因印装质量影响阅读，请与出版社发行部联系调换

内容简介

经过多轮并购浪潮后,资本市场形成日益高企的并购商誉。加之会计准则引入减值测试方法,使得商誉减值确认不及时或规避问题成为监管部门、投资者等关注的焦点议题。为此,学界需要对商誉减值规避问题进行系统探讨。本书通过三个专题对此进行研究。专题一扎根于我国资本市场实际情况,对商誉减值规避的度量进行甄别,并基于大股东的视角揭示上市公司商誉减值规避的成因。专题二进一步探讨大股东商誉减值规避是否会受到外部审计师的约束,以及为规避商誉减值会采取何种防御机制。专题三着重考察大股东商誉减值规避后是否会减持,公司股价崩盘风险是否会提升,以及这种提升作用是否主要发生于大股东减持的公司。本书的研究结论有助于深化商誉减值、大股东、审计师等方面的理论研究,对于加强商誉监管、规范资本市场发展、防范化解重大风险具有重要的价值。

前　言

并购重组作为资本市场存量资源重新配置的主要方式，在经济结构调整和产业升级转型中扮演着重要的角色。然而，经过多轮并购浪潮后，许多企业形成日益高企的并购商誉。加之商誉会计准则引入减值测试方法，使得商誉减值确认不及时或规避问题成为监管部门、市场投资者、学术界等关注和讨论的焦点议题。现有关于商誉减值的研究，大多数只是将样本公司简单分为减值和没有减值两类，只有少量文献在此基础上考虑商誉是否需要减值，研究商誉减值不及时确认或规避问题。由于每个国家的资本市场发展情况不一样，如何借鉴这些研究成果，判断商誉需要减值，要结合每个国家资本市场的实际情况进行甄别。同时，这些研究主要是从公司管理者视角，探讨企业为何会规避商誉减值的及时确认，而这一研究视角在英美资本市场比较适用，因为英美国家公司的股权结构较为分散，管理者掌握着公司经营等各项决策权。除英美外的大多数国家公司股权结构均较为集中，公司大股东实际控制和影响着企业各项决策，因而需要结合每个国家资本市场的实际情况，选择研究商誉减值规避问题的切合视角。

为此，本书通过三个专题进行研究。专题一扎根于我国资本市场实际情况，选择与之契合判断商誉需要减值的指标，试图基于大股东视角，揭示上市公司商誉减值规避成因。研究发现，有62.62%的样本公司没有及时确认商誉减值，表明我国资本市场普遍存在商誉减值规避的现象。实证结果得出，大股东持股比例对商誉减值规避具有显著的正向影响，说明商誉减值规避现象背后存在大股东的影响，大股东持股比例越高的公司越可能进行商誉减值规避。进一步的研究表明，大股东持股与商誉减值规避之间的正向作用关系在大股东存在股权质押的公司、规模较小的公司以及股权制衡较低的公司中更加显著，说明在这三种情景下，公司大股东更加有动机、空间和能力对商誉减值进行规避，以维护自身价值不因减值而减损。这些研究结论有助于拓展商誉减值和大股东相关的理论成果，可为我国如何加强监督、确保商誉减值测试制度有效执行提供现实启示。

在专题一的基础上，专题二进一步探讨了大股东商誉减值规避是否会受到外部审计师的约束，以及为规避商誉减值会采取何种防御机制。通过实证分析发现，大所审计师对大股东持股比例与商誉减值规避之间正向作用关系具有显著的负向影响，大所审计师对商誉减值规避与真实盈余管理间正向作用关系具有显著的正向影响，但对商誉减值规避与应计盈余管理间关系没有显著的影响作用。这些结果表明，大股东商誉减值规避会受到大所审计师的制约。面对这种制约，大股东为规避商誉减值，会更多地选择向上真实盈余管理的防御方式，而非向上应计盈余管理的防御方式。对真实盈余管理三种具体方式的研究表明，大股东主要是选择生产操纵和酌量费用这两种真实盈余管理方式的防御机制。这些研究结论有助于丰富商誉减值经济后果、盈余管理动因等方面的理论成果，同时可为有效监督商誉减值规避、识别盈余管理活动、规范资本市场发展提供现实参考价值。

专题三重点考察大股东商誉减值规避后是否会减持，公司股价崩盘风险是否会提升，以及这种提升作用是否主要发生在大股东减持的公司中。实证研究发现，相比及时计提商誉减值的公司，规避商誉减值的公司未来发生大股东减持的概率更高。商誉减值规避对公司未来股价崩盘风险具有显著的正向影响，这种作用效应主要存在于大股东减持的公司。这表明商誉减值规避导致商誉减值负面消息在公司内部集聚，会提升公司未来股价崩盘风险，这些隐藏的商誉减值负面消息，会随着大股东减持流入市场，使得公司股价崩盘风险显现。此外，本书研究还发现商誉减值规避后公司股价短期内会被高估，但公司未来业绩会恶化，这为解释大股东商誉减值规避后选择减持策略提供了直接证据，同时也为厘清商誉减值规避对股价崩盘风险的提升作用主要存在于大股东减持公司股票提供了解释。这些结论有助于丰富商誉减值经济后果和股价崩盘风险成因的理论成果，可为防范化解重大风险、保护投资者利益提供现实启示。

目　录

第1章　导　论 ··· 1
1.1　研究背景与问题提出 ··· 1
1.2　研究意义 ·· 7
1.3　研究框架与内容 ··· 11

第2章　制度背景 ·· 14
2.1　我国并购浪潮与商誉的形成：商誉减值问题产生场景 ······ 14
2.2　商誉会计准则的变更：商誉减值规避制度空间 ··············· 17
2.3　我国上市公司的股权结构特征：商誉减值规避研究切入点
　　　 ··· 26

第3章　理论基础与文献综述 ·· 29
3.1　理论基础 ··· 29
3.2　商誉减值相关文献综述 ·· 37
3.3　大股东持股经济后果相关文献综述 ······························ 44
3.4　盈余管理成因与治理相关文献综述 ······························ 54
3.5　股价崩盘风险成因与治理相关文献综述 ························ 66
3.6　初步的理论分析框架 ··· 72

第4章　大股东视角下商誉减值规避的成因：现象揭示 ··············· 75
4.1　引言 ··· 75
4.2　理论分析与研究假设 ··· 79
4.3　研究设计 ··· 85
4.4　实证结果与分析 ·· 92
4.5　结论与小结 ··· 117

第5章 大股东商誉减值规避的外部约束与防御：审计师的作用 …… 120
 5.1 引言 …… 120
 5.2 理论分析与研究假设 …… 123
 5.3 研究设计 …… 128
 5.4 实证结果与分析 …… 134
 5.5 结论与小结 …… 155

第6章 大股东商誉减值规避后减持与股价崩盘风险：潜在危害 …… 157
 6.1 引言 …… 157
 6.2 理论分析与研究假设 …… 160
 6.3 研究设计 …… 164
 6.4 实证结果与分析 …… 168
 6.5 结论与小结 …… 187

第7章 研究结论与展望 …… 189
 7.1 研究结论与启示 …… 189
 7.2 可能创新之处 …… 192
 7.3 局限与展望 …… 198

参考文献 …… 200

第 1 章　导　　论

1.1　研究背景与问题提出

1.1.1　研究背景

1.1.1.1　并购重组潮下的高额商誉

我国经济经过多年粗放式快速发展，产能过剩、供需两端不匹配等问题开始频现，为此需要加快我国经济结构调整和产业升级转型。党的十九大报告中明确指出，我国社会主要矛盾转变成人民日益增长的美好生活需要和不平衡不充分的发展之间的矛盾。这要求加速推进供给侧改革，以实现经济结构调整和产业转型升级，解决供给两端不匹配的矛盾。并购重组作为经济结构重构和产业升级转型的重要途径，被我国越来越多的企业所重视与采用。

我国政府也纷纷出台政策法规，积极促进企业间并购重组。国务院2010年发布《关于促进企业兼并重组的意见》（国发〔2010〕27号），要求切实推进企业兼并重组，深化企业改革，促进产业结构优化升级，加快转变发展方式，提高发展质量和效率。为全面加快推进企业间的并购重组，国务院2014年发布《关于进一步优化企业兼并重组市场环境的意见》（国发〔2014〕14号），针对企业兼并重组中存在的审批多、融资难、体制机制不完善等问题，从行政审批、交易机制、财税政策等多方面积极进行制度创新和健全完善。为贯彻落实该指导意见，鼓励企业利用资本市场开展并购重组，促进上市公司进行行业整合和转型升级，证监会同年10月对《上市公司收购管理办法》（证监会第108号令）和《上市公司重大资产重组管理办法》（证监会第109号令）进行修订，取消除借壳上市外的重大资产重组行政审批，充分发挥资本市场促进资源流动和配置的功能。

这些政策法规的出台为企业并购重组交易创造出良好宽松的政策环

境，激发了企业进行并购重组的强烈意愿，资本市场掀起一轮又一轮的并购浪潮。据《中国证券报》的统计数据，2015年我国资本市场发生1444起并购重组事件，交易金额为15766.49亿元，交易事件数量和金额分别是2014年的3倍和6.8倍。并购活动是企业商誉形成的来源。由于并购交易中信息不确定性和非理性因素的存在（傅超等，2015），经过波澜壮阔的并购浪潮后，资本市场上形成的商誉规模急剧增加。据统计（具体可见制度背景部分的详细分析），2007年末我国A股市场有商誉公司比例为30.40%（470家），到2016年末该比例达到59.36%（1804家）；累计商誉规模2007年末为375亿元，2016年末大幅攀升到10101.38亿元。这些规模庞大的商誉后续减值处理是个不容忽视的现实问题。

1.1.1.2 商誉减值规避的会计现象

美国会计准则委员会在2001年底和国际会计准则委员会在2004年对商誉会计准则进行了修改：对于商誉的后续处理，由过去的系统摊销方式转变为商誉减值测试，要求上市公司至少每年年末对商誉资产进行减值测试。我国财政部2006年颁布的会计准则，与国际会计准则趋同，对于商誉资产的后续处理，取消过去不超过10年的系统摊销方式，引入商誉减值测试制度，将"商誉"从无形资产中分离出来，作为一项新增资产科目单独列报。

会计准则制定者引入商誉减值测试方法的本意是为了更好地反映商誉的资产属性，期望上市公司利用商誉资产的公允价值或可收回金额，及时反映公司资产的经济实质，为市场投资者提供更多公司资产未来现金流的私有信息。然而，商誉会计准则的这一变更却引起了较大的争议。已有研究指出，以原则为导向的商誉减值测试主要依赖于企业当局的预期判断，同时相比固定资产和无形资产等资产减值，商誉资产的会计估计更为复杂和难以被核实，使得企业在减值测试制度下，对商誉减值处理具有较高的自由裁量权（Ramanna，2008；Jarva，2009；Ramanna and Watts，2012）。进一步的研究发现，企业内部人在自利动机驱使下，会利用这一弹性空间，规避商誉减值的及时确认（Beatty and Weber，2006；Filip，Jeanjean and Paugam，2015；Li and Sloan，2017；Glaum et al.，2018）。

Ramanna 和 Watts（2012）基于美国上市公司的研究发现，高达 69% 的公司没有及时确认商誉减值损失，这表明在商誉减值测试的会计准则下，有较多公司会利用该制度赋予的自由裁量权对商誉减值进行规避。通过对我国上市公司商誉减值确认情况的统计发现（具体可见制度背景部分的详细分析），我国资本市场整体上确认商誉减值的公司数量相对较少，计提的商誉减值金额相对商誉账面规模比较低，与已有研究发现相符（吴虹雁等，2014；韩宏稳、唐清泉，2019），我国资本市场同样存在商誉减值规避[①]的现象。

1.1.1.3 商誉监管与现有研究存在的不足

随着资本市场商誉规模的急增，规避商誉减值及时确认的潜在危害日益显现。据《国际金融报》2018 年的报道，联建光电（300269）等上市公司因积聚的商誉减值集中计提致使公司业绩"暴雷"，股价"大跳水"。诸如此类事件并非个例。据澎湃新闻 2019 年报道，天神娱乐（002354）等累积的商誉减值集中爆发，导致公司业绩"大变脸"，公司股价连续多次跌停。上市公司商誉减值规避后毫无征兆的"暴雷"，动辄数十亿元的减值集中计提，对资本市场和投资者造成了较大的影响，也引起了监管部门的关注和重视。

在我国证监会发布的《上市公司年报会计监管报告》中，近年来连续多次重点提及上市公司商誉减值测试方法不正确、商誉减值相关信息披露不充分、商誉减值确认随意和不及时等问题。2018 年下半年，财政部就商誉及其减值议题，向会计准则咨询委员会咨询意见。2019 年全国人大代表贾文勤指出，证监会注意到上市公司商誉减值确认中存在完全不计提减值和一次性集中计提减值两类情形，会对此加强监管。国际会计准则理事会在 2017 年 9 月至 2018 年 1 月期间在伦敦召开 5 次理事会，其中讨论的一项重要议题是商誉及其减值，包括商誉减值测试的有效性、方法简化与信息披露等方面内容。2020 年 3 月，国际会计准则理事会经过长达 5 年的讨论与研究，发布了商誉与减值项目的讨论稿，明确拒绝回到商誉摊销法，保留现行单一减值测试法，认为商誉减值规避等问题属于监管问题。由此可见，监管部门对如何有效监管资本

---

① 所谓的商誉减值规避，在本书中指的是公司商誉减值需要减值但没有及时确认商誉减值的情形。

市场商誉减值规避现象具有迫切的现实需要。

目前学术界对商誉减值规避问题的研究较为薄弱,有待深入探讨,具体来看:

第一,尽管已有部分学者通过单一指标、配对方法来判断公司商誉是否需要减值,进而对商誉减值规避进行计量(Beatty and Weber, 2006; Ramanna and Watts, 2012; Filip et al., 2015),但是这些方法的科学性与适用性有待检验(Chen et al., 2019; Park, 2019)。因此,如何结合各国资本市场情况更为准确地识别和计量商誉减值规避是需要解决的难题。

第二,以往文献主要基于美国资本市场,从管理者薪酬契约和债务契约角度揭示企业为何会规避商誉减值确认(Beatty and Weber, 2006; Ramanna and Watts, 2012),少见有研究从股权结构角度进行探讨。我国资本市场股权结构较为集中,"一股独大"现象普遍存在(魏明海等,2016;姜付秀等,2016),大股东①对企业财务决策和会计信息披露具有重要影响作用(Fang and Wang, 2002;黎文靖等,2007;罗进辉等,2008;王化成等,2015)。而上市公司商誉减值规避背后是否存在大股东的影响,还是个尚未探讨的研究话题。

第三,若大股东为维护自身利益去规避商誉减值的确认,那么他们的这些行为会不会受到外部约束,以及他们会如何去应对,这些有趣的问题尚无回答。

第四,商誉减值规避会降低企业会计信息决策的有用性,对资本市场和投资者产生多重不利影响(Roychowdhury and Martin, 2013; Jarve, 2014; Filip et al., 2015; André et al., 2015; Lobo et al., 2017;方重、武鹏,2018),但较少有实证研究考察商誉减值规避对企业和市场具体会产生何种不利影响。

综上所述,经过多轮并购重组浪潮后,我国资本市场上市公司累积的商誉规模越来越大,这些商誉资产的后续减值处理是个不可忽视的现实问题。对商誉后续减值处理,我国会计准则取消了过去的系统摊销方

---

① 与国内研究一致(王化成等,2006,2015;江伟、沈艺峰,2008;窦欢、陆正飞,2016),本书所指的大股东是公司第一大股东,或者说是控股股东,下文不特别区分大股东、第一大股东、控股股东这三个概念。

式，引入商誉减值测试方法。商誉会计准则这一变迁赋予了上市公司处理商誉减值更高的自由裁量权，极其容易滋生出商誉减值规避的现象。商誉减值不及时确认或规避对企业、投资者、资本市场的风险和潜在风险不容小觑。随着商誉规模的激增，商誉减值不及时确认问题应该得到较多的关注和讨论。然而，国内对企业商誉减值问题的研究起步相对较晚，取得的本土化成果也相对较少，因而使得聚焦我国资本实际情况，展开商誉减值规避问题的研究迫在眉睫。这正是本书展开研究的现实背景以及原因所在。

1.1.2 研究问题

基于资本市场商誉减值规避现象的监管现实需要，以及针对现有理论研究存在的薄弱之处，本书试图对我国上市公司商誉减值规避问题进行系统探究。围绕该研究主题，本书主要探讨以下三个关联的问题：①上市公司为何会规避商誉减值；②上市公司如何规避商誉减值；③上市公司规避商誉减值有何潜在的危害。

对于第一个问题，本书试图基于大股东视角，揭示上市公司商誉减值规避的成因。之所以选择这个视角，是因为我国上市公司股权结构较为集中，公司大股东实际上控制和影响着企业的经营等各项决策（徐莉萍、辛宇、陈孟工，2006；Jiang et al.，2010；姜付秀等，2016）。故此，本书在考察我国上市公司商誉减值规避现象背后是否存在大股东影响的同时，进一步探讨大股东在何种情景下更加有动机、空间和能力规避商誉减值。具体而言，本书考察大股东持股比例是否会对公司商誉减值规避产生显著的影响，以及两者之间的作用关系是否在大股东存在股权质押、公司规模较小、大股东受到股权制衡较小这三种情景下会更加显著。

对于第二个问题，本书考察上市公司大股东商誉减值规避是否会受到外部审计师的约束；面对这种约束；企业大股东为规避商誉减值是否会采取防御措施。之所以考察外部审计师的作用，主要有两方面的原因：一方面是考虑大股东持股比例较高的企业，公司内部治理机制对大股东商誉减值规避发挥的约束作用有限，所以选择公司外部治理机制；另一方面是因为企业当局在以原则为导向的商誉减值测试制度下，对商誉减值会计处理具有较高的自由裁量权（Ramanna，2008；Jarva，2009；

Ramanna and Watts，2012），财务报告审计是会计准则得以有效履行、提升企业会计信息可信度的一项重要的外部独立的监督机制，尤其是随着商业交易和会计准则的日趋复杂，审计的潜在价值更加明显（DeFond and Zhang，2014）。为此，本书将探讨外部审计师是否会对上市公司大股东商誉减值规避产生约束作用。已有文献表明，公司大股东为掩护其不当行为，会操纵企业会计盈余（雷光勇、刘慧龙，2006；陈政，2008；蔡宁、魏明海，2009）。据此，本书进一步考察大股东面对外部审计师对其商誉减值的约束，探讨其为规避商誉减值是否会采取盈余管理的防御机制。

对于第三个问题，本书探讨中国上市公司大股东商誉减值规避对股价崩盘风险的影响作用。由于股价崩盘会造成投资者财富缩水，影响资本市场有效运行，更甚者会危害国家金融稳定与发展（王化成等，2015），同时股价崩盘风险与商誉减值规避可能存在内在逻辑联系，故而本书考察上市公司大股东商誉减值规避后公司股价崩盘风险是否会得以提升。并进一步分析，大股东在商誉减值规避后是否进行减持；一旦大股东发生减持，则向市场释放出公司短期内业绩会被高估和未来业绩会下滑的信号（吴育辉、吴世农，2010；朱茶芬等，2010），商誉减值规避造成的公司股价崩盘风险是否显现出来。

以上三个研究问题的框架如图1-1所示。

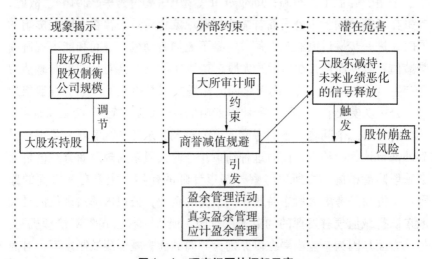

图1-1 研究问题的框架示意

1.2 研究意义

1.2.1 理论意义

本书研究的理论意义主要体现在以下方面。

（1）基于大股东视角，揭示上市公司商誉减值规避的成因，研究结论有助于丰富和拓展商誉减值研究视角的理论文献。

自美国会计准则 2001 年底和国际会计准则 2004 年采用商誉减值测试制度后，国外研究者便开始关注商誉减值问题，并取得了一些有益的理论成果。基于管理者视角的研究表明，企业管理者基于薪酬和声誉的考虑，倾向不计提商誉减值损失或者少计提减值损失（Beatty and Weber，2006；Ramanna and Watts，2012；Glaum，Landsman and Wyrwa，2018）。基于债务契约视角的文献发现，债务契约违背成本会促使企业不及时确认商誉减值损失（Beatty and Weber，2006；Ramanna and Watts，2012）。基于公司治理视角的研究表明，公司非控股大股东、董事会独立性、审计委员会等治理机制会约束企业管理者商誉减值自利行为（Majid，2015；Kabir and Rahman，2016）。追溯到并购时点的研究表明，并购方公司股价高估、并购溢价、对价方式等会对后续并购商誉减值产生影响作用（Hayn and Hughes，2006；Gu and Lev，2011；Li et al.，2011）。相比较而言，国内目前对企业商誉减值的研究相对较少，主要是基于公司内部控制和管理者盈余报告动机视角，探讨其对商誉减值的影响（卢煜、曲晓辉，2016；张新民等，2018）。本书扎根于我国资本市场的实际情况，从大股东视角揭示上市公司规避商誉减值及时确认的成因，研究得出的结论有助于丰富和拓展商誉减值研究视角方面的理论文献成果。

（2）探讨大股东在面对大所审计师等外部约束时，为规避商誉减值，是否会采取向上盈余管理（真实盈余管理）的防御机制，研究结论有助于丰富盈余管理成因的理论文献。

以往研究文献对于企业盈余管理的动因，主要是基于契约视角和资本市场视角来考察。其中，契约视角主要包括薪酬契约视角（Watts and

Zimmerman, 1978；Healy, 1985；Cheng and Warfeild, 2005；李延喜等, 2007；肖淑芳等, 2013；杨志强等, 2014；罗宏等, 2016) 和债务契约视角 (Sweeney, 1994；DeFond and Jiambalvo, 1994；Gupta and Khurana, 2008；李增福等, 2011；杨继伟等, 2012；Jha, 2013；Franz, HassabElnaby and Lobo, 2014；An, Li and Yu, 2016；王云等, 2016)。资本市场视角主要包括 IPO (Aharony et al., 1993；Friedlan, 1994；Teoh et al., 1998；张宗益等, 2003；DuCharme et al., 2004；Morsfield and Tan, 2006；李仙等, 2006；徐浩萍等, 2009；Chen et al., 2013；Liu et al., 2014；Cheng et al., 2015；Alhadab et al., 2016；柳建华等, 2017)、再融资活动 (Teoh et al., 1998；Shivakumar, 2000；陈小悦等, 2000；张祥建等, 2005；Yu et al., 2006；Cohen and Zarowin, 2010；章卫东, 2010；李增福等, 2011, 2012)、规避亏损 (吴联生等, 2007；张昕, 2007；魏涛等, 2007；张俊瑞等, 2008；蒋大富等, 2012)、税收规避 (戴德明、毛亮, 2005；叶康涛, 2006；李增福等, 2011；芦笛, 2017)、达到分析师预期 (Yu, 2008；Irani and Oesch, 2013；Degeorge et al., 2013；Irani and Oesch, 2016；Sun and Liu, 2016；李春涛等, 2016)。本书结合商誉减值测试制度，考察企业大股东在面对大所审计师对其商誉减值规避的制约时，是否会采取向上盈余管理防御机制，去实现自身财富不因商誉减值而减损。本书得出的研究结论有助于丰富和完善企业盈余管理活动产生原因方面理论文献的研究成果。

（3）考察商誉减值规避后公司股价崩盘风险是否会提升，以及这种提升作用在大股东减持情景下是否更加明显，研究结论有助于丰富股价崩盘风险成因的理论文献。

由于股价崩盘的极大破坏性，近年来得到越来越多学者的关注和探讨。已有的研究文献主要基于会计信息视角和代理冲突视角探讨公司股价崩盘风险形成的原因。基于会计信息视角的理论文献，主要考察了企业内部人为何能够隐瞒坏消息，致使公司股价崩盘风险的提升 (Jin and Myers, 2006；Hutton et al., 2009；潘越等, 2011；王冲等, 2013；Francis, Hasan and Li, 2016；Chen et al., 2017；蔡艳萍等, 2018；周爱民、遥远, 2018；杨棉之、张涛, 2018)。基于代理冲突视角的研究文献，主要解释了企业内部人为何会隐瞒坏消息，提升公司股价崩盘风险 (Bleck and Liu, 2007；Kothari et al., 2009；Ball, 2009；Kim et al.,

2011a, 2011b; Xu et al., 2014; Piotroski et al., 2015; 江轩宇、许年行, 2015; Kim et al., 2016a, 2016b)。这些研究的隐性假设是, 公司对坏消息的隐瞒会致使负面信息在公司内部累积, 当难以继续隐瞒时, 负面信息集中释放到市场会造成公司股价跳跃式下跌。但较少有研究直接探讨企业会隐藏何种坏消息, 以及这种坏消息何时会流入股票市场, 造成公司未来股价崩盘风险的提升。本书具体探讨了公司大股东对商誉减值进行规避是否会提升公司未来股价崩盘风险, 而且这种提升作用在大股东减持的情形下是否会更加明显。本书得出的结论有助于拓展和丰富股价崩盘风险成因这一研究领域的理论成果。

(4) 探讨大股东在商誉减值规避决策中的影响作用, 以及商誉减值规避后是否会发生减持, 研究结论有助于丰富大股东相关方面的理论文献。

目前对大股东持股经济后果的研究文献, 国内外学者展开了较多的探讨, 主要集中于考察其对企业融资、投资和经营活动等方面的影响作用 (Fan and Wong, 2002; 王化成、胡国柳, 2005; 徐莉萍等, 2006; 王化成、佟岩, 2006; 黎文靖、路晓燕, 2007; 罗进辉等, 2008; Ramli, 2010; Jiang, Habib and Hu, 2011; 叶松勤、徐经长, 2013; Sousa and Galdi, 2016; Yao and Yang, 2017; 王运通、姜付秀, 2017; Iwasaki and Mizobata, 2019)。但较少有文献探讨大股东持股是否会对企业会计选择产生影响。本书探讨大股东持股是否会影响企业商誉减值规避, 以及进一步考察两者间的边界条件, 得出的研究结论有助于丰富大股东持股与企业会计选择间作用关系的理论文献。

已有研究发现, 公司大股东减持存在择时性 (吴育辉、吴世农, 2010; 朱茶芬等, 2010, 2011), 但较少有文献研究大股东会在何种具体时机下减持。本书还从动态角度, 考察大股东商誉减值规避后是否进行减持, 得出的研究结论有助于拓展大股东会在具体何种时机下减持的理论成果, 也有助于丰富关于大股东如何侵占中小股东利益方面代理问题的理论成果。

1.2.2 现实意义

本书研究的现实意义主要体现在以下方面:

（1）结合我国资本市场实际情况，考察上市公司商誉减值规避现象背后的成因，研究得出的结论可为商誉会计准则如何有效执行提供现实启示。

引入商誉减值测试方法是包括我国在内的世界大多数国家会计准则的一项重要变更，该会计准则是否得到了有效的执行（即公司利用商誉资产的公允价值和可收回金额，客观反映商誉资产的经济实质，为市场投资者提供更多公司资产未来现金流的私有信息）是会计准则制定者关注的核心问题。目前多数学者发现，商誉减值测试主要依赖于企业当局的主观判断，在自利动机驱使下，他们倾向采用制度弹性空间规避商誉减值确认（Ramanna and Watts，2012；Filip，Jeanjean and Paugam，2015；Li and Sloan，2017；Glaum et al.，2018）。

随着并购商誉规模的激增，商誉减值规避或不及时确认的风险和潜在风险逐渐开始显现。国际会计准则理事会在2017年9月至2018年1月期间在伦敦召开5次理事会，对诸多议题展开广泛的讨论，其中一项重要议题是商誉及其减值，包括商誉减值测试的有效性、方法简化与信息披露等方面内容。我国财政部2018年下半年就商誉及其减值议题，向会计准则咨询委员会咨询意见。在本书中，笔者对我国资本市场上市公司商誉减值规避现象进行了研究，并结合我国资本市场的实际情况，从大股东视角揭示这种现象背后的成因。实证研究得出的结论对于如何加强监管、保证商誉减值测试制度得以有效实施具有较强的现实启示。

（2）探讨大股东在面对商誉减值规避约束时，是否会操纵会计盈余，进行向上盈余管理，研究结论可为识别上市公司盈余管理活动提供重要的现实启示。

资本市场上的盈余管理事件层出不穷，保上市、保盈利和保再融资的"三保"行为更是普遍。比如，2001年的安然事件、2003年的世通事件、2012年的紫鑫药业和2016年的亚太实业等诸如此类的盈余管理丑闻屡见不鲜。企业盈余管理活动会损害中小股东、债权人等的利益，过度的盈余管理更是会扰乱资本市场的秩序，阻碍资本市场健康稳定的发展。因而，如何识别企业盈余管理活动具有重要的现实意义。以往研究文献主要是基于薪酬契约和债务契约的契约视角，以及IPO、保盈利、再融资、税收规避和到达分析师预期等资本市场视角，考察企业盈余管理的动因。本书考察大股东在面对大所审计师等主体对其商誉减值规避约束时,是否会以及如何操纵会计盈余,进行盈余管理,研究得出的结论可为识别企业盈余管理活动提供一个新的视角,为政府部门等监管部门监管审查企业盈余管理活动、规范资本市场发展提供参考价值。

(3)考察商誉减值规避后公司股价崩盘风险是否提升,以及这种提升作用在大股东减持情景下是否更加明显,研究结论可为防范和化解重大风险提供现实启示。

在2017年12月的中央经济工作会议上,国家明确指出未来三年的工作重点是"三大攻坚战",且"防范化解重大风险"是"三大攻坚战"的首要任务。公司股票崩盘会造成投资者财富缩水,影响资本市场有效运行,更甚者会危害国家金融稳定和实体经济发展。因而,如何侦测公司股价崩盘风险对于防范化解重大风险具有重要的现实意义。本书探讨商誉减值规避后,商誉减值负面消息在公司内部集聚,公司股价崩盘风险是否会提升,以及在大股东减持的情景下这种提升作用是否会更加明显。研究得出的结论可为金融监管者如何防范重大风险、维护金融市场稳定发展、加强有针对性的监管提供经验证据,同时可为投资者如何保护自身利益、提高防范意识提供参考价值。

1.3 研究框架与内容

围绕提出的研究问题,本书的结构内容安排如下:

第1章,导论。此章主要介绍本书的选题背景、研究问题、开展研究的理论贡献和现实价值,以及研究理论框架与具体章节内容。

第2章,制度背景。此章首先回顾我国并购浪潮与商誉的形成,描述统计分析我国资本市场上市公司商誉情况,发现我国资本市场商誉规模庞大,为展开商誉减值问题研究提供场景;其次,重点梳理美国会计准则、国际会计准则和中国会计准则对商誉及其减值处理方式的制度变迁,将商誉从无形资产中分离出来,对商誉后续减值处理,引入减值测试取代系统摊销;再次,讨论企业在商誉减值测试实际执行过程中,是否存在以及在哪些方面存在自由裁量权,描述统计我国资本市场在现行商誉减值测试制度下商誉减值情况,发现商誉减值公司数量和规模都相对较少,为进一步分析商誉减值规避现象奠定基础;最后,考察我国资本市场上市公司的股权结构特征,为研究商誉减值规避问题提供现实视角。

第3章，理论基础与文献综述。此章主要包括两个部分内容。第一部分是查找和总结与本书研究主题相关的理论基础，主要包括与商誉相关的理论认知和与大股东相关的理论基础两方面内容，前者为识别商誉减值规避提供理论支撑，后者为分析大股东在商誉减值规避决策中影响作用以及商誉减值规避后策略选择提供理论支撑。第二部分是对本书涉及的主要研究变量进行文献综述，为本书后续的理论分析奠定基础，同时为提炼本书研究的理论贡献做铺垫。这部分内容首先对商誉减值的研究文献进行综述，目前多数国家商誉会计准则采用商誉减值测试方法，虽减值测试程序存在细微差异，但核心思想是趋同的，因而各国学者围绕商誉减值的研究成果可相互借鉴，为此梳理国内外商誉减值的研究文献；其次对大股东持股的相关研究文献进行综述，并基于此试图构建其与商誉减值规避的理论联系；再次对盈余管理的相关文献进行梳理，重点回顾企业盈余管理产生的动因；复次回顾股价崩盘风险的研究文献，重点梳理股价崩盘风险形成的原因；最后基于这些变量的文献回顾，构建本书的研究框架。

第4章，大股东视角下商誉减值规避的成因：现象揭示。此章主要结合我国资本市场制度背景，基于企业大股东视角，揭示我国上市公司出现商誉减值规避现象背后的原因。具体考察公司大股东持股比例越高，是否越容易发生商誉减值规避的问题，以及两者间作用关系在大股东存在股权质押、大股东受到股权制衡较低、大股东所在公司规模较小等不同情景下是否会更加显著。最后，选取我国上市公司为样本，对这些理论问题进行实证分析，得出该章的研究结论。

第5章，大股东商誉减值规避的外部约束与防御：审计师的作用。此章是在上一章证实商誉减值规避背后存在大股东影响的基础上，进一步考察企业大股东商誉减值规避是否会受到大所审计师的约束，以及在面对这种约束时，大股东为进行商誉减值规避，是否以及会采取何种防御机制，实现自身不因商誉减值而受损。最后，选取我国上市公司为研究样本，对这些理论问题进行实证分析，得出该章的研究结论。

第6章，大股东商誉减值规避后减持与股价崩盘风险：潜在危害。此章是在上两章内容的基础上，进一步探讨企业大股东实现商誉减值规避后，是否会进行减持，是否会导致公司股价崩盘风险的提升，以及这种提升作用在大股东减持时是否会更加明显。此外，该章还进一步验证商誉减值规避后，公司股价短期内是否会被高估，以及公司未来业绩是否会下滑。最后，选取我国上市公司为数据样本，设定研究模型，对这些理论问题进行实证分析，得出此章的研究结论。

第7章，研究结论与展望。此章的主要内容是总结本书得出的研究结论与启示，提炼本书研究可能存在的创新点，以及指出本书存在的局限性，并对未来研究进行展望。

图1-2为本书研究框架与结构内容。

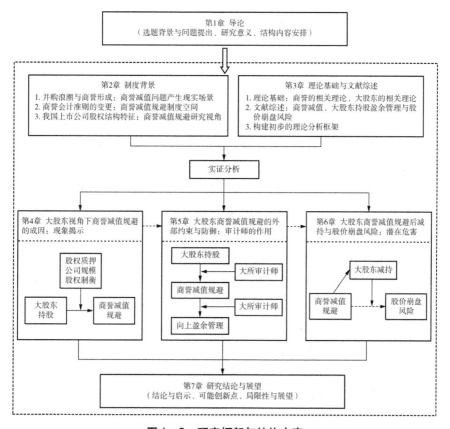

图1-2 研究框架与结构内容

第 2 章 制 度 背 景

2.1 我国并购浪潮与商誉的形成：商誉减值问题产生场景

并购浪潮往往兴起于经济复苏期，同时又改变着社会资源分配与再分配的过程，助推经济发展。美国一直作为并购浪潮的主角，自1893年至今已经历经了6次并购浪潮。我国并购浪潮始于20世纪80年代，至今的30多年间大致经历起步阶段、粗放式发展阶段和逐步成熟阶段三个时期，正在朝着规范化和成熟化方向发展。我国并购浪潮虽然起步较晚，但在我国经济发展和经济结构调整中发挥着不可或缺的重要作用。

1984—1989年是我国并购浪潮的起步阶段。这一时期的并购活动主要是以国有企业为主，政府以国有企业所有者身份，积极推动企业之间的兼并收购，优化企业存量资源配置，减少亏损国有企业数量。1991—2000年是我国并购浪潮的粗放式发展阶段。这一时期我国经济确定市场经济的改革方向，并购成为国有企业改革的重要内容。并购的目标由过去消除企业亏损向优化经济结构的方向转变。同时，伴随着兼并暂行办法的颁布实施以及沪深交易所和产权交易市场的成立，并购交易活动开始升温，出现上市公司并购、外资并购以及海外并购等多种方式的并购现象。2001年至今是我国并购浪潮的逐步成熟阶段。我国并购法律法规在这一时期逐步完善，并购活动进入有法可依的阶段。上市公司并购形式开始多样化，比如协议收购、要约收购等。同时，并购支付方式和融资方式也不断创新，呈现出多元化趋势。并购支付方式从过去以现金支付为主，变成现金、股票对价等多种类型支付方式。并购融资方式不仅包括便捷的权益融资，还可以从商业银行、投行、基金、信托等金融机构进行融资。此外，跨国并购也越来越引人注目，引进来与走出去并驾齐驱。

随着全流通问题的解决,当前形势下由市场配置资源的并购在逐渐增多,过去由政府主导的并购方式在逐渐缩减和退出,现在的并购活动更多是以企业发展战略为主导。而政府则更多的是在不断深化经济结构调整过程中,为推进企业间并购重组,创造良好的政策环境。并购是企业商誉形成的来源。经过多轮并购浪潮后,我国上市公司形成大量的并购商誉,具体如表2-1所示。

表2-1 我国A股非金融上市公司2007—2016年整体确认商誉情况

年份	有商誉的公司数量(家)	有商誉的公司占年度总上市公司数量比重(%)	商誉规模(亿元)	商誉规模占期末所有者账面价值比重(‰)
2007	414	27.60	329.76	22.88
2008	516	33.18	602.16	32.61
2009	592	34.80	731.61	29.56
2010	726	35.40	843.61	25.51
2011	868	38.04	972.64	23.15
2012	1025	42.57	1218.06	23.58
2013	1156	47.13	1622.15	26.40
2014	1313	51.11	2734.83	36.96
2015	1573	57.05	5627.83	59.33
2016	1804	59.36	10101.38	74.82

资料来源:由CSMAR数据库手工整理得到。

从数量上来看(图2-1),我国A股市场年度内有并购商誉的非金融上市公司的数量呈现出快速增长的趋势,由2007年的414家上升到2016年的1804家,占年度内A股上市公司总数的比例由2007年的27.60%上升到2016年的59.36%。

从规模上来看(图2-2),我国A股市场上非金融上市公司拥有的商誉规模同样呈现出明显的增长趋势,由2007年的329.76亿元上升到2016年的10101.38亿元,占年度期末所有者权益账面价值的比例由2007年的22.88‰上升到2016年的74.82‰。

由此可见,我国资本上拥有商誉资产的上市公司数量越来越多,截至2016年,已有1800多家非金融上市公司确认商誉资产。同时,并购

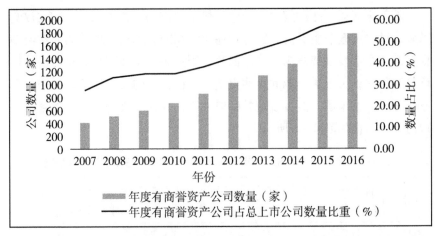

图2-1 我国A股市场有商誉资产的非金融上市公司的数量和占比情况

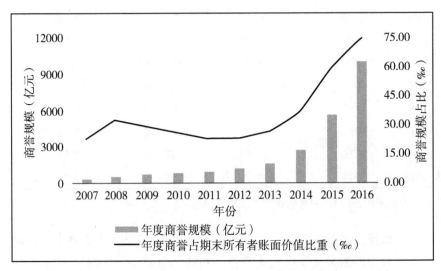

图2-2 我国A股市场非金融上市公司的商誉资产规模与占比情况

商誉的金额规模也越来越庞大，截至2016年已超过万亿元，在资产负债表中的比重越来越高。因而，商誉后续的减值处理已成为这些上市公司不可绕开的决策问题，也是监管部门等实务界和学术界需要重点关注的一个现实问题。

2.2 商誉会计准则的变更：商誉减值规避制度空间

2.2.1 会计准则对合并商誉的初始确认与计量

本节主要是对美国会计准则委员会、国际会计准则理事会和我国财政部发布关于商誉初始确认和计量的准则进行梳理，具体如表 2-2 所示。总体上来看，美国会计准则、国际会计准则和我国会计准则对于商誉的初始确认和计量是趋同的，均采用总计价账户对商誉进行初始确认和计量。

表 2-2　各国会计准则对合并商誉的初始确认与计量

国家	相关准则	初始确认与计量
美国	1970 年颁布执行的会计准则中第 17 号《无形资产》	收购公司的成本超过其可辨认净资产的差额
	2001 年颁布执行的会计准则中第 142 号《商誉与其它无形资产》	收购公司的成本超过分配到所收购资产或所承担负债中的净额部分
国际会计准则委员会	2004 年颁布执行的国际会计准则中第 3 号《企业合并》	企业并购日，购买成本超过被并购公司可辨认资产和负债的公允价值的股权份额的部分为商誉
	2008 年修订的国际会计准则中第 3 号《企业合并》	企业购买日，被并购公司的整体公允价值超过合并中取得的可辨认资产和负债相抵扣后的净额为商誉
中国	2006 年颁布的会计准则中第 20 号《企业合并》	将商誉从无形资产中分离出来，单独成为一个科目，初始确认为：在非同一控制下，企业合并成本超过取得被收购方公司可辨认净资产公允价值的差额

资料来源：笔者手工整理。

我国现行的会计准则将商誉初始确认为"非同一控制下的企业合并中，购买方对合并成本大于合并中取得的被购买方可辨认净资产公允价值份额的差额"。若合并成本小于被购买方可辨认净资产的公允价值，企业合并准则要求合并方需要对取得的被购买方各项可辨认资产、负债，或有负债的公允价值以及合并成本的计量进行复核，经复核后合并成本仍小于合并中取得的被购买方可辨认净资产公允价值份额，其差额应当计入当期损益。

对于同一控制下的企业合并，一律不予确认商誉，合并方在企业合并中取得的资产和负债，应当按照合并日在被合并方的账面价值计量，合并方取得的净资产账面价值与支付的合并对价账面价值或发行股份面值总额的差额，应当调整资本公积；资本公积不足冲减的，调整留存收益。

商誉和无形资产是一对极容易被混淆的概念，故此，本书对此进行进一步辨析，加以区分。无形资产是企业拥有或控制的没有实物形态的可辨认且可单独交易的非货币性资产。狭义上的无形资产，包括专利权、商标权和土地使用权等。广义上的无形资产，包括货币资金、应收账款、金融资产、长期股权投资等。目前，学术界和实务界更多的是将无形资产界定在狭义层面。

李玉菊（2018）归纳总结出无形资产具备以下特征：其一，无实体性。无形资产不具实体形态，这是构成与有形资产最为明显的区别。其二，高效性。无形资产的价值在于创造未来预期超额收益的能力，且能够使得企业在未来较长一段时间获取到经济利润。其三，独占性。无形资产（如专利权、商标权等）是企业主体通过投入后获取到的，受到国家法律和制度的保护，具有独占特权，非所有者难以无偿取得。其四，不确定性高。无形资产的不确定性主要表现为有效期限和转移价值，究其原因在于，无形资产的有效期限受到市场环境和技术进步等因素影响，难以确认稳定的有效期限；无形资产的目的主要是在于使用而非出售，但也可以单独交易，交易转移的价值取决于其未来预期可创造的收益，然而这个未来预期难以确定。其五，可比性较低。由于不同行业的差异以及企业自身的复杂性，无形资产的价值或成本难以横向可比。

通过上述分析可知，商誉和无形资产同属于企业的无形资源，能够为企业创造价值，但两者却有较为明显的区别。无形资产可辨认，且可独立为企业带来经济利益。商誉具有较高的不可辨认性,且商誉不可单独为企业创造利润价值,其价值的发挥需要依赖企业其他资产,只有与相关资产组合才能为企业带来未来经济利润。早期的会计准则将商誉初始确认为无形资产,后续处理方式与其他无形资产一致。但由于商誉资产的不可辨认性,现行的会计准则将商誉从无形资产中分离出来,将其单独归为一类资产,制定出相关的确认和计量准则。

2.2.2 会计准则对商誉后续减值处理的变更

目前,美国会计准则、国际会计准则和中国会计准则对商誉后续减值处理,先后经历了由系统摊销到减值测试的转变,具体如表2-3所示。

表2-3 各国会计准则对商誉后续减值的处理方式

国家	相关准则	后续减值计量方式
美国	1970年颁布执行的会计准则中第17号《无形资产》;1999年发布的《企业合并与无形资产》征求意见稿	企业合并商誉的使用寿命是有限的,企业对合并商誉后续处理需要在适当年限内进行系统摊销,先后经历了在不超过40年内摊销和在不超过20年内摊销
	2001年颁布执行的会计准则中第141号《企业合并》,第142号《商誉与其它无形资产》	对于商誉后续计量处理,取消系统摊销方法,引入每年商誉减值测试方法,具体分为两步执行:首先,比较报告单元的公允价值和包含商誉在内的账面价值,判断是否需要减值;其次,如果存在潜在减值,对商誉内含公允价值与账面价值进行比较,将前者低于后者的差额确认为商誉减值损失。 只确认减值损失,不确认增值利得。即便当初计提减值准备的商誉后来因条件改善而发生事实性增值,已确认的商誉减值损失也不得转回

续表

国家	相关准则	后续减值计量方式
美国	2010年第28号《商誉减值测试准则更新》；2011年第8号《商誉减值测试准则更新》	进一步完善商誉减值测试方法，为简化商誉减值测试过程以及降低减值测试成本，提出在减值测试前，首先采用定性分析方法，并要求对商誉减值原因及测试方法进行详细披露
国际会计准则委员会	1983年颁布执行的国际会计准则中第22号《企业合并》；1998年颁布执行的国际会计准则中第36号《资产减值》	对企业合并商誉的后续处理，采取不超过20年内期间直线摊销或立即注销方式进行确认和计量商誉减值损失。1998年后取消立即注销方式，只采用摊销方式计量商誉减值损失
	2004年颁布执行的国际会计准则中第3号《企业合并》和修订的第36号《资产减值》	合并商誉在初始确认后，对其后续减值处理不再进行摊销，而是采用商誉减值测试方法去确认商誉减值损失，具体为：当商誉与现金流产生单元有关但还没有分摊到该现金流产生单元时，应通过比较不含任何商誉的现金流产生单元的账面价值与可收回金额，进行商誉减值测试。对已分摊商誉的现金流产生单元，应通过比较含分摊商誉的现金流产生单元的账面价值与可收回金额，进行商誉减值测试。若现金流产生单元的可收回金额大于账面价值，则不需要进行商誉减值；若现金流产生单元的可收回金额低于账面价值，则需要进行商誉减值。 对于商誉减值测试损失的分摊，先抵扣分摊到现金流产生单元的商誉账面金额，后依据现金流产生单元中各项资产的账面金额，按照比例抵减其资产账面价值。已确认的商誉减值损失不得转回

续表

国家	相关准则	后续减值计量方式
中国	1996 年发布的《企业合并》的征求意见稿	对商誉后续处理，采用摊销方式进行计量，正商誉的摊销期不超过 10 年，负商誉的摊销期不超过 5 年，两者均选择直线法摊销，计入各期损益
	2006 年颁布的会计准则中第 20 号《企业合并》和第 8 号《资产减值》	对商誉后续减值处理取消定期摊销，采取至少每年终了以资产组或资产组组合为测试单元，进行商誉减值测试方式来计量商誉减值损失。 如与商誉相关的资产组或者资产组组合存在减值迹象，应当先对不包含商誉的资产组或者资产组组合进行减值测试，计算可收回金额，并与相关账面价值相比较，确认相应的减值损失。再对包含商誉的资产组或者资产组组合进行减值测试，比较这些相关资产组或者资产组组合的账面价值（包括所分摊的商誉的账面价值部分）与其可收回金额，如相关资产组或者资产组组合的可收回金额低于其账面价值的，应当确认商誉的减值损失。 商誉减值损失金额应当先抵减分摊至资产组或者资产组组合中商誉的账面价值，再根据资产组或者资产组组合中除商誉之外的其他各项资产的账面价值所占比重，按比例抵减其他各项资产的账面价值。一旦确认商誉减值损失后，不得转回

资料来源：笔者手工整理。

从理论上来说，商誉系统摊销方法与商誉具有未来超额收益能力的本质特征不一致，而商誉减值测试方法则考虑到商誉这一本质特征，同时相比更早期的永久保留法，减值测试方法考虑到商誉的价值会随市场环境和公司经营等因素而变动，突出商誉的资产特性。因此，目前各国对合并商誉的后续减值处理，取消了在一定期限内的系统摊销法，采用商誉减值测试方式。

我国商誉会计准则虽然与美国会计准则和国际会计准则存在部分差异，比如说商誉减值测试的基本单元，美国会计准则为报告单元（reporting unit）、国际会计准则为现金流产生单元（cash generating unit，CGU），我国会计准则为资产组或资产组组合，但总体上来看与美国和国际会计准则是趋同的。具体来看，我国会计准则对商誉减值的后续确认与计量方式的制度变迁，早期执行的会计准则将商誉作为一项无形资产，对此在一定期限内（不超过10年）进行系统摊销。2006年以后，我国颁布执行的新会计准则将商誉确认为一项单独的长期资产，对商誉这项资产后续计量采用减值测试方式。

据我国2007年1月1日开始执行的会计准则第8号《资产减值》的规定，公司至少每年年度终了时，要对商誉资产进行减值测试。由于商誉资产不能独立于其他资产或资产组为企业带来现金流，所以必须结合与其相关的资产组（组合）①展开减值测试。在对包含商誉的相关资产组或者资产组组合进行减值测试时，如若与商誉相关的资产组或者资产组组合存在减值迹象的，应当先对不包含商誉的资产组或者资产组组合进行减值测试，计算可收回金额，并与相关账面价值相比较，确认相应的减值损失；再对包含商誉的资产组或者资产组组合进行减值测试，比较这些相关资产组或者资产组组合的账面价值（包括所分摊的商誉的账面价值部分）与其可收回金额，如若相关资产组或者资产组组合的可收回金额低于其账面价值的，应当确认为商誉的减值损失。

2.2.3 商誉减值制度下我国公司商誉减值情况

商誉会计准则由过去的定期摊销改变为商誉减值测试，准则制定者的本意是期望企业利用内含商誉的资产组公允价值或可收回金额，客观反映企业资产的经济实质，为市场投资者提供更多公司资产未来现金流的私有信息，增强会计信息的决策有用性。然而，商誉减值测试实际执

---

① 相关的资产组或资产组组合应当是能够从企业合并的协同效应中受益的资产组或者资产组组合。

行过程中，具有较大的主观判断空间，且难以被审计核实，导致企业当局出于自身利益考虑而规避商誉减值的及时确认，与会计准则的初衷背道而驰（Watts，2003；Ramanna，2008；Ramanna and Watts，2012；Li and Sloan，2017）。

结合商誉减值测试制度，企业至少存在以下几方面的自由裁量权或会计选择空间。

第一，资产组的确认。准则规定资产组的认定，应当以资产组产生的主要现金流入是否独立于其他资产或者资产组的现金流入为依据。同时，资产组的确认还需要依据该资产组能否从企业合并的协同效应中受益，这有赖于企业当局的判断。在实际操作中，资产组的确认存在一定的主观性。已有研究指出，公司经营分部越多，企业当局选择资产组的随意性和操纵空间越大，及时确认商誉减值的可能性和规模越小（Laurion et al.，2014）。

第二，商誉在资产组间的分配。准则规定，企业进行资产减值测试，对于商誉资产确认的账面价值，应当自购买日起按照合理的方法分摊至相关的资产组；难以分摊至相关资产组的，应当将其分摊至相关的资产组组合。在将商誉初始确认后的账面价值分摊至与之相关的资产组时，应当按照各资产组的公允价值占相关资产组公允价值总额的比例进行分摊。公允价值难以可靠计量的，按照各资产组的账面价值占相关资产组账面价值总额的比例进行分摊。对于商誉资产的这种分摊方式，企业当局可以将大部分商誉资产分配到公允价值较高的资产组，这样便可以实现不确认商誉减值的自利行为，进而维护自身利益不受损害（Kabir and Rahman，2016）。

第三，资产组可收回金额的确定。准则规定，可收回金额应当根据资产的公允价值减去处置费用后的净额与资产预计未来现金流量的现值两者之间较高者确定。由于我国公司资产组的公开市场报价较难获得，因而公允价值难以可靠估计。若使用未来现金流量折现模型，则要明确资产组未来期间的净现金流、贴现率等估计参数信息，在实际操作中，这些大多取决于上市公司当局的主观判断预期，而难以被核实或审计。

商誉会计准则的这一变更引起了较大的争议。一些质疑者认为，商誉减值测试主要依赖于企业当局的预期判断，在自利动机驱使下，他们会利用这一准则的自由裁量权，不及时或规避确认商誉减值损失

(Ramanna, 2008; Ramanna and Watts, 2012; Filip et al., 2015; Li and Sloan, 2017)。Ramanna and Watts (2012) 基于美国上市公司的研究分析得出，有69%的公司没有及时确认商誉减值损失，这表明在商誉减值测试的会计准则下，有较多公司会利用该制度赋予的自由裁量权进行商誉减值规避。

聚焦于我国资本市场，本书对我国A股上市公司确认商誉减值的整体情况进行统计，统计结果如表2-4所示。

表2-4　我国A股市场非金融上市公司年度商誉减值情况

年份	年度发生商誉减值公司数量（家）	发生商誉减值公司占年度有商誉公司数量比例（%）	年度减值规模（亿元）	商誉减值占年度商誉规模比重（%）
2007	81	19.57	14.78	4.48
2008	125	24.22	30.11	5.00
2009	166	28.04	46.50	6.36
2010	203	27.96	42.43	5.03
2011	227	26.15	50.76	5.22
2012	283	27.61	60.04	4.93
2013	347	30.02	91.10	5.62
2014	411	31.30	100.22	3.66
2015	539	34.27	218.89	3.89
2016	687	38.08	363.21	3.60

资料来源：由 CSMAR 数据库手工整理得到。

从数量上来看（图2-3），尽管我国A股市场年度内确认商誉减值的非金融上市公司数量整体上呈现出上升趋势，但上升幅度相比拥有商誉的非金融上市公司数量的增长速度低。整体而言，我国A股市场样本期间所有发生减值的非金融上市公司数量占年度有商誉的公司总数的30.73%，这说明我国A股许多拥有商誉的非金融上市公司并未确认商誉减值。

从规模上来看（图2-4），尽管我国A股市场非金融上市公司年度内确认商誉减值的规模整体上呈现出上升趋势，但上升幅度远远小于非

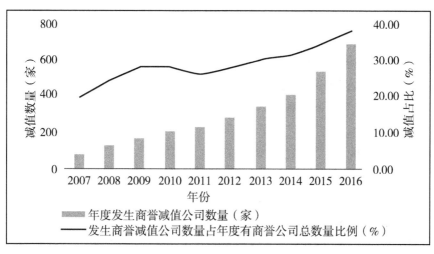

图 2-3　我国 A 股市场年度发生商誉资产的非金融上市公司家数

金融上市公司商誉规模的增长速度。此外，各年度内确认的商誉减值规模占商誉资产规模的比例约为 4.78%，说明商誉减值规模相对于商誉资产规模较小，这可能与许多有并购商誉的公司未确认商誉减值有关。

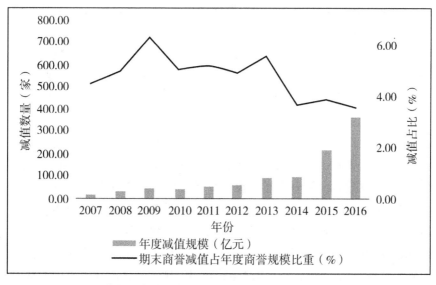

图 2-4　我国 A 股市场非金融上市公司的年度商誉减值规模情况

综合上述分析可知，会计准则对商誉后续确认计量改变过去的定期摊销方式，采用商誉减值测试方法，激起实务界和学术界对并购商誉的后续处理是减值还是摊销的广泛讨论。当前绝大多数研究者认为，商誉减值测试制度赋予了企业当局较高的自由裁量权，相比固定资产和无形资产等资产的减值，商誉资产的减值处理更为复杂和难以被核实，并发现许多上市公司普遍存在利用自由裁量权不及时确认或规避商誉减值的现象，使得研究商誉减值确认及时性问题更加迫切。

2.3 我国上市公司的股权结构特征：商誉减值规避研究切入点

公司的股权结构决定着公司内部权力的归属，也决定着公司利益的分配。因而，公司的股权结构是公司治理问题的逻辑起点（姜付秀、Kim、王运通，2016）。在早期以英美国家上市公司为研究对象的文献中，学术界和政策制定者普遍认同和接受 Berle 和 Means（1932）的观点，即公司的股权结构比较分散，不持有或持有公司部分股份的管理者控制着公司的运营活动。基于这种观点，后续学者多以公司分散的股权结构作为研究起点或场景，探讨企业管理者与股东间的委托代理问题的存在性与表现形式，以及进一步考察企业该如何有效监督和激励管理者，降低代理成本（Jensen and Meckling, 1976; Holderness, 2003）。

然而，自 20 世纪 80 年代开始，纷纷有学者质疑公司的股权结构是否较为分散。有学者指出英美公司的股权结构并没想象中的极度分散，即便在最大的美国公司，股权结构也是适度集中的（Shleifer and Vishny, 1986），有几百个美国上市公司的大股东持股比例超过 51%（Holderness and Sheehan, 1988），进一步地，美国上市公司管理者持股比例的情况也高于 Berle 和 Means（1932）发现的情况（Holderness et al., 1999）。与此同时，学者们还发现，世界上除美国之外的大多数国家公司股权结构是较为集中的，这些国家包括德国（Franks and Mayer, 1994）、日本（Berglof 和 Perotti, 1994）、意大利（Barca, 1995）等。La Porta, Lopez-de-Silanes 和 Shleifer（1997）以 27 个国家和地区的大公司为研究样本，结果发现在美国这样的普通法国家才会出现分散的股权结构，而在大多数国家中公司的股权结构则呈现出集中的特征。Claessens et al. (2000) 以 8 个东亚国家和地区上市公司为数据样本，研究发现超过 66.7% 的公司由大股东控制，同时大股东会通过金字塔股权结构和交叉持股等方式来增加其控制权。Faccio 和 Lang（2002）基于 13 个西欧国家上市公司的样本数据，研究发现上市公司至少拥有一个投票权不低于 5% 的数量占比为 91.86%，至少拥有一个投票权不少于 20% 的数量占比为 63.07%。在公司股权结构集中的情况下，大股东的存在虽然能够减轻搭便车的问题，缓减管理者与股东间的代理冲突，但另一方面，大股东对公司拥有的控制能力强，可能会触发大股东侵占中小股东利益的代理问题。因而，大股东在全球范围内的广泛存在性，使得学者们开始关注和探讨大股东在公司中的治理作用以及代理问题。

以往研究指出，我国香港和台湾地区的上市公司股权结构较为集中（Claessens et al.，2000）。进一步地，本书选取沪深两市 A 股上市公司近几年的股权结构情况。鉴于国有企业与非国有企业间存在较大的差异，本书将样本分为国有控股企业和非国有控股企业。表 2-5 列出 2005—2016 年我国 A 股上市公司年度第一大股东持股比例情况。

表 2-5　2005—2016 年我国 A 股市场非金融上市公司年度第一大股东持股比例情况

年份	国有企业			非国有企业		
	观测值	均值	中位数	观测值	均值	中位数
2005	903	0.442	0.441	411	0.320	0.290
2006	918	0.390	0.385	482	0.306	0.285
2007	934	0.386	0.382	569	0.314	0.291
2008	953	0.390	0.386	626	0.325	0.300
2009	954	0.391	0.387	677	0.323	0.294
2010	988	0.392	0.388	867	0.334	0.301
2011	981	0.393	0.388	1020	0.338	0.309
2012	979	0.400	0.396	1099	0.396	0.312
2013	978	0.399	0.394	1437	0.334	0.308
2014	981	0.395	0.390	1556	0.328	0.305
2015	978	0.389	0.378	1757	0.320	0.301
2016	995	0.385	0.372	1968	0.313	0.296

资料来源：由 CSMAR 数据库手工整理得到。

由整理出来的表 2-5 结果可发现，我国 2005 年实行股权分置改革后，上市公司股权结构集中程度有所下降，因为在非流通股成为流通股前，非流通股东需要向流通股东协商和做出补偿方案，而最为常见的方式就是股票补偿，这在一定程度上稀释了大股东的股权比例。但股权分置改革后，我国上市公司的大股东持股比例仍然比较高。无论是从样本观测值的均值还是中位数都可以看出，我国上市公司大股东持股比例都远远高于 La Porta et al.（1999）提出的以 20% 或 10% 的持股比例为判断股东是否控制公司控制权标准。因此，我国大多数上市公司大股东可以实现对公司的控制。此外，国有上市公司的股权结构集中度在样本期间要稍高于非国有上市公司的股权集中度，但两者的大股东股权集中度都比较高，且两者间并不存在明显的差异。

在集中的股权结构下，大股东往往实际上控制着公司，大股东任命企业管理层或者其本身就是企业管理者，因而企业的决策事实上是大股东意愿下的决策。考察大股东或控股股东对企业的影响及学者们的广泛关注和探讨，尤其是考察大股东对企业财务决策和公司价值产生的影响，由上述描述性统计分析结果可知，在我国资本市场上，上市公司"一股独大"的现象普遍存在，即大股东在公司的决策中具有较高的话语权。因此，本书基于我国资本市场的实际情况，从大股东视角，探讨其在企业商誉减值规避中的影响作用。

第 3 章 理论基础与文献综述

3.1 理论基础

3.1.1 商誉相关的理论认知

商誉作为一项特殊的无形资源，具有较高的复杂性。目前，学术界对商誉的认知存在争议，并形成了多种不同的理论观点，比如，"好感价值论""总计价账户观""超额收益观""无形资源观""协同效应观""超额盈利能力资源观"。这些观点都认同企业商誉的客观存在及其价值，不同之处在于对商誉的内在构成等方面的理论解释存在差异。具体如下所示。

3.1.1.1 好感价值论

好感价值论的观点认为，企业商誉的形成来源于良好的经营管理水平、有利的商业地理位置，以及企业客户等利益主体对企业的"好感"。若企业的运营不发生较大的波动事件，这种"好感"将会一直持续下去。其中，最为典型的论述是杨汝梅（1936）在其著作《无形资产论》中的观点，其认为一个公司能否获得成功，不仅取决于客户对企业的"好感"，还取决于公司员工对企业的"好感"（工业商誉），以及投资者和金融机构对企业的"好感"（财务商誉）。基于这个论述，会计界对商誉的"好感价值论"逐渐开始成型。以此为基础，汤云为和钱逢胜（1997）指出，企业商誉的好感价值可能来源于公司拥有的好的商业位置、良好的口碑、独占特权和优秀的管理团队等。好感价值论揭示出企业商誉的表象，且仅是"无形资源观"中一个特例（徐文丽、张敏，2009），后续研究中并未得到大多数研究者的推广（冯卫东，2015），并逐渐被"无形资源观"取代。

3.1.1.2 总计价账户观

总计价账户观，亦被称为剩余价值观，该观点是将商誉确认为企业整体价值超过企业可辨认净资产公允价值的差额。这个差额不是一项单独的资产,是各种因素的集合体,一个特殊的、过渡性的账户余额。Canning（1929）指出,商誉是一个包罗万象的"总计价账户",不仅包含现行资产列表（现为资产负债表）中所列示资产的未来收益高估额和低估额,还包括那些被现行资产列表所忽略项目的未来收益价值。总计价账户观的主要依据点在于：整体大于各组成部分总和、未入账资源。国内学者杜兴强等（2011）据此进一步认为,商誉是企业在并购活动中产生的,包括被并购企业未入账资源,以及并购方企业和被并购方企业双方资源的协同价值。从本质上来看,总计价账户观是一种对企业商誉的间接计量方式,将商誉视作一个平衡工具。尽管这种计量方式可能会掺杂不属于商誉的其他因素,但在实际中具有较强的可操作性,所以会计实务多采用这种方式来初始确认和计量企业商誉。

3.1.1.3 超额收益观

超额收益观是将商誉视作企业赚取超过正常投资报酬率收益的资本化价值,代表着能够获得超额收益的能力。Paton（1922）在其所著的 *Accountants Handbook* 一书中指出,商誉在广义上是指企业未来超额盈利的估计价值,具体可以被定义为企业所能获得超额收益的贴现值,即超过具有相同投资的企业（与之相似的竞争者）所赚取正常盈利水平的那部分收益。

超额收益这种观点的缘起在于,企业商誉无法单独产生价值,需要与企业其他资产相结合才能产生价值,然而形成商誉价值的构成要素无法逐个辨认和计量,商誉的价值只能通过与相关其他资产结合所创造的超额盈利才能体现出来。因而,超额收益观点是依据商誉的实质特征——超额收益能力,从直接计量的角度来界定商誉（徐文丽、张敏,2009）。在会计实务中,由于企业获得超额收益现值的计算受到贴现率等多种因素的影响,存在较高的主观判断和难以被核实问题,因而可靠性和可操作性不是很强。同时,超额收益观并未能很好解释商誉为何能给企业带来超额收益,所以后续研究者在此基础上,提出了"协同效应观"、"无形资源观"和"核心能力观"。

3.1.1.4 无形资源观和协同效应观

企业在经营活动中取得的竞争优势无法全部列举出来,如果将商誉归结为某单一和多个特定因素，这样必然会使得企业商誉界定不够全面，有失偏颇。正如 Gynther（1969）指出的，由于一些能够为企业创造价值的无形资源（比如优秀的管理团队、优质的客户资源、独特的技术优势和良好的社会资源等）无法单独计价，因而在资产列表中无法陈列出，恰恰这些有价值流行的无形资源是构成商誉的重要内容。于是，企业商誉的无形资源观开始形成，得到会计理论界较高的认可接受（葛家澍，1996，2000；阎德玉，1997）。

MaRonald 和 RogerHopking（1988）基于系统观的角度，认为商誉能够产生超额收益，是因为企业是一个有机开放的系统，在这个开放性系统中各要素之间、各子系统之间，以及整个系统与外部环境间都存在显著为正的协同效应，这些协同效应便是企业商誉形成超额收益的重要成因。长期以来，会计理论界的学者已经认同商誉的协同效应论这一观点，接受企业商誉超额收益的实现是会计系统各要素间协同作用的结果（常华兵，2004；周晓苏、黄殿宇，2008；李玉菊、张秋生、谢纪刚，2010；卫霞，2017；黄蔚、汤湘希，2018）。

无形资源观和协同效应观是对商誉的超额收益观的拓展，都是从商誉内在构成因素来界定企业商誉，只是两者分别从两个不同角度阐释企业商誉为何能产生超额盈利能力。前者重点强调未入账无形资源的作用，后者着重突出企业资源协同整合的重要性。

3.1.1.5　超额盈利能力资源观

超额盈利能力资源观是在商誉超额收益观的基础上，结合无形资源观和协同效应观而形成。最为典型的代表是我国著名的会计学家葛家澍教授（1996）提出的观点：商誉之所以能作为资产，是由于预期的、未来超额（超过平均水平）的经济利益代表它的本质，更确切地说，商誉是能为企业未来带来超额盈利能力的经济资源。

除了上述这些观点，还有一些研究者对商誉经济实质提出自己的论述。比如张鸣等（1998）和于越冬（2000）提出人力资本观，该观点认为商誉最为重要的要素是企业优秀的管理人才队伍；董必荣（2003）提出核心能力观，认为企业长期积累的、独特的、不容易被模仿的核心能力是商誉产生持续超额利润的实质所在；张婷和余玉苗（2008）基于资源基础理论，认为商誉的实质是被并购企业的异质性资源加入并购方企业所带来的价值增值；李玉菊（2010）认为，商誉是市场对企业商业持续履约能力的综合评价，也是企业核心竞争能力的重要集中表现形式，对企业降低市场风险和成本具有价值。

通过回顾以往研究对商誉的理论认知，学者们基于不同视角提出多种不同的观点，比如好感价值论、超额收益观、总计价账户观、超额收益能力资源观等。但当前学术界比较一致接受和认可的观点是超额收益能力资源观，即商誉是企业一项重要经济资源，能够为企业带来超额利润。Glaum，Landsman 和 Wyrwat（2018）在 *The Accounting Review* 上发表的一篇关于商誉减值的论文中，基于超额收益能力资源观，对商誉进行价值判断，他们运用经市场调整后的个股股票回报率来判断公司商誉产生超额收益能力，如果经市场调整后的个股回报率为负，说明公司资产产生未来现金流的能力是下降的，因而公司商誉资产需要进行减值。据此，本书基于商誉超额收益能力资源观的理论认知，借鉴 Glaum et al.（2018）的做法，① 采用经市场调整后个股回报率的经济指标，来判断企业商誉资产是否需要减值。

3.1.2　企业大股东相关的理论基础

3.1.2.1　代理理论

代理理论作为新制度经济学企业理论的重要构成，是在契约理论基础上演变发展出来的。该理论主要包括两方面的内容：一是企业经理人与股东之间的代理问题，被称为第一类代理问题；二是企业大股东与中小股东之间的代理问题，被称为第二类代理问题。

关于代理理论的研究主要起源于 Berle 和 Means（1932）对企业所有权和控制权两权分离问题的探讨。企业过去主要是初始创始人或沿袭式的高管负责运营公司，受限于他们的专业知识和能力，可能因此会导致企业走向没落。专业化分工促进现代企业制度的形成，现代企业制度的建立有效缓解传统企业的这个问题。企业从职业经理人市场聘请有能力的经理人管理公司，充分发挥其专业才能，进而促使企业的效率得以

---

① 为何采用该指标来判断商誉是否需要减值，后文会重点阐述。

提升。现代企业制度的一个明显特征是企业所有权和控制权相分离，即企业股东凭借其所有权享有企业剩余价值索取权，企业的控制权主要集中在经理人手里，经理人负责企业日常的运营活动。正是因为现代企业制度下的两权分离，容易出现经理人和股东利益目标函数不一致的代理问题，经理人为追求私利最大化而做出有损企业股东的机会主义行为，比如构建帝国大厦、卸责、巩固公司地位、增加在职消费等。Jensen 和 Meckling（1976）进一步认为，在分散的股权结构下，股东对经理人实施监督的成本高于收益，所以股东间存在搭便车的现象，因而股东与经理人间的代理问题比较突出，由此他们提出了代理成本①的概念。在此基础上，后续学者围绕如何激励和监督经理人、降低其代理成本展开大量的理论与实证研究。

代理问题的研究早期主要是在分散股权结构下探讨股东与经理人间的第一类代理问题。已有研究指出，除了美国和英国两个国家的上市公司股权结构较为分散外，其他多数国家的上市公司股权结构均较为集中（Shlerifer and Vishny, 1986; La Porta, Lopez-de-Slianes and Shlerifer, 1999; Claessens, Djankov and Lang, 2000; Faccio and Lang, 2002; Holderness, 2003）。在集中的股权结构下，企业存在大股东。大股东能够缓解分散股权结构下的搭便车现象，有助于抑制经理人的机会主义行为，缓解第一类代理问题。究其原因在于：一方面，由于监督成本低于收益，大股东有动机对经理人进行监督，约束其不当行为；另一方面，大股东可以通过退出威胁，促使经理人采取更多有利于公司价值提升的行为。然而，集中股权下大股东的存在可能会产生新的代理成本。大股东凭借其对企业具有较强的控制能力，可以通过隧道行为侵占中小股东的利益来获取自身私利的最大化，从而引发大股东与中小股东间的代理问题。

Johnson 等人（2000）的研究指出，企业大股东的隧道行为主要有两种方式：经营性侵占（涉及资源流动）和财务性侵占（不涉及资源流动）。第一种方式是大股东通过自我交易，将公司的资源转移出去，实现自身的私有收益。第二种方式是大股东通过发行股票稀释小股东利益、排斥小股东、内部人交易、攀爬式收购以及其他伤害小股东利益的金融交易方式，来增加其持有股份的收益价值。由于大股东的某些隧道

---

① 代理成本主要包括监督成本、担保成本和剩余损失三方面内容。

行为并不违法,而且隐蔽性较高,因而即便在投资者保护程度较高的发达国家,大股东这些行为也普遍存在。

目前多数学者认同,在集中的股权结构下,企业会存在双重代理问题,但相比股东与经理人间的代理问题,大股东与中小股东间的代理问题是企业最为主要的代理问题(Shlerifer and Vishny, 1997; La Porta, Lopez-de-Slianes and Shlerifer, 1999; Faccio and Lang, 2002; 冯福根, 2004; Baek et al., 2006; Cheung et al., 2006; Jiang et al., 2010, 2015)。据此,本书以代理理论为理论基础,在我国集中的股权结构下,主要聚焦第二类代理问题,从大股东视角,探讨其为维护私利不减损,是否会对公司商誉减值规避产生影响作用,以及考察企业大股东在商誉减值规避后,是否会在高点进行利益转移,侵占中小股东利益,致使零和博弈市场投资者利益受损。

3.1.2.2 信息不对称理论

在现实场景中,信息不对称现象普遍存在。信息不对称理论为分析市场经济活动提供一个很好的视角,无论在商品市场、劳动力市场还是金融市场等领域研究中都扮演着重要的角色。聚焦于微观层面的企业个体,企业中同样存在信息不对称问题,主要表现为两类信息不对称:第一类是企业股东与经理人之间的信息不对称,第二类是公司内部与外部市场投资者之间的信息不对称。

事实上,企业代理问题产生的一个重要边界条件是非对称信息的存在。具体而言,一方面,由于股东对经理人存在事前和事后的信息不对称,所以容易滋生出经理人的逆向选择、道德风险等代理问题;另一方面,相比企业外部的债权人和中小股东,企业大股东作为企业重要内部人,对企业经营活动更加了解,因而处于企业信息优势一方。大股东可以利用这一信息优势,对债权人和小股东的利益实施侵占行为,此外,大股东还可以通过其对公司的控制权,干涉企业会计信息的生产和披露,以掩盖或粉饰其利益侵占行为。

魏明海、陈胜蓝、黎文靖(2007)指出,提高财务会计信息质量有助于减轻由于股东与经理人间信息不对称而导致的第一类委托代理问题。洪金明、徐玉德、李亚茹(2011)的研究发现,高质量的信息披露有助于降低企业内外信息不对称,弱化大股东的利益侵占行为,保护中小股东的利益。这些研究表明，信息不对称是企业代理问题产生的重要条件，对如何降低企业的信息不对称水平、缓减企业的代理问题具有十分重要的启示意义。据此，本书以信息不对称为理论基础，探讨公司内外部信息不对称是否是大股东进行商誉减值规避的重要边界条件。

3.1.2.3 前景理论

前景理论试图解释当人们存在不确定和风险时是如何做出决策的。在该理论被提出之前，对多种选择的风险和回报的期望效用进行理性计算是人们做决策的基础。但是，Kagneman 和 Tversky（1979）以及 Tversky 和 Kagneman（1981，1992）提供了强有力的证据，证明人们的实际决策过程并不遵循期望效用的理性计算。Kagneman 提出的与以往期望效应理论不一致的前景理论，被广泛应用于经济学、管理学、心理学和社会学研究，尤其是研究人们在不确定情况下的决策行为，并因而摘得 2002 年的诺贝尔经济学奖。

决策中选择的目标就是前景，即潜在的收益或损失，这一概念是 Kagneman 和 Tversky 前景理论的基石。前景理论主要有三个部分内容或者推论：一是大多数人面对收益时是风险规避的。假设一个实验场景，A 选项是 100% 能获得 3000 收益，B 选项是 80% 能够获得 4000 收益，20% 的可能性什么也获得不了。A 选项的期望效用值是 3000，B 选项的期限效应值是 3200，因而理性的选择是 B 选项，但现实中，大部分人面对这两个选项时会选择 A，因为 A 选项毫无风险，B 选项是存在一定的风险性，人们会表现出风险规避。二是大多数人在面对损失时是风险偏好的。假设一个实验场景，A 选项是 100% 会损失 3000，B 选项是 80% 会损失 4000，20% 的可能性不会发生损失。A 选项的期望效用值是 -3000，B 选项的期限效应值是 -3200，因而理性的选择是 A，但在现实中，大部分人面对这两个选项时会选择 B 选项，因为 A 选项是一定会发生损失，B 选项是存在不发生损失的可能性，人们会表现出风险偏好。三是大多数人面对损失比收益更加敏感。假设一个实验场景，一个赌局有 50% 的概率能获得 5000 收益，有 50% 的概率会损失 5000。这是一个绝对公平的赌局，但在现实中，大部分人不会参与这个赌局，因为损失的痛苦感大于收益的快乐感，人们往往会表现出规避损失。

本书基于前景理论，探讨企业商誉需要减值时，大股东会如何进行商誉减值决策。由于商誉减值具有可操作空间，不确认商誉减值可能不会被发现，所以大股东利益价值可能不会被减损。但及时确认商誉减值会致使大股东价值受损。在面对商誉减值带来损失时，大股东是否会表现出风险偏好，进行商誉减值规避。此外，本书基于前景理论，进一步分析商誉减值规避后，大股东是否会进行减持。因为商誉减值规避后，公司短期内股价会被高估，大股东此时减持可以获得较好的个人收益。面对商誉减值后带来收益时，大股东是否会表现出风险规避，选择减持策略。

3.1.2.4 风险因子理论

上市公司的财务舞弊会扰乱资本市场的资源配置功能，更甚者会影响国家宏观经济的健康发展。如何识别和防范上市公司财务舞弊一直是实务界关注的话题，也是学术界不断探讨的议题。目前，学术界和实务界对财务舞弊成因提出多种理论概述，依次是冰山理论、三角理论、GONE 理论与风险因子理论。冰山理论将财务舞弊形象地比喻为海平面上的冰山，海平面上的是结构部分，主要指企业内部管理方面只是冰山一角，海平面下的是舞弊主体行为，这部分内容更加容易被隐藏起来，因而往往酝酿着更大的危险。冰山理论的启示在于，一个公司是否会发生财务舞弊，不仅要考察企业内部控制、内部管理等结构内容，更要关注公司主体是否存在财务压力以及潜在的败德等行为因素。三角理论是由美国会计学会提出的，认为企业财务舞弊是压力、机会和合理化三个要素共同作用的结果，如同化学燃烧试验一样，必须同时具备燃料、氧气和热度三个要素才能燃烧。压力实质为企业财务舞弊主体的行为动机，这是舞弊发生的根本驱动；机会指的是舞弊主体是否有空间进行舞弊，这是舞弊发生的必要条件；合理化是指让舞弊符合情理，这是舞弊发生的隐藏工具。三角理论的启示在于，判断一个企业是否会发生舞弊行为，需要分析舞弊者是否具备动机、机会和合理化具备这三个要素。GONE 理论认为，企业财务舞弊是由 greed（贪婪）、opportunity（机会）、need（需要）、exposure（暴露）四个因子共同作用的结果。该理论的启示在于，要从约束舞弊者的不良动机、减少舞弊机会、提高道德水平和增加舞弊成本四个角度降低财务舞弊发生的可能性。风险因子理论是 Bologana 等人在 GONE 理论基础上演变出来的，是目前对财务舞弊较为完善的概述。该理论将财务舞弊风险发生的原因概括为一般风险因子和个别风险因子。一般风险因子的内容包括道德品质、舞弊动机。个人风险因子的内容包括舞弊机会、舞弊被发现的可能性以及舞弊被发现后的惩罚。

据此，本书借鉴财务舞弊相关理论，尤其是风险因子理论的分析思路，考察企业大股东是否有商誉减值规避的动机和机会。如果大股东存在商誉减值规避的动机和空间，本书将进一步探讨大股东商誉减值规避是否会被外部审计师发现，以及大股东是否会通过会计语言，降低商誉减值规避被发现的可能性及其成本。

3.2 商誉减值相关文献综述

3.2.1 商誉减值的文献回顾

商誉会计自产生以来，一直是个国际会计难题。目前，包括美国、欧洲和中国在内在的大多数国家的现行会计准则，对商誉资产的后续处理是改变过去传统的定期摊销，采用至少每年年末终了进行商誉减值测试的方法。在现行的商誉减值测试制度下，国外研究者对商誉减值展开的探讨主要聚焦于以下方面：

第一，商誉减值的影响因素。目前，国外对此研究主要从管理者视角、公司层面经济因素以及并购时点特征等方面展开。

（1）管理者或公司层面的因素。Beatty 和 Weber（2006）基于手工收集的美国上市公司数据，探讨分析影响公司计提商誉减值的因素，实证研究结果表明，债务契约中严格的资产减值限制条款、与会计盈余挂钩的管理层奖励计划（earning-based bonus）、CEO 任期、退市危机会降低公司管理者计提商誉减值的可能性和规模。Godfrey 和 Koh（2009）以发生商誉减值的美国上市公司为样本，研究结果发现，公司投资机会与商誉减值规模显著负相关，即企业投资机会越高（低），商誉减值规模越低（高），说明商誉减值反映了企业投资机会较少的经济特征。Chalmers et al.（2011）进一步研究发现，商誉减值测试制度下商誉减值与公司投资机会、会计业绩之间的负向作用关系相比系统摊销时期更加显著，佐证商誉减值制度更能体现出商誉资产的经济特征。Hamberg et al.（2011）以瑞典的上市公司为研究样本，研究发现采用商誉减值测试制度后，公司商誉规模有明显的增加，但商誉减值规模却比以前定期摊销制度下的减值规模有着明显的下降，进一步分析得出，公司管理层任期越长，越倾向于利用商誉减值测试制度下的自由裁量权，而不计提商誉减值。Ramanna 和 Watts（2012）研究发现，CEO 薪酬、CEO 声誉和债务契约违约是促使公司不进行及时确认商誉减值的主要影响因素。

AbuGhazaleh et al.（2011）以英国上市公司为研究对象，实证结果表明 CEO 变更、盈余报告动机［"洗大澡"（big bath）和盈余平滑（earning smooth）］会影响公司发生商誉减值的可能性，该研究还进一步发现，具有较强治理机制（独立董事比例、董事会会议次数等）的公司更有可能报告非机会主义的商誉资产减值。Giner 和 Pardo（2015）基于公司管理者道德视角，探讨商誉减值的影响因素，以西班牙上市公司为研究样本的实证分析结果表明，管理者"洗大澡"和盈余平滑的盈余管理动机会提升公司商誉资产减值的可能性和规模。Majid（2015）以马来西亚的上市公司为研究样本，结果表明公司管理者的"洗大澡"报告动机会对公司商誉减值报告产生影响，而公司外部非控股大股东会对管理者这种自利动机驱动下的商誉减值报告行为产生监督和约束作用。Sun（2016）的研究发现，相比管理能力差的公司管理者，管理能力强的公司管理者会通过选择有效的管理方式，降低公司商誉资产减值损失的可能性与规模，缓减公司价值的降低。Kabir 和 Rahman（2016）以澳大利亚上市公司为研究对象，实证结果表明，公司治理机制能够强化商誉减值与公司潜在经济因素间的作用关系，弱化契约激励与商誉减值间的作用关系。

Glaum et al.（2018）认为，商誉减值测试制度的引入是一个富有争议的话题，一方面该制度本质是期望企业利用商誉资产的公允价值，客观反映商誉资产的经济实质，为市场投资者提供更多公司资产未来现金流的私有信息；另一方面，商誉减值测试依赖于企业当局的预期判断，管理者在自利动机驱使下，会利用这一准则的自由裁量权推迟或加速商誉减值的确认。商誉减值究竟是及时反映了商誉资产的经济实质还是受到了管理者或公司层面因素影响而被选择性执行，这个问题需要进行实证研究来解决。该文通过跨国研究探讨商誉减值的影响因素，对商誉会计准则改变争论提供跨国研究经验证据。实证分析结果表明，商誉减值与商誉资产经济业绩相关，也与管理者或公司层面因素相关；在执行力度高的国家，商誉减值确认更加及时，相反，在执行力度低的国家，商誉减值会被推迟确认；CEO 薪酬在执行力度低的国家中会影响公司商誉减值，CEO 声誉和盈余平滑在执行力度高或者低的国家中都会影响商誉减值的确认；在执行力度较低的国家中，机构投资的监督力量会替代国家层面执行力度对商誉减值有效执行的监督作用。

（2）并购时点特征。Hayn 和 Hughes（2006）指出，随着商誉在企业资产负债表上的规模日益突出，以及商誉系统性摊销的取消，如何及时确认商誉资产减值成为一个重要问题。他们基于商誉减值测试前的年度样本数据表明，财务报表提供的信息对商誉减值进行预测的能力是有限的，这是因为有商誉相关的现金流产生单元的信息披露不足和质量较低造成的，相比之下，并购当时时点的特征（例如，支付的溢价、商誉规模占购买价格的比重、对价方式）对后续商誉减值的预测能力更强。Li et al.（2011）的研究发现，企业在过去的并购活动中过多支付（overpayment）是导致公司后续进行商誉减值的重要影响因素。Gu 和 Lev（2011）指出，并购方公司股价被高估（overpricing）会促使管理者进行更多的并购活动，支付较高的并购溢价，并购后发生商誉减值的可能性会更高。

第二，商誉减值的经济后果。目前，国外研究者对此主要集中探讨商誉减值的价值相关性，以及商誉减值对企业高管、审计师、分析师等主体的影响作用。Li et al.（2011）以美国上市公司为研究样本，探讨了商誉减值是否可以预测公司未来业绩，进而在股票市场引起外部投资者什么样的反应。研究结果表明，商誉减值预示着公司未来盈利能力（营业收入和营业利润的增长）的下降，外部投资者会因此下调对公司未来盈余的预期，导致消极的市场反应。进一步将样本分为三个时间段，即商誉减值测试前、中（过渡期）、后，研究得出商誉减值的市场反应在三个时期内均是显著的，但相对商誉减值测试前和中两个时期，在采取商誉减值测试后，商誉减值的市场反应显著性有所降低，这表明公司管理者会利用商誉减值测试的自有裁量权，对商誉资产减值进行不及时确认。

Bens et al. (2011) 的研究发现,商誉减值规模越大,投资者市场消极反应越强,进一步分析发现,公司内外部信息不对称水平会强化两者间作用关系。Knauer 和 Wöhrmann (2016) 以美国和欧洲国家上市公司作为研究样本,实证结果表明,商誉减值会使得外部投资者降低对公司未来盈余的预期,进而引发市场消极反应,进一步研究得出,投资者保护制度环境和商誉减值信息披露的可证性会弱化商誉减值对公司股价的负向影响作用。

Jarva (2009) 基于美国上市公司样本的研究结果得出,商誉减值规模与公司未来(第一年、第二年)可预期的未来现金流之间显著负相关,这表明商誉减值滞后商誉资产的经济减值。Bostwick et al. (2016) 探讨商誉减值能否预测公司未来现金流,研究结果表明,公司披露的商誉减值能够较好地预测公司未来现金流的减少。Ahmed 和 Guler (2007) 的研究发现,商誉减值测试制度后商誉减值与个股收益率、股价之间的关联关系比商誉减值测试制度前更强。然而,Li 和 Sloan (2017) 对比分析商誉减值测试前后商誉资产减值确认的及时性,研究发现采取商誉减值测试后,商誉资产减值损失确认会变得不及时,容易导致公司股价短期内被高估的现象。

Darrough et al. (2014) 研究发现,当公司确认商誉减值损失时,以现金和期权为基础的 CEO 薪酬会显著减少。进一步研究发现,商誉减值造成的 CEO 期权薪酬下降在非研发密集型公司更为显著,而商誉减值造成的 CEO 现金薪酬下降在最近收购较大目标企业、CEO 任期较短的公司更为显著。这些研究结果说明,公司薪酬委员会让 CEO 为其没价值最大化的收购付出代价,以阻止其进行高风险并购投资。

Chen et al. (2015) 考察商誉减值对分析师预测的影响作用,研究结果表明,相比没有进行商誉减值的公司,发生商誉减值公司的分析师预测准确度越低且分歧度越高,同样得出,公司商誉减值规模越大,分析师预测的准确度越低且分歧度越高。进一步研究发现,审计师的行业专长和机构投资者持股能够缓减商誉减值对分析师预测分歧度的不利影响。Filip et al. (2015) 研究指出,公司管理层基于自身利益考虑会对商誉资产减值进行规避,为规避商誉减值,管理层会进行现金流操纵,然而管理者这种机会主义行为会损害公司未来长期业绩。

Ayreset et al. (2019) 认为商誉会计准则引入商誉减值测试取代系

统摊销这种变化会对审计师带来挑战，这种挑战不仅包括技术上的挑战（评估客户公司对商誉估值的假设是否合理），还包括公司管理者和审计师对商誉减值的动机不一致造成的挑战（前者可能更愿意避免计提减值，而后者则试图将管理者减值测试中的偏差降到最低）。实证分析结果表明，公司商誉减值与审计师被解雇的可能性显著正相关，进一步深入研究发现，审计师被解聘的可能性与其和客户公司减值决策的一致性呈负相关。此外，研究还得出，公司在解雇与其商誉减值不一致的审计师之后，更倾向聘用与自己商誉减值决策较为一致的审计师。

第三，商誉减值的细化分类研究。现有对于商誉减值问题的研究，大多数文献仅仅依据公司商誉减值的会计处理，简单粗糙地将样本公司分为减值和没有减值两类，没有考虑到公司商誉是否需要减值。仅有少量的研究文献对其进行了细分探讨与研究。比如 Beatty 和 Weber（2006）在对商誉减值问题的研究中，为增加研究结论的说服力，他们将研究场景设置为公司商誉很可能需要减值的情形，具体通过公司所有者权益的市值和账面价值的差额小于商誉资产规模这一指标，来判断识别商誉资产很可能需要减值的公司样本。同样地，Ramanna 和 Watts（2012）在对商誉减值问题进行研究时，将样本设定为公司年度商誉需要减值的样本，不同的是，他们运用 M/B 指标连续两年小于 1，来判断公司商誉资产需要减值。Glaum、Landsman 和 Wyrwa（2018）在对上市公司商誉减值决策的一项跨国研究中，他们利用经市场调整后的个股收益率这一经济指标，来判断公司商誉是否需要减值，若该指标为负，说明公司商誉需要减值。

还有部分研究文献采用配对方法，以确认商誉减值的公司为对照组样本，以未确认商誉减值且有商誉资产的公司为实验组样本，通过两组样本的倾向得分匹配，从实验组样本中识别可能需要减值的公司样本。具体为：Li et al.（2011）选用年度、行业、公司规模和市账比 M/B 属性指标，来识别商誉很可能需要减值但没有减值的公司；Filip et al.（2015）同样采用配对思想，选用年度、行业和 M/B 公司特征指标，来识别商誉很可能需要减值但没有减值的公司。

相较于国外研究，我国对商誉会计的研究起步比较晚。国内研究中，现有文献主要集中探讨商誉的本质内涵、初始计量及其经济后果（张婷、余玉苗，2008；徐文丽、张敏，2009；杜兴强等，2011；郑海英等，2014），围绕商誉减值前因和后果的研究文献相对匮乏（叶建芳等，2016）。仅有的部分文献还主要是考察公司管理者盈余管理动机、内部控制对公司商誉减值的影响作用，探讨商誉减值对公司审计收费、债务融资成本等方面的影响。卢煜、曲晓辉（2016）基于我国资本市场的研究发现，公司管理者"洗大澡"和盈余平滑的盈余管理动机，会对公司商誉资产减值可能性和规模产生正向的影响作用。张新民、卿琛、杨道广（2018）以我国A股上市公司为研究样本，实证分析结果表明，公司内部控制质量越高，公司并购商誉泡沫越低，商誉资产后续计提减值比例越小，进一步的分析结果表明，内部控制这一作用效应在非国有企业和公司所在地区市场化程度较高的情景下会更加显著。叶建芳等（2016）以有商誉资产的上市公司为研究样本，研究发现，相对于没有商誉减值的公司，有商誉减值的公司被收取了更多的审计费用。徐经长等（2017）的研究表明，商誉减值规模显著正向影响公司债务融资成本。曲晓辉等（2017）基于我国股票市场探讨商誉减值的信息含量，研究发现商誉减值规模能够显著影响公司减值公告后的股票收益和股票价格，且两者间作用关系在盈利的公司、内部控制质量和审计质量高的公司中更加显著。

3.2.2 商誉减值的文献评述

近些年，国外学者对商誉减值的影响因素和经济后果已展开不少有益的研究探讨。基于管理者视角的研究文献表明，企业管理者基于薪酬和声誉的考虑，倾向于规避商誉资产减值损失的确认。基于债务契约视角的研究发现，债务契约违背成本会促使企业管理者推迟确认商誉减值损失。基于公司治理视角的研究表明，公司股权结构中非控股大股东、董事会独立性、审计委员会等治理机制会约束企业管理者商誉减值自利行为。追溯到并购当时的研究表明，并购方公司股价高估、并购溢价、对价方式等会对后续并购商誉减值产生影响作用。对于商誉减值的经济后果，国外研究者主要集中于探讨商誉减值的价值相关性，即股票市场投资者的反应、商誉减值对企业未来现金流、高管薪酬、审计师风险、分析师预测的影响作用。相比较而言，目前国内对商誉减值的研究相对较少，仅有的理论文献是基于内部控制和盈余管理报告动机视角，探讨其对商誉减值的影响，对于商誉减值的经济后果，主要是考察商誉减值对公司审计收费、债务融资成本以及股票价格的影响作用。

尽管目前现有国内外学者对商誉减值的研究取得不少成果，但仍需要进一步对此进行探讨。其一，分类细化研究商誉减值问题。现有对商誉减值问题的研究文献中，大多数仅依据公司商誉减值的会计处理，简单粗糙地将样本公司分为减值和没有减值两大类。这样的做法没有考虑到公司商誉是否需要经济减值，因而很可能会致使研究得出的结论有失偏颇，缺乏指导价值（Li et al.，2011）。为此，需要进一步结合公司商誉资产是否需要减值这一维度，对商誉减值问题进行细化分类探讨。虽然已有研究文献对此进行了探索，为商誉减值细分研究提供了有益的参考，但每个国家资本市场发展情况不一样，如何借鉴这些研究成果，判断商誉减值需要减值，还要结合每个国家资本市场的实际情况进行选择。其二，结合资本市场实际情况选择契合的研究视角。以往研究多集中于企业管理者视角，探讨其在商誉减值中的影响作用。这一研究商誉减值的视角比较适用于公司股权结构较为分散的英美等国家资本市场，因为在公司股权结构较为分散的情况下，公司管理者掌握着公司经营等各项决策权。然而，在公司股权结构较为集中的大多数国家中，公司大股东对企业的重要决策具有显著的影响。为此，需要结合每个资本市场的实际情况，选择研究商誉减值问题的视角。我国股权结构较为集中，企业大股东是否会对商誉减值决策产生影响，具体而言，即大股东是否具有动机、能力和空间进行商誉减值规避。假设大股东的影响存在，面对外部审计师、机构投资者等的监督制约，企业大股东为进行商誉减值规避，是否以及会采取何种会计防御机制，以及大股东商誉减持规避后是否会减持。这些是有价值和有趣的研究话题，目前鲜见有文献对此进行考察，值得进一步去探讨。其三，关注和进一步研究不及时确认或规避商誉减值是否会对股票市场和投资者产生潜在危害。公司股票崩盘会造成投资者财富缩水，影响资本市场有效运行，更甚者会危害国家金融稳定和实体经济发展。商誉减值的不及时确认或规避是否会提升公司股价崩盘风险，若大股东减持，是否会导致商誉减值规避引发的短期高估股价泡沫破灭，公司股价崩盘风险的提升作用更为明显。该问题的研究探讨对从会计视角降低公司股价崩盘风险、进而保护投资者利益、防范化解重大风险具有重要的现实价值。

3.3 大股东持股经济后果相关文献综述

3.3.1 大股东持股经济后果的文献回顾

企业的所有权结构与管理活动之间的关系是企业财务和组织经济学领域备受关注的研究课题（Iwasaki and Mizobata，2019）。这两个要素间的关系有很多方面，比如公司股权结构集中度如何影响公司投资、融资和经营活动等。根据本书的研究问题，我们重点回顾公司大股东持股比例对企业运营决策活动的影响作用。通过对以往研究文献的梳理发现，国内外学者对于大股东持股经济后果的探讨主要集中在以下方面。

第一，大股东持股与会计信息质量。现有研究文献主要基于会计信息含量、会计稳健性、盈余操纵等方面，以考察大股东持股对企业会计信息质量的影响作用。

（1）会计信息含量。Fan 和 Wong（2002）利用东亚七个地区经济体（中国台湾、中国香港、印度尼西亚、马来西亚、新加坡、韩国和泰国）的上市公司样本数据，研究结果发现，企业大股东持股比例对会计盈余信息含量具有显著的负向影响，即大股东持股比例较高的公司，会计盈余对股票收益率反应系数的显著性会降低，这表明股权结构较为集中的公司大股东有能力去管理向外公开信息披露决策，市场上关于公司的信息较少，因而公司会计盈余信息含量会被降低。进一步研究发现，公司两权分离程度对会计盈余信息含量同样具有显著的负向影响，这表明外部市场投资者对这类公司的会计盈余信息不信任，因而会计盈余对股票收益率反应系数的显著性会被弱化。王化成、佟岩（2006）认为，随着大股东持股比例的增加，大股东对企业的控制力会得以进一步强化，因而更加有能力和动机去影响控制企业会计盈余信息的报告，进而致使会计盈余信息质量下降。他们的研究结果与预期一致，大股东持股比例越高，企业盈余反应系数（盈余信息价值相关性）越低，同时发现在国有企业和大股东制衡程度越低的公司中，会计盈余质量越低。佟岩、王化成（2007）进一步研究得出，在大股东持股比例低于 50% 的情况下，大股东会追求关联交易带来的控制权私利，降低企业盈余的信息含量；在企业大股东持股比例不低于50%的情况下，大股东会追求关联交易带来的控制权共享收益，提高企业盈余的信息含量。周泽将（2008）研究发现，大股东持股比例与会计盈余反应系数显著负相关。张继袖、陆宇建（2007）的研究却发现，企业大股东持股比例越高，会计盈余价值相关性越高。喻凯和徐琴（2010）的研究也发现，企业大股东持股比例越高，企业盈余反应系数越显著。游家兴、罗胜强（2008）的研究发现，企业大股东持股比例与盈余反应系数间是非线性关系，即会计盈余反应系数随大股东持股比例的增加先上升后下降。余怒涛等（2008）的研究结果表明，当公司业绩预增，大股东持股比例与盈余反应系数间作用关系显著为正；但公司业绩预减，大股东持股比例与盈余反应系数间作用关系显著为负。

（2）会计稳健性。黎文靖、路晓燕（2007）指出，随着企业大股东持股比例的增加，大股东更加有能力去操纵会计信息的生成和披露，为其不当行为作掩护，进而降低企业会计信息质量，他们的研究结果与预期一致，大股东持股对企业会计稳健性具有显著的负向影响作用。黎文靖（2009）进一步基于大股东和经理人的权力博弈视角，探讨两者对会计稳健性的影响作用。研究结果表明，在非国有企业中，会计稳健性会随着大股东持股比例的增加先升后降；在国有企业中，会计稳健性会随着大股东持股比例的增加而呈现出上升的趋势。此外，研究还得出，在非国有企业中，当大股东持股比例较低时，经理人权力对会计稳健性具有显著的负向影响；当大股东持股比例处于中等水平时，经理人权力对会计稳健性没有显著的影响；当大股东持股比例处于较高水平时，经理人权力对会计稳健性具有显著的正向影响。在国有企业中，无论大股东持股比例处于什么水平，经理人权力对会计稳健性均没有显著的影响。

董红星（2009）从供给与需求角度，探讨分析我国上市公司大股东控制（持股比例高于51%）对会计稳健性的影响作用。从供给方面来看，会计稳健性要求会计盈余及时反映经济损失，这恰恰是企业大股东不愿看到的，因为高质量的会计信息是大股东进行私利行为的一个主要障碍，为此，他们为掩人耳目，往往会选择比较乐观的会计政策，进而导致稳健性的会计信息供给不足。从需求方面来看，企业大股东需要稳健性的会计信息，来及时判断经理人投资的亏损，以及抑制经理人过度投资的机会主义行为，但这并非放之四海而皆准，或者说在股权结构较为分散的英美资本市场是存在的。结合我国资本市场的实际情况来看，国有企业的经理人绝大多数是由国有大股东或者行政机构任命的，民营企业的经理人多是家族成员担任或者家族指定。由此可见，无论国有企业还是民营企业，其大股东均具有重要内部人的属性，直接控制或影响着企业会计政策的输出，因而对企业会计信息稳健性的需求不高。基于我国上市公司样本数据的检验结果发现，与其预期结果一致，大股东持股比例与企业会计稳健性具有显著的负相关关系，即企业大股东持股比例越高，企业会计稳健性越低。进一步研究发现，无论是国有企业还是民营企业，随着持股比例的加大，大股东对企业会计稳健性均会产生负向不利的影响作用。Sousa 和 Galdi（2016）基于巴西上市公司的样本数据，实证结果发现大股东持股比例与上市公司会计稳健性间是显著正相关关系，即大股东持股比例越高的公司会计稳健性越高，这说明市场投资者对大股东持股比例较高公司要求更高的会计稳健性。

（3）会计盈余操纵。雷光勇、刘慧龙（2006）以配股政策要求三年 ROE 标准最后一年的进行配股上市公司为研究样本，探讨我国配股政策场景下上市公司的盈余操纵行为。研究结果表明，控股大股东（第一大股东）持股比例越高的公司为配股，更可能进行向上应计盈余操纵，且向上操纵的程度越大。Kim 和 Yi（2006）以韩国上市公司为数据样本，研究结果表明，大股东两权分离程度越高，大股东会进行更多的应计盈余管理，以隐瞒其不当行为，而规避可能会带来的不利后果。王兵（2008）的研究结果表明，大股东持股比例与应计盈余管理绝对值（利用 DD 模型测量）间是倒 U 型关系。高雷、张杰（2009）的研究发现，企业大股东会通过盈余管理来隐藏其资金占用造成业绩下降的负面影响，进而实现大股东对企业资金侵占的持续性。林钟高、储姣娇（2012）的研究结果表明，大股东持股比例对企业盈余管理质量具有显著的负向影响，且内部控制在两者间作用关系中起着中介传导机制。高群等（2012）的研究发现，大股东持股与企业盈余管理间存在 U 型关系，进一步研究发现，机构投资者可以约束大股东对盈余管理的操纵。苏柯等（2014）的研究结果发现，公司大股东持股比例与修正琼斯模型测量的应计盈余管理绝对值或正向的应计盈余管理之间均具有显著的正相关关系。Alzoubi（2016）以约旦的上市公司样本数据，研究结果表明内部人持股比例越高，企业盈余操纵的幅度越小。此外，研究还发现，机构投资者持股比例和外部大股东对企业盈余操纵程度具有显著的约束作用。Bao 和 Lewellyn（2017）指出，在新兴经济体，控股股东（第一大股东）可以指定管理层或董事，因而更有能力影响企业会计信息的报告政策，以实现利己的目的，从而导致企业更多的盈余管理活动，但控股股东实施的盈余管理活动会受到国家法律制度环境的约束，换而言之，控股股东盈余管理活动的动机可能会因公司所处经营环境的法律执行强度而改变。以来自 34 个新兴资本市场国家 1200 家上市公司的样本数据发现，控股股东持股比例越高，企业盈余操纵程度（修正琼斯模型测量的操纵应计盈余绝对值）越大，但两者间正向作用关系在中小股东保护制度越好的国家中会被削弱。

（4）其他方面。刘春、孙亮（2011）采用熵权法测度公司综合的会计信息质量，研究结果发现，大股东持股比例越高的公司会计信息质量越高。他们的解释是，由于股权高度集中，大股东受到外部接管的威胁较小，公司管理战略更具有持续性，会计信息预测和反馈性得以提高，进而会计信息的相关性可能更高，综合的信息质量也更高。Jiang et al.（2011）以新西兰上市公司为样本数据的研究结果表明，大股东持股比例越高，公司内外部信息不对称越高，当大股东为机构投资者或管理层时，两者间的正向关系更加显著。郁玉环（2012）基于深交所的上市公司样本数据，研究结果发现大股东持股比例对信息披露水平具有显著的正向影响作用。Yao 和 Yang（2017）基于我国上市公司样本，研究结果表明，与监管机构物理距离较远的企业，公司大股东股权集中程度越高，公司环境信息披露质量越好。

第二，大股东持股与企业财务政策。现有研究文献主要基于投资、融资与股利政策等方面，以考察大股东持股对企业财务政策的影响作用。

（1）大股东持股对企业投资的影响。Filatotchev et al.（2001）基于俄罗斯民营上市公司的研究样本，结果表明大股东持股比例对公司投资活动具有显著的负向影响，这一结果说明当小股东权利没有得到充分保护时，大股东在按比例分配股利前可能会参与提取控制权私有收益，进而影响上市公司的投资活动。张翼、李辰（2005）以我国 1998—2001 年内上市公司为样本，研究发现，在地方政府控制的公司中，大股东持股比例显著负向投资对现金流敏感性系数，Wei 和 Zhang（2008）利用来自 8 个东亚新兴经济体的上市公司样本数据，研究结果也发现，随着大股东现金流权的增加，资本投资支出与公司现金流的敏感性则随之下降，这些研究结果与过度投资与自由现金流假说预期一致。罗进辉等（2008）基于我国上市公司的横截面数据，研究发现大股东持股比例对企业过度投资水平的影响呈现出倒 N 型非线性作用关系。杨清香等（2010）的研究得出，大股东持股比例对企业非效率投资具有显著的正向影响。冉茂盛等（2010）研究发现，大股东持股对企业投资效率存在两面性，且消极影响大于积极影响。刘淑莲、吴世飞（2013）的研究结果却表明，大股东持股比例与投资对现金流敏感性存在倒 N 型作用关系。宋小保（2013）通过模型推导得出，随着大股东持股比例的增加，公司过度投资会随之弱化。叶松勤、徐经长（2013）的研究发现，大股东持股与过度投资显著正相关，两者间的作用关系无论在国有企业还是非国有企业均存在，但大股东持股与投资不足间的正向作用关系仅存在非国有企业中。贾明琪等（2017）理论分析认为，随着大股东持股比例的增加，大股东与中小股东代理问题会凸显，公司投资效率会降低，而实证分析结果却发现，大股东持股比例与公司投资效率间并没有显著的作用关系，但前五大和十大股东集中度对投资效率具有显著的影响。

还有部分研究具体探讨了大股东持股对企业研发（创新）投资的影响作用。比如任海云（2010）以我国上市公司为样本得出，大股东持股比例对上市公司研发投资具有显著的不利影响。罗正英等（2014）基于我国民营上市公司的样本数据，研究发现大股东持股比例与公司研发投资支出之间呈现出非线性关系，具体表现为，企业研发支出先随大股东持股比例增加而下降，当大股东持股比例超过 47.67% 阈值时，研发支出随大股东持股比例增加而上升。Deng et al.（2013）以中国中小民营企业为研究样本，研究结果表明，大股东持股比例越高的公司更善于利用外部知识和人力资本，将研发转化为产品创新。Chen et al.（2014）认为，随着大股东持股比例的增加，大股东与管理层沟通接触越来越多，可以有效约束管理层的短视行为，加大对企业创新活动的投入，进而提高企业创新输出，但当公司大股东持股比例增加到一定程度，大股东为分散大额股份持有的风险，更可能会转移公司资源，比如利用公司资源建立自己的金字塔型业务集团，将资源导向复杂的关系交易，这样会以牺牲创新为代价。与预期一致，他们的实证结果发现，大股东持股与企业创新输出间是倒 U 型关系，即先升后降。López et al. (2017) 基于 19 个发达国家的上市公司样本，研究发现在投资者保护较弱的国家中，大股东持股集中度有助于提升企业研发创新投入。

（2）大股东持股对企业融资的影响。Moh'd et al. (1998) 的研究表明，企业内部人持股比例越高，债务融资规模越低，进一步的双重差分模型研究得出，内部人持股比例的变化与债务融资规模的变化呈现出更为显著的相反方向。Datta、Iskandar-Datta 和 Raman（2005）基于美国的上市公司样本，研究发现企业内部人持股与债务融资期限显著负相关。Boubakri 和 Ghouma（2010）的一项跨国研究发现，大股东两权分离度越高，公司债务融资成本越高，债务评级越低。Li et al. (2011) 的跨国研究同样得出，公司大股东两权分离程度越高，借款成本越高，这些结果表明，债权人会向大股东代理严重的公司要求较高资本溢价。Arslan 和 Karan（2006）以土耳其上市公司为数据样本，研究结果表明，大股东持股比例与公司债务期限显著正相关。García-Teruel 和 Martínez-Solano（2010）以西班牙的上市公司数据样本，研究发现大股东持股比例与债务期限间是显著的倒 U 型非线性关系。高雷、丁章华（2010）基于我国上市公司的非平衡面板数据，将大股东持股分为三个等级，研究发现较高的大股东持股与公司债务融资规模显著负相关，适度的大股东持股与公司债务融资规模显著正相关，较低的大股东持股与债务融资规模不相关。段伟宇、师萍（2013）以我国创新型企业为研究样本，研究结果发现，大股东持股比例对公司债务融资规模和债务期限具有显著的正向影响作用。王运通、姜付秀（2017）的主回归分析结果表明，大股东持股比例对公司债务融资成本具有显著的负向影响。

（3）大股东持股对企业股利政策的影响。Mancinelli 和 Ozkan（2006）基于来自意大利国家的上市公司样本数据，研究结果表明大股东持股投票权比例越高，公司发放股利水平越低。邓建平、曾勇、何佳（2007）利用来自我国上市公司的数据样本，研究结果表明控股大股东持股比例越高，公司股利发放水平越高，在股改后的公司中，两者间作用关系更强。王化成、李春玲、卢闯（2007）的研究表明，大股东两权分离程度越高，公司发放现金股利的倾向和程度更高。党红（2008）

基于我国上市公司的研究发现，大股东持股比例显著正向影响公司现金股利发放。Ramli（2010）以马来西亚国家的上市公司为研究样本，实证结果得出随着大股东持股比例的增加，公司发放的股利也越高。Thanatawee（2013）以泰国的上市公司为样本，同样发现大股东持股比例与公司股利发放显著正相关。胡国柳等（2011）的研究表明，在我国大股东持股比例越高的公司中，越倾向于发放现金股利。任力、项露菁（2013）基于我国发放现金股利的上市公司面板数据，研究结果表明，大股东持股比例显著负向影响公司现金股利发放力度。罗琦、吴哲栋（2016）的研究发现，当大股东持股比例较低时，大股东持股与公司股利支付率之间作用关系显著正相关；当大股东持股比例较高时，大股东持股与公司股利支付率显著负相关。罗琦、吴敬侗（2017）基于我国上市公司样本，探讨大股东对公司股利生命周期特征的影响，研究发现，相比成长型企业，在成熟型公司中，随着大股东持股比例的增加，公司支付股利的意愿会随之下降，进而股利生命周期特征会被弱化。

第三，大股东持股与企业经营、公司价值。现有研究文献主要考察了大股东持股对企业多元化经营、对企业财务价值和市场价值的影响作用。

（1）大股东持股对企业多元化经营的影响。Denis et al.（1997）基于美国上市公司的样本，研究发现公司内部人持股比例对公司经营多元化具有显著的负向影响。Amihud 和 Lev（1999）同样指出，公司股权集中度对经营多元化具有负向作用。饶茜等（2004）以我国上市公司为样本数据，研究得出大股东持股比例与企业多元化经营之间呈现出明显的倒 U 型关系。王化成、胡国柳（2005）研究得出，大股东持股比例显著负向影响企业多元化水平。韩忠雪、朱荣林、王宁（2006）同样发现，大股东持股比例与企业多元化显著负相关。沈梁军（2010）基于我国上市公司的面板数据，研究发现企业多元化经营程度会随着大股东持股比例的增加而下降，对此内在机制的结果解释表明，大股东持股比例的增加有助于企业经理人的代理成本。Hautz、Mayer 和 Stadler（2013）以来自欧洲地区 222 家上市公司为样本数据，实证结果得出在家族上市公司中，大股东持股比例对公司产品多元化具有显著的正向影响，但对国际多元化具有显著的负向影响。在金融机构或国有企业中，大股东持股比例对公司产品多元化具有显著的负向影响，但对国际多元化具有显著的正向影响。

（2）大股东持股对公司价值的影响。Shleifer 和 Vishny（1986）认为，大股东的存在能够帮助缓减与所有权分散相关的传统"搭便车"问题，从而有助于改善公司的业绩和价值。然而，Claessens et al.（2000）对这一观点提出反驳，认为由于大股东行使着控制权，可能会为最大化自身的利益而牺牲公司其他股东和员工的利益，进而导致公司整体价值的减损。由此可见，大股东所有权集中度对企业价值影响的理论争论在利益趋同假说和壕沟挖掘假说间摇摆不定。

与上述理论争论相一致，已有研究的实证结果也不尽相同。一些研究结果表明，大股东持股比例对公司价值具有显著的正向影响。比如 Claessens 和 Djankov（1999）以捷克共和国上市公司为研究样本，实证结果表明大股东持股集中度越高，公司盈利价值和劳动生产率越高。Pedersen 和 Thomsen（2003）以欧洲上市公司为样本数据，研究发现当公司大股东为金融机构时，大股东持股比例显著正向影响企业的市场价值。Edwards 和 Weichenrieder（2004）以德国上市公司为样本，研究结果发现大股东持股比例越高，公司的市场价值越高；大股东控制权越高，公司市场价值越低，但第二大股东控制权比例越高，公司市场价值则越高。徐莉萍、辛宇、陈工孟（2006）以我国上市公司为数据样本，通过构建一个综合的财务指标来衡量公司经营绩效，研究结果得出大股东持股比例与公司经营绩效是单增线性关系，而非是 U 型或倒 U 型关系，无论在国有企业或非国有企业中，大股东持股比例对公司业绩都具有显著的正向影响。刘星、刘伟（2007）的研究结果发现，大股东持股比例显著正向影响公司市场价值。Ma、Naughton 和 Tian（2010）的研究发现，在决定中国上市公司绩效方面，所有权集中度比任何类别的所有权都更为强大，可交易股权集中度对企业绩效的正向影响大于总股权集中度，这些结果表明，无论谁是集中的所有者，大股东所有权集中程度都会提高企业绩效。Cabeza-García 和 Gómez-Ansón（2011）以西班牙上市公司为数据样本，实证结果发现，在控制了内生性之后，个人大股东持股比例对私有化后的公司效率具有显著的积极影响。Kang 和 Kim（2012）基于中国上市公司样本数据的研究结果发现，大股东持股比例越高，公司经行业调整后的财务价值和市场价值越高，说明在大股东持股比例越高，越有助于提升公司价值。Nguyen et al. （2015）基于新加坡和越南两个国家上市公司的对比研究发现，相比公司治理质量较高的新加坡，在公司治理质量较差的越南，公司大股东股权集中程度越高，公司市场价值越高，这表明在公司治理较差的国家中，大股东股权集中度对提升公司价值发挥着替代作用。Da Cunha 和 Bortolon（2016）的研究结果发现，在大股东持股比例越高的巴西公司中，越能缓减 2008 年金融危机对公司价值的不利影响。Prommin et al. （2016）以中国台湾上市公司为样本数据，研究结果表明大股东持股比例越高，公司股票流动性越大，公司市场价值越好。Singh et al. （2018）基于巴基斯坦上市公司的样本数据，运用 GMM 方法，研究结果表明，大股东持股比例越高的公司市场价值越高。

一些研究结果表明，大股东持股比例对公司价值的作用关系是非线性的。孙永祥、黄祖辉（1999）考察了我国上市公司第一大股东持股比例与公司市场价值间作用关系，研究结果得出，两者间呈现出显著的倒 U 型非线性作用关系，这一结果表明，保持适度的大股东股权集中度对提升公司价值是有利的。宋敏、赵俊喜、李春涛（2004）的研究结果发现，我国上市公司大股东持股比例对企业业绩的影响作用关系呈现出显著的 U 型非线性。王力军（2006）区分了大股东的性质，考察了大股东持股比例对公司市场价值的影响，研究得出在国有企业中，大股东持股比例与公司市场价值间作用关系是 U 型的；在民营企业中，大股东持股比例与公司市场价值间作用关系是倒 U 型的。谢军（2007）基于我国 2003—2004 年的上市公司样本数据，研究得出大股东持股比例与公司市场价值是三次非线性关系，具体表现为显著的倒 N 型关系，即公司价值先随大股东持股比例的增加而下降，后随着大股东持股比例的增加而增加，最后随着大股东持股比例的增加而再次下降。Wei（2007）以 1999—2002 年 276 家中国上市公司为样本，研究结果发现国有控股与公司绩效之间的关系不是 U 型或倒 U 型，但确实是非线性的，即当国有股比例相对较小时，不存在负相关关系，当这一比例超过 50% 时，国有持股对公司业绩有显著的负面影响。Ng et al. （2009）以中国上市公司为研究样本，结果发现国有大股东持股比例与公司市场价值间呈现出 U 型关系，这表明在公司高度私有化和国有控制时对公司市场价值提升最为有利。罗进辉、万迪昉（2010）基于我国上市公司样本数据，研究得出大股东持股比例与公司价值间呈现出明显的 N 型作用关系,即公司价值随着大股东持股比例的增加先上升后下降再上升。Weiss 和 Hilger(2012)用来自 8 个国家的上市公司为样本数据,研究结果表明,大股东持股比例与上市公司市场价值间作用关系是非线性的,但控制了内生性后,两者间关系变得不显著。Yu(2013)基于中国上市公司的样本数据分析得出,国有股权集中度与公司价值(财务价值和市场价值)间是 U 型关系。

一些研究结果表明,大股东持股比例会对公司价值具有显著的负向影响。Pedersen 和 Thomsen(2003)以欧洲上市公司为样本数据,研究结果发现,在国有企业中,大股东持股集中程度显著负向影响企业市场价值。Thomsen et al.(2006)的研究结果表明,在股权集中程度较高的欧洲国家,大股东持股比例会对公司市场价值和业绩财务价值产生不利的负向影响。Hu、Tam 和 Tan(2010)以中国上市公司为数据样本,研究结果表明,公司控股大股东(第一大股东)持股比例对公司市场价值具有显著的负向影响作用。还有一些研究结果表明,大股东持股比例对公司价值没有显著的影响作用。Hovey et al.(2003)以中国沪深上市公司为样本,结果发现大股东持股比例与公司市场价值没有显著的正向作用关系。Pedersen 和 Thomsen(2003)以欧洲上市公司为样本数据,研究结果发现,当公司大股东为家族或者个人时,大股东持股比例不会对企业市场价值产生影响作用。Chen et al.(2005)的研究结果表明,大股东持股比例与公司财务业绩没有显著的正向关系。Thomsen et al.(2006)的研究结果发现,在股权集中程度较低的英美国家,大股东持股比例对公司市场价值和业绩财务价值不会产生影响作用。Omran、Bolbol 和 Fatheldin(2008)以阿拉伯地区国家的上市公司为研究样本,研究结果同样发现,大股东持股集中度对公司会计业绩没有显著的影响作用。

3.3.2 大股东持股的文献评述

自 20 世纪 80 年代后,Berle 和 Means(1932)提出的现代企业股权结构较为分散的观点受到不断的质疑,学者们发现全球大多数国家上市公司的股权结构都是较为集中的。在集中的股权结构下,大股东对企业具有实际的影响。因此,学者们对此给予了广泛的关注和探讨。通过对大股东持股理论文献的梳理后发现,目前国内外学者对大股东持股的经济后果展开了较多的探讨，主要集中于考察大股东持股对企业会计信息质量、包括融资、投资和股利政策的财务决策、企业多元化经营和公司价值等方面的影响作用。由于研究样本、样本期间和变量测量方式等方面的问题，目前学者们对此研究得出的结论并不一致，因而大股东对企业的影响仍是一个富有活力的研究话题。围绕本书的话题，尽管有不少文献考察大股东持股对公司会计质量的影响，但研究得出的结论并没有达成一致，甚至基于同一个国家的样本数据得出的结论截然相反，所以当前这仍然是一个充满活力的研究主题（Iwasaki and Mizobata，2019）。同时令人遗憾的是，目前鲜见有研究文献考察大股东持股对公司具体会计选择（比如商誉减值）的影响作用。事实上，企业大股东为维护自身股份的财富价值，有动机和能力去影响或实施利于自身的会计选择。为此，国内外研究可以对此进一步展开探究。

3.4 盈余管理成因与治理相关文献综述

3.4.1 盈余管理成因与治理的文献回顾

企业财务报告中的盈余信息是企业所有的利益相关者（比如公司股东、债权人、供应商、客户和监管层等）颇为关注的一项重要会计信息。企业管理当局为达到自身利益最大化，很可能会进行盈余管理，操纵或调整企业对外报告的会计收益信息。但是，企业当局的盈余管理会在不同程度上，影响公司股东、债权人等其他利益相关者的利益（Kappoff et al.，2008a），更甚者会扰乱要素市场、债务市场和股票市场的秩序，损害资本市场和宏观经济的健康发展（Kedia and Philippon，2007；Kappoff et al.，2008b）。由于公司信息不对称普遍存在，导致有效监管公司盈余管理的难度较大。因而在全球资本市场上，企业盈余管理行为层出不穷，诸如安然事件的丑闻频现。为此，探讨公司盈余管理活动的动因，以及如何有效约束企业盈余管理，一直是实务界和学术界共同关注的一项重要议题。目前，学术界对盈余管理的影响因素展开了大量有益的探讨分析，这些现有理论研究文献主要集中于以下方面。

第一，考察公司盈余管理的成因。以往研究文献依据不同的企业利益相关者，主要基于契约视角和资本市场视角，考察了企业盈余管理的成因。

1）契约视角：公司缔造的契约虽然有很多，但最为主要的还是与管理者的薪酬契约，以及与债权人的债务契约。为此，可将基于契约视角考察盈余管理的文献分为两类：薪酬契约动机和债务契约动机。

（1）薪酬契约动机。为降低企业与管理者间的委托代理成本，激励管理者努力经营公司，企业在管理者的薪酬设计中，将管理者薪酬构成分为两部分，一部分是固定薪酬，另一部分是与企业业绩等经营成果相挂钩的弹性薪酬（Jensen and Meckling，1976）。因此，企业管理者有动机进行盈余管理，粉饰财务报表，提高自身私利的获得（Watts and Zimmerman，1978）。Healy（1985）首次实证分析了企业基于业绩的奖励计划对管理者盈余管理的影响作用，研究结果表明，当基于业绩的奖励计划存在上限或下限时，管理者达到约束限制后，会进行向下的应计盈余管理，递延收益当期确认，为未来达到奖励计划提前做准备；当基于业绩的奖励计划不存在上限或下限时，管理者会进行向上的应计盈余管理，尽可能多地获得当期奖励。Cheng 和 Warfeild（2005）考察企业管理者股权激励（包括管理者持股和股票期权两部分）与盈余管理之间的关系，研究结果表明，拥有较高股权激励的管理者未来更有可能出售股票，这会促使管理者进行盈余管理，以增加待出售股票的价值。

国内学者李延喜等（2007）以我国沪深上市公司为样本，研究结果表明，企业管理者薪酬水平与向上应计盈余管理程度间关系显著正向相关，说明管理者薪酬激励是公司盈余管理的一个重要诱因。肖淑芳等（2013）的研究结果发现，企业股权激励是激发企业管理者进行盈余管理的重要成因，且管理者权力越大，越容易加剧这种效应。杨志强、王华（2014）探讨企业内部薪酬差距对盈余管理的影响，研究结果发现，企业内部薪酬差距越大，企业应计盈余管理水平越高，且两者间作用关系在股权集中度越高的公司更加显著，这说明企业内部薪酬差距与盈余管理间的正相关关系是大股东和管理者"共谋"的结果。罗宏等（2016）的研究表明，如果公司管理者薪酬低于同行业公司管理者薪酬的程度越高，则该公司管理者通过盈余管理操纵薪酬的程度也随之增加，这种操纵薪酬效应会在内部薪酬差距较大的公司中被弱化。

（2）债务契约动机。企业一旦债务违约，将会付出较高的代价，为此，公司很可能会通过盈余管理活动，提高会计利润，以避免违反契约。早期，Sweeney（1994）实证探讨了企业债务契约违背对公司盈余管理的影响，研究结果表明，相比那些不容易发生债务契约违背的公司，接近债务企业违背的公司更会向上进行盈余管理。DeFond 和 Jiambalvo（1994）以发生债务契约违背的公司为样本，研究分析结果发现，这些公司在债务违约前一年进行较为明显的向上应计盈余管理。Jha（2013）使用季度大样本数据，考察了企业债务契约违背前后的盈余管理水平，研究结果表明，企业管理者在违规前的几个季度向上操纵会计盈余，但在违规后的一个季度向下操纵盈余。Franz et al.（2014）的研究结果表明，与那些远未违反债务契约的公司相比，那些贷款接近违约的公司更有动机去实施向上盈余管理（应计盈余管理、真实盈余管理），这种作用关系在信用评级较低的公司更加明显；进一步的分析发现，萨班斯法案颁布之前，企业为避免违反契约，则会更多选用应计盈余管理，但萨班斯法案颁布之后，企业为避免违反契约，则会更多选用真实盈余管理。

企业的债务水平越高，则越容易触发债务契约中限制条款，为此，财务杠杆较高的公司更有动机进行盈余管理，避免债务契约违反（Watts and Zimmerman, 1986）。Gupta 和 Khurana（2008）考察了企业短期债务是否会刺激借款企业通过盈余管理来延迟对坏消息的识别，通过对 33 个国家 10 年间的企业层面数据样本进行分析，研究发现短期债务会带来更大的盈余管理，在法律制度薄弱的国家，这种短期债务的影响更为明显，这与借款企业将管理会计盈余以规避债权人强制执行的假设相一致。An、Li 和 Yu（2016）基于 37 个国家 1989—2009 年间的上市公司研究样本，探讨企业负债水平与盈余管理间的作用关系，研究结果发现，企业债务水平越高，盈余管理水平越高，机构投资者持股对两者之间正向作用关系具有显著的负向影响作用，这说明机构投资者发挥着治理作用，以降低企业为规避债务契约违约进行盈余管理的行为。

还有部分研究指出，随着企业债务水平的提升，债权人的地位变得越来越重要，企业管理者盈余管理活动可能会受到来自债权人的约束，因而企业债务水平与盈余管理间是负向关系。比如 Ahn 和 Choi（2009）的研究结果发现，随着银行贷款的增加，借款企业的盈余管理活动会减少。Rodríguez-Pérez 和 Van Hemmen（2010）基于西班牙的上市公司样本，研究结果表明，企业债务水平越高，盈余管理水平越低，这说明企业债务契约对企业管理者不当行为发挥着治理作用。

国内学者对企业债务水平与盈余管理间关系的探讨研究得出的主要观点是认为两者间是正向关系，比如李增福等（2011）基于应计项目操控和真实活动操控两个方面考察债务契约对公司盈余管理的影响，研究结果表明，公司债务水平对两类盈余管理程度均具有显著的正向影响。杨继伟、汪戎和陈红（2012）研究得出，企业债务水平显著正向影响盈余管理，其中，短期债务水平与盈余管理之间显著正相关，长期债务水平与盈余管理之间不显著的负相关，这表明短期债务融资是引发企业盈余质量恶化的主要原因。王云等（2016）同样得出企业债务水平与盈余管理正相关的研究结论。

2）资本市场视角：目前现有文献对此，主要是基于企业在资本市场开展经济活动（比如 IPO、再融资活动、达到分析师预期以及迎合监管需要）过程中，考察企业进行盈余管理的动机。

（1）首次公开募股（IPO）。早期，Aharony et al.（1993）首次以美国 229 家工业企业为样本，探讨上市公司在首次公开募股前是否会进行盈余管理以提高募集到的资本规模，研究结果发现，公司 IPO 前的盈余管理从整体上来看虽然不是一种常见的现象，但在规模较小、债务水平较高、股票发行的承销商声誉较低和审计师质量较低的公司中是一种明显的现象。Friedlan（1994）指出，由于 IPO 股票在出售给投资者之前没有市场决定的价格，发行人和承销商必须使用有关公司的非价格信息来确定发行价，而基于会计的方法经常被用于对没有交易证券的估值，实证研究发现，上市公司在上市前发布的财务报表中可自由支配应计利润有显著增加的迹象证据，这与发行人认为财务报表信息影响 IPO 发行价的假设是一致的。Teoh et al.（1998）的研究结果显示，IPO 公司上市年度会通过应计盈余管理（折旧方式和不可收回的应收账款）调增报告的会计收益，但这些公司在上市后的三年里表现出较差的公司业绩和负向的应计盈余。

DuCharme et al.（2004）研究结果发现，公司在股票首次发行前，会计应计利润异常高，尤其是对那些发行后引发诉讼的公司；应计会计利润倾向于在股票发行后反转，且与发行后股票回报负相关，与未被起诉的公司相比，被起诉公司的股票回报率更低，反转更明显；涉及股票发行和结算金额的诉讼发生率与发行前的异常应计利润显著正相关，与发行后的股票收益显著负相关，这些研究结果支持了公司在股票发行前投机性向上的操纵会计收益容易招致诉讼的观点。Morsfield 和 Tan（2006）以 1983—2001 年间 2630 家 IPO 公司为样本，研究发现在风险投资存在的情况下，公司 IPO 年度的异常应计利润较低，该研究结果并不支持一些批评者的说法，即风投在公司 IPO 期间夸大了所投公司收益。此外，该文还提供了一些证据证明，较低的盈余管理和风投的监控部分解释了有风投的公司上市后的高收益。

Chen et al.（2013）的研究指出，公司在 IPO 时会经常伴随着盈余管理，但对不同类型的发行者来说，盈余管理的目的是一样的。具体而言，对于低信息不确定性的发行人来说，发行中的盈余管理与随后的非管理盈余呈正相关，与市场对收益公告的反应以及发行后的长期股票表现无关；对于高信息不确定性的发行人来说，发行中的盈余管理与随后的非管理盈余无关，与市场对收益公告的反应以及发行后股票的长期表现呈负相关。这些证据表明，信息不确定性低的公司经理人倾向于以提供信息为目的进行盈余管理，而信息不确定性高的公司经理人则以机会主义为目的进行盈余管理。

Alhadab et al.（2016）的分析指出，尽管围绕 IPO 的盈余管理已经在许多场景下进行了研究，但分析监管环境对此类盈余活动影响的研究工作相对缺乏。为此，他们探讨研究监管环境是否会影响 IPO 公司的真实盈余管理活动和应计盈余管理活动。其实证结果表明，在监管较松的英国可替代投资市场上市的 IPO 公司，在 IPO 期间的应计盈余管理和通过销售操纵的真实盈余管理（通过酌量费用操纵的真实盈余管理）的水平高于（低于）在监管较严的英国主要市场上市的 IPO 公司。

在国内，张宗益和黄新建（2003）以我国资本市场 1998—2000 年 IPO 的公司为样本，研究探讨 IPO 公司的盈余管理情况，结果发现，我国上市公司 IPO 前一年、当年和后一年确实进行了应计盈余管理活动。李仙、聂丽洁（2006）的进一步研究发现，经过"十大所"审计的 IPO 公司盈余管理水平显著低于"非十大所"审计的 IPO 公司。

Liu、Uchida 和 Gao（2014）基于我国 2005 年 IPO 制度变化作为一项准自然试验，探讨公司 IPO 对公司盈余管理的影响，研究结果表明，企业应计盈余管理水平在取消固定价格发行程序后显著降低，说明中国

IPO公司通过外生制度变迁大幅降低了企业盈余管理。

Cheng et al.（2015）以我国437家IPO公司为样本，发现我国企业往往会在IPO时夸大收益，与非国有企业相比，国有企业在IPO时的收益管理程度较低。此外，运用路径分析发现，CEO持股和银行贷款的可获得性两个因素解释国有控股与上市公司盈余管理间48%的相关性，特别是，银行贷款的可获得性是导致国有企业盈余管理比非国有企业少的一个更重要的因素。

柳建华等（2017）以2001—2011年我国制度环境下的IPO公司为研究样本，探讨券商声誉与IPO公司盈余管理间的关系，研究结果表明，券商声誉对其所承销IPO公司的盈余管理程度具有显著的正向影响，只有在投资者法律保护较差的地区两者间正向关系才显著；进一步研究得出，高声誉券商纵容或协助IPO公司盈余管理的重要动因在于获取更高的经济收益，尽管高声誉券商确实能够降低IPO公司的抑价率，但这是通过提高IPO公司盈余管理程度的途径来实现的。

（2）再融资活动（增发和配股）。早期，Teoh et al.（1998）指出，增发股权进行融资的公司很可能会通过改变可自由支配的会计应计利润来提高报告收益，以较低的成本获得更多的融资，实证结果表明，这些增发公司发行前向上调整当期应计利润的程度越高，发行后的长期异常股票收益和净收入越低，这说明投资者可能会误解新股发行时公布的高收益，从而高估新股的价值，当发行前的高收益无法持续时，市场投资者随后会将公司重新估值至合理的水平。Shivakumar（2000）得出与Teoh et al.（1998）一致的研究结论，即上市公司再融资活动中会进行应计盈余管理，但这些公司在股权增发时的盈余管理可能并不是为了误导市场投资者，而可能只是为了反映公司在股票增发公告时对市场行为的理性预期。Cohen和Zarowin（2010）基于应计盈余管理和真实盈余管理两个方面，研究上市公司股票再融资中的盈余管理活动，研究结果发现，公司在股票增发时不仅会进行应计盈余管理，还会进行真实盈余管理，公司对两者的选择主要取决于公司运用应计盈余管理的能力以及成本，进一步研究发现，运用真实盈余管理对公司股票再融资后的业绩造成的消极影响相比应计盈余管理造成的影响更加严重。

在国内，陈小悦等（2000）研究发现，上市公司为满足证监会对公司配股权的要求，倾向于进行向上的应计盈余管理。张祥建和徐晋

(2005）同样发现，为了获得配股资格和提高配股价格，上市公司在配股前具有较高的操纵性应计利润。Yu et al.（2006）基于我国1994—2002年间上市公司的研究样本，结果发现我国上市公司为达到证监会配股要求，会向上盈余管理，调整企业的净资产收益率。

章卫东（2010）考察我国上市公司定向增发新股中的盈余管理问题，研究结果表明，我国上市公司在定向增发前存在盈余管理动机，当向控股股东及其子公司定向增发收购控股集团资产时，上市公司会进行负向的盈余管理，向控股集团输送利益；当向其他机构投资者定增时，会进行正向的盈余管理。李增福等（2011）的研究结果发现，在股权再融资过程中，我国上市公司会通过应计操控和真实活动操控，调增会计盈余。李增福等（2012）基于应计项目操控与真实活动操控两种模型，探讨我国上市公司定向增发新股过程中盈余管理行为，研究结果表明，我国上市公司在定向增发过程中会同时使用这两种方式调增当期盈余，进一步研究得出，前者会导致公司定向增发后短期内业绩下滑，后者会引起公司长期业绩下滑，这表明真实活动盈余管理是上市公司定向增发之后业绩滑坡的主要原因。

（3）规避亏损。我国证监会对连续亏损上市公司给予特别处理或暂停上市的处罚，一旦被特别处理，公司筹资难度加大而暂停或终止上市，将意味着丧失宝贵的壳资源，因而上市公司有动机通过盈余管理来达到避免亏损。

吴联生等（2007）基于上市公司和非上市公司的数据样本，研究结果发现两类公司均存在为规避亏损而进行盈余管理的现象。张昕和杨再惠（2007）考察我国A股上市公司是否利用盈余管理实现避免亏损的目的，研究发现上市公司会在第四季度进行盈余管理来实现当年扭亏为盈，或者调低利润为下一年扭亏为盈做准备，利润表中的主营业务成本、管理费用、投资收益以及营业外收支更容易受到操控。魏涛等（2007）的研究得出，亏损公司利用非经常性损益进行盈余管理动机主要是为了实现扭亏和避免亏损等，而高盈利公司则是为了平滑利润和避免未来利润下降。张俊瑞等（2008）的研究发现，上市公司为了避亏，会进行向上的真实盈余管理活动。

（4）税收规避。戴德明、姚亮（2005）指出，尽管国内外关于公司盈余管理的研究文献较多，但我国对有关税收动机的盈余管理的研究文献还是缺乏的，为此，他们以2000年财政部取消所得税"先征后返"优惠政策这一重大规定为研究背景，检验符合该规定的上市公司是否基于税收目的进行了盈余管理，研究结果表明，税收是影响企业盈余管理的一个重要动机。叶康涛（2006）研究发现，公司在进行盈余管理时，往往面临着财务报告成本与税务成本的权衡，为了摆脱该困境，公司有动机通过操纵非应税项目损益，规避盈余管理的所得税成本。李增福等（2011）以我国2007年所得税改革为背景，从避税动机视角，探讨我国上市公司盈余管理方式选择的问题，研究结果表明，预期税率上升与公司真实盈余管理显著正相关，预期税率下降与公司应计盈余管理显著正相关。芦笛（2017）的研究发现，随着负的总税会差异与负的操纵性税会差异的扩大，企业的盈余管理行为会随之增加。

（5）达到分析师的预期。Yu（2008）开创性探讨了分析师跟进与企业盈余管理间关系，认为分析师跟进对企业盈余管理具有双重影响作用。一方面，证券分析师凭借专业和行业知识对企业进行跟踪分析，并将挖掘分析得出的信息传播给市场，能够缓减企业经理人和股东以及公司内外部的信息不对称，会对经理人不当行为产生监督作用，因而分析师跟进可能会约束企业盈余管理；另一方面，分析师的预测和推荐评级会对企业经理人产生短期业绩压力，为迎合分析师的盈余预期，经理人有动机进行盈余管理，以维护自身利益，因而分析师跟进可能会促进企业盈余管理。实证研究结果表明，分析师跟进对企业应计盈余管理具有显著的负向影响，这说明分析师跟进在对应计盈余管理的影响中更多发挥的是监督作用。与该结论类似，Irani和Oesch（2013）以应计盈余管理来衡量公司信息披露质量，研究发现分析师跟进能够促进企业信息披露质量的提升。Degeorge et al.（2013）的一项跨国研究发现，分析师跟进对应计盈余管理的抑制作用主要存在于金融发展程度较高的国家，因为在这些国家中，公司的透明度较高以及分析师的质量较高，分析师可获得更多信息而能更好发挥监督能力。

Irani和Oesch（2016）和Sun和Liu（2016）探讨证券分析师能否抑制被跟踪企业进行真实盈余管理，研究结果发现，为了应对分析师跟踪造成的业绩压力，企业经理人倾向于进行向上真实盈余管理。与该结论一致，李春涛等（2016）基于我国上市公司的样本数据研究得出，分析师跟进对应计盈余管理具有显著的抑制作用，但对真实盈余管理具有显著的促进作用。

第二，探讨公司盈余管理的治理机制。以往研究文献对此主要基于公司内外部视角，考察企业盈余管理的治理机制。

1）公司内部治理视角：目前现有研究文献对此主要基于高管团队、董事会和监事会方面，探讨企业盈余管理的内部治理机制。

（1）高管团队内部治理。Cheng et al.（2016）运用企业高管团队中 CEO 的下属即高管的离退休时间以及他们的薪酬与 CEO 薪酬之比来衡量企业内部治理质量，基于美国上市公司的研究样本，实证结果表明，公司内部治理水平越高，公司真实盈余管理程度越低，两者间作用关系在企业经营越复杂、CEO 权力越低、业绩达标获得市场收益越低、以及萨班斯法案实施后的情景下会更加显著。杜勇等（2018）探讨了 CEO 海外经历对企业盈余管理的影响，研究结果表明，CEO 海外经历有助于降低企业应计盈余管理，两者间作用关系在外部融资需求较高和市场化进程较快地区的企业中更加显著。

（2）董事会和监事会的治理作用。Klein（2002）探讨了董事会独立性和审计委员会独立性对企业盈余管理的影响，研究发现董事会结构中独立董事比例越高，企业应计盈余管理规模越低；同样地，审计委员会外部董事比例越高，企业应计盈余管理规模越低。刘力、马贤明（2008）基于我国资本市场的研究表明，设立审计委员会的公司相比没有设立的公司，应计盈余管理程度较低，设立的时间越长，企业盈余质量越高。王兵（2007）选取 2002—2004 年我国上市公司的数据，研究结果表明，独立董事并不能很好约束企业盈余管理水平，但独立董事中至少有一名会计专业人士时，企业盈余管理水平较低。胡奕明、唐松莲（2008）指出，独立董事是否能够发挥监督和咨询作用主要取决于独立董事是否有能力独立以及能否有效履职，具体表现为独立董事的专业背景、在董事会的占比、独立董事报酬和参会次数，实证研究得出，董事会中具有财务或会计背景的独立董事、在董事会中独立董事比例较高，上市公司盈余管理水平越低，独立董事参会次数越多，表示公司问题较多，公司盈余管理程度越高，但并没发现独立董事报酬与公司盈余管理间有显著关系。

蔡春等（2017）的研究结果发现，会计专业的独董兼职席位数越多，其所在公司的真实盈余管理程度越低，当具有事务所经历的会计专业独董兼职席位越多时，公司真实盈余管理程度进一步降低。张天舒等（2018）的研究结果表明，当独立董事的薪酬过低或过高时，公司的盈余管理程度较高，路径研究结果发现，独董薪酬过低，其参加董事会会议的意愿较低，而独董薪酬过高，其不会对董事会议案提出异议，这说明独董薪酬适度，有利于降低公司盈余管理程度。孙光国、孙瑞琦（2018）利用控股股东委派执行董事的准自然试验，探讨董事会对企业经理人的盈余管理行为的影响，研究结果发现，控股股东委派执行股东能够降低企业经理人的盈余管理程度。

王兵等（2018）基于盈余管理视角，考察内部审计人员兼任监事会成员的治理效应，研究结果表明，内部审计人员兼任监事会成员能显著抑制企业盈余管理行为，这种抑制作用在股权制衡度高和非国有控股的公司中更加显著；进一步研究发现，审计总监兼任监事会成员更能抑制企业盈余管理行为。

2）公司外部治理视角：目前现有研究文献对此主要基于审计师、机构投资者以及制度等方面，探讨企业盈余管理的外部治理机制。

（1）审计师的治理作用。Becker et al.（1998）、Francis et al.（1993）以及 Kim et al.（2003）的研究表明，相比经过小所审计的公司，经过大所审计公司的盈余管理水平较低，会计盈余质量较高。Balsam et al.（2003）探讨审计师行业专长与客户公司盈余管理之间的关系，研究结果发现，经过具有行业专长审计师审计公司的盈余管理程度比没有经过行业专长审计师审计公司的盈余管理程度更低。Caramanis 和 Lennox（2008）利用 1994—2002 年期间希腊 9738 次审计中审计人员工作时数的独特数据，考察审计师工作努力程度对客户公司盈余管理的影响，研究结果表明，当审计时数较小时，公司异常应计利润通常为正而非负，正异常应计利润较大，公司更有可能向上管理收益，以达到或超过零收益基准，这些结果说明，审计师工作的勤勉程度有助于约束客户公司的向上盈余管理夸大公司收益的行为。

吴水澎、李奇凤（2006）基于我国资本市场，考察了不同类型审计师规模对企业盈余管理的差异影响，研究结果表明，经过前十大所审计的客户公司应计盈余管理水平低于非十大所审计的公司，但高于经"四大"审计的公司。林永坚、王志强（2013）的研究表明，经"四大"审计的公司操控性应计利润程度较低，进一步研究发现，"四大"

审计的公司正向操控性应计利润更小，负向操控性应计利润则与非"四大"无显著的差异，这说明"四大"会计师事务所确实能够提供更高的审计质量，主要体现在制约正向盈余管理上。刘文军（2014）的研究发现，审计师距离客户公司越近，公司应计盈余管理程度越低。王晓珂等（2016）的研究结果表明，审计师个人经验与操控性应计盈余之间存在显著的负相关关系，并且这种关系主要存在于调高盈余的公司组。

（2）机构投资者的治理作用。Chung et al. （2002）的研究发现，企业被机构投资者持股比例越高，企业盈余管理程度越低，这说明机构投资者在企业盈余管理活动中发挥着治理作用。程书强（2006）基于我国资本市场，探讨了机构投资者对企业盈余管理的影响，研究发现了机构投资者持股比例越高，越能约束企业的应计项盈余管理，这说明机构投资者能够改善企业公司治理结构，促使企业经营更加规范、有效。薄仙慧、吴联生（2009）的研究发现，随着机构投资者持股的增加，非国有公司的正向盈余管理水平显著降低。李增福等（2013）的研究表明，机构投资者能在一定程度上抑制企业的真实盈余管理，但机构投资者对真实盈余管理的抑制作用在国有企业中显著小于在非国有公司。

（3）产品市场的作用效应。Datta et al. （2013）研究发现，具有较低产品市场定价权的公司更有可能进行向上的应计盈余管理，从事较大的可自由支配的应计利润，在行业层面同样得出，一个行业的竞争越激烈，行业企业盈余管理越高，这表明缺乏竞争的环境可能会降低企业进行盈余操纵的必要性。Markarian 和 Santaló（2014）以近 7 万个大样本面板数据的研究结果表明，当公司处于一个竞争比较激烈的产品市场时，倾向于进行盈余管理，尤其对于在竞争中处于劣势的公司，盈余管理动机更加明显。周夏飞、周强龙（2014）基于企业层面的产品市场势力和行业层面竞争程度视角，探讨其对企业盈余管理的影响，研究结果发现，公司产品市场势力越强，盈余管理水平越低，行业竞争程度越低，企业盈余管理水平越低。曾伟强等（2016）的研究发现，在行业竞争程度较低的情境下，行业竞争与企业盈余管理显著负相关，表现出外部治理机制；在行业竞争程度较高的情境下，行业竞争与企业盈余管理显著正相关，表现出压力效应。

（4）正式制度和非正式制度的治理作用。叶康涛、刘行（2011）

的研究发现，税收征管作为一种有效的公司外部治理机制，可以通过增加盈余管理的所得税成本，抑制公司的向上盈余管理。李增福、曾懿（2017）的研究结果发现，投资者保护法律制度虽然有助于降低应计项目盈余管理，但会造成企业真实活动盈余管理的提升，进一步研究发现，上述结论仅存在于国有企业。陈冬华等（2013）考察作为非正式制度的重要组成部分的宗教传统对公司治理的影响，研究结果表明，上市公司所在地的宗教传统越强，其进行盈余管理程度也越低，且上述作用关系在法律制度环境较好的地区更为明显，表明法律制度与宗教传统存在互补关系，而非替代关系。

3.4.2 盈余管理的文献评述

对于盈余管理的理论文献，目前国内外学者对盈余管理的影响因素展开了大量有益的探讨分析，这些现有研究文献主要集中于以下方面：一是主要基于契约视角和资本市场视角，考察企业盈余管理的成因。其中，契约视角主要包括薪酬契约视角和债务契约视角；资本市场视角主要包括IPO、再融资活动、规避亏损、税收规避等方面。二是主要基于公司内外部视角，探讨企业盈余管理的治理机制。公司内部治理视角：目前现有研究文献对此主要基于高管团队、董事会和监事会等方面，探讨企业盈余管理的内部治理机制。公司外部治理视角：目前现有研究文献对此主要基于审计师、机构投资者、产品市场，以及正式和非正式制度环境等方面，探讨企业盈余管理的外部治理机制。

综合上述分析可知，国内外学者对盈余管理的成因及其治理机制已展开较多的实证研究。企业大股东面对审计师或机构投资者等利益主体的监督约束时，为规避商誉减值，是否会触发其进行盈余管理。这个有趣的问题鲜见有研究对此进行探讨。为此，国内研究可以对此进一步展开探究，以丰富和完善现有理论研究成果。

3.5 股价崩盘风险成因与治理相关文献综述

3.5.1 股价崩盘风险成因与治理的文献回顾

公司股票崩盘会造成投资者财富缩水,影响资本市场有效运行,更甚者会危害国家金融稳定和实体经济发展,因而如何侦测和化解公司股价崩盘风险是投资者、监管者和研究者共同关注的议题(王化成等,2015;叶康涛等,2015)。目前,学术界对股价崩盘风险的理论研究主要集中于探讨公司股价崩盘风险的成因和治理机制。

第一,考察公司股价崩盘风险的成因。围绕公司股价崩盘风险的形成机制,现有文献主要从以下两个研究视角进行探讨:第一个是基于会计信息质量视角,认为当公司会计信息质量较差时,外部市场投资者无法掌握公司真实的运营状况,公司可能会隐藏更多负面的消息,造成外部市场投资者对公司股票价格严重高估,导致股价存在泡沫。一旦公司难以继续隐瞒负面消息,被外部投资者知晓公司真实运营情况,泡沫破灭,股价便会出现断崖式下跌。

比如,Jin 和 Myers(2006)、Hutton 等(2009)的研究表明,财务报告信息透明度越低,提供给外部市场投资者的异质信息越少,股价同步性越高,股票价格越容易发生崩盘。Kim et al.(2016a)发现,公司财务报告可比性越高,管理者隐藏坏消息的空间越小,公司未来股价崩盘风险越小。Francis、Hasan 和 Li(2016)指出,管理者通过真实盈余管理对公司运营的操纵,和应计盈余管理一样可以隐藏关于企业业绩和前景的负面消息,造成未来股价崩盘风险的提升,实证研究结果表明,公司真实盈余的操纵程度越高,未来股价崩盘风险越高,且萨班斯法案颁布之后,两者间作用关系更加显著,但应计盈余管理对股价崩盘风险的影响基本消失。Chen et al.(2017)研究指出,公司盈余平滑越高,公司未来股价崩盘风险越高。国内潘越等(2011)、王冲等(2013)和蔡艳萍等(2018)的研究发现,上市公司会计信息透明度越低,或信息披露质量越低,未来股价崩盘风险越高。

周爱民、遥远(2018)认为,真实盈余管理也会扰乱企业会计信息环境，因而利于管理者隐瞒负面消息，影响市场投资者的异质信念，提升公司股价未来崩盘风险，同时由于真实盈余管理的惯性，造成的业绩下滑很难弥补，管理者只能继续隐藏负面消息，因而相比应计盈余管理，真实盈余管理对公司股价崩盘风险影响更加持久。他们的实证研究结果发现，真实盈余管理会造成公司股价崩盘风险的提升，相比应计盈余管理，真实盈余管理的影响更加长远，进一步研究表明，真实盈余管理通过影响公司信息环境（换手率）和基本面（ROA）的路径进而影响股价崩盘风险。

杨棉之、张涛（2018）聚焦我国资本市场，考察了企业盈余平滑对股价崩盘风险的影响，理论分析认为，若平滑收益是企业管理者基于有效契约理论的会计信息传递，那么盈余平滑对股价崩盘风险是负向影响；若平滑收益是基于机会主义理论的自利行为，那么盈余平滑对股价崩盘风险是正向影响。以我国 A 股上市公司为样本，实证研究结果发现，企业平滑收益与未来股价崩盘风险显著负相关，进一步研究得出，两者间作用关系在信息不对称程度越高和股权制衡度越高的公司中更为显著。

第二个是从代理冲突视角，认为公司管理者基于薪资报酬（LaFond and Watts，2008；Ball，2009；Kim et al.，2016a）、职业发展和声誉（Kim and Zhang，2016）、避税（Kim et al.，2011a）、政治因素（Piotroski et al.，2015）、期权价值（Kim et al.，2011b）、构建商业帝国（Bleck and Liu，2007；Kothari et al.，2009；江轩宇、许年行，2015）等多重因素考虑，倾向及时披露好消息，隐藏或者推迟披露坏消息，造成公司股价崩盘风险的提升。

比如，Kim et al.（2011b）基于管理者股权激励的视角，考察其对公司未来股价崩盘风险的影响，区分股权激励中的股票激励和期权激励两者类型，实证研究结果发现，管理者的股票激励与公司未来股价崩盘风险没有显著关系，只有管理者的期权激励才会对股价崩盘风险产生正向的影响，这说明相比股票激励，期权激励更能促使公司管理者进行盈余操纵，隐瞒坏消息，实现自身的利益，但这却会增加企业未来的股价崩盘风险。该文还将企业的 CEO 和 CFO 分开探讨，研究结果表明，CEO 期权激励与股价崩盘风险正相关性较弱，而 CFO 期权激励与股价崩盘风险正相关性较强，这说明相比 CEO，CFO 的期权激励对股价崩盘风险的影响更为显著，这是因为对企业坏消息的隐瞒需要较高的财会专业知识，相比CEO，CFO更有这方面的专长。进一步研究发现，CFO期权激励与股价崩盘风险正相关关系在非竞争性行业或财务杠杆越高的企业中更加明显。

Xu et al.（2014）以我国国有企业为研究对象，考察管理者超额在职消费对企业股价崩盘风险的影响，认为国企管理者为了获得超额在职消费，有动机长期隐瞒坏消息，这将会导致未来股价出现更高的崩盘风险。与预期一致，实证研究结果表明，超额在职消费与股价崩盘风险之间存在正相关关系，在考虑可能的内生性问题后，使用两阶段最小二乘估计的结果仍然成立。进一步分析研究得出，盈余管理（条件稳健性）有助于增强（减弱）超额在职消费对股价崩盘风险的正向影响作用。此外，更好的外部监督可以减轻超额在职消费与股价崩盘风险间作用关系，且对于那些管理者即将退休且至少持续两年的公司，超额在职消费对崩盘风险的影响更为显著。

第二，探讨公司股价崩盘风险的治理机制。关于公司股价崩盘风险的治理机制，现有文献主要从公司内外部视角对此进行考察。

从公司内部视角来看，李小荣等（2012）研究发现，女性高管能显著降低公司股价崩盘风险。王化成等（2015）研究结果表明，公司大股东能监督管理层信息管理行为，降低公司股价崩盘风险。叶康涛等（2015）研究得出，良好的内部控制信息披露有助于降低信息不对称，抑制公司股价崩盘风险。Kim和Zhang（2016b）研究发现，公司会计稳健性作为一项公司治理机制，有助于约束公司管理者信息管理行为，降低公司未来股价崩盘风险。

梁权熙、曾海舰（2016）巧妙运用证监会强制要求上市公司独立董事比例在2003年6月30日之前至少达到1/3的外生政策性冲击事件，通过面板双重差分估计的实证研究发现，独立董事制度的正式引入对降低公司股价崩盘风险产生显著的影响，进一步利用我国上市公司特有的独立董事对董事会议案发表意见和进行投票的强制披露数据，探讨独立董事的独立性对股价崩盘风险的影响。研究结果得出，存在异议独立董事公司的股价发生崩盘的风险明显较低，这说明独立董事的独立性对降低企业股价发生崩盘的可能性具有重要的影响。

赵放等（2017）指出，审计委员会在保持上市公司内部控制质量和股价稳定上发挥着独特的治理作用，据此以公司审计委员会中会计背景的董立董事同城特征作为切入点，系统探讨其对企业信息披露质量和未来股价崩盘风险的影响。研究结果表明，审计委员会中具有会计背景的独立董事同城特征可以降低企业未来股价崩盘风险以及企业操控性应计盈余水平，当企业信息不透明程度较深时，这种治理作用效果更加明显，但其他类型独立董事的同城效应不具有此功能。

黄政、吴国萍（2017）探讨企业内部控制对企业股价崩盘风险的治理作用，并进一步分析其影响路径，研究结果表明，随着上市公司内部控制质量的不断提升，股价崩盘风险显著降低，这说明内部控制在抑制股价崩盘风险上发挥着治理作用。进一步的中介机制研究结果得出，信息披露质量和代理成本在内部控制质量对股价崩盘风险的影响作用中起着中介作用，即高质量的内部控制通过提升信息披露质量和减少代理成本来降低股价崩盘风险。

姜付秀等（2018）认为，控股股东之外的其他大股东可以抑制控股股东隐藏坏消息行为，从而降低未来股价崩盘风险。实证分析结果发现，当公司存在多个大股东时，公司股价崩盘风险较低。进一步研究发现，其他大股东对控股股东的监督作用在其他大股东相对于控股股东的力量较大、控股股东隐藏坏消息的动机较强，以及公司治理机制较弱的公司中更加明显。

周爱民、遥远（2018）的进一步研究得出，外部治理机制（机构投资者持股、证券分析师跟进）会诱使企业管理者进行真实盈余管理，加剧股价崩盘风险，而内部治理机制（内部控制和国有持股）可以真正观察和影响企业日常经营活动，约束管理者真实盈余管理活动，降低股价崩盘风险。

从公司外部视角来看，潘越等（2011）研究发现，证券分析师跟踪有助于公司内外部降低信息不对称，抑制公司股价崩盘风险。江轩宇等（2013）认为，会计师事务所的行业审计专长有助于约束管理层对负面消息的操纵，降低公司未来股价的崩盘风险。权小锋、尹洪英（2017）研究得出，风险投资持股有助于缓减被投资企业的股价崩盘风险，风险投资的控制属性会强化风险投资对企业股价崩盘风险的负向影响，联合属性会弱化风险投资这种负向效应，进一步研究发现，风险投资持股通过抑制股价崩盘风险的内因（管理层的信息披露操纵倾向）

而非外因（信息不透明度）对股价崩盘风险产生显著的抑制作用。罗进辉等（2014）的研究表明，媒体报道和市场化进程均能缓减公司层面的股价崩盘风险，且两种治理机制间存在替代效应。王化成等（2014）发现，地区投资者保护水平有助于降低股价崩盘风险。Callen 和 Fang（2015）指出，相比没有宗教信仰国家的公司，有宗教信仰国家的公司股价崩盘风险更低。林乐、郑登津（2017）研究发现，我国退市监管制度能够降低公司股价崩盘风险。

Li、Wang 和 Wang（2017）探讨了社会信任对公司股价崩盘风险的影响，理论分析认为，一个社会信任度较高的环境会增强社会成员的诚实行为，该环境下的企业管理者受到道德规范的影响，往往会更及时、准确地披露财务信息，由此可预期总部位于高社会信任度地区的公司管理者能够比低社会信任度地区的公司管理者更少地隐瞒坏消息，降低公司未来股价崩盘风险。实证研究结果与预期一致，公司总部所在的区域信任度越高公司股价崩盘风险越低，进一步研究得出，社会信任对公司股价崩盘风险的抑制作用在国有企业、监督较弱的企业以及风险程度较高的企业中更加显著。此外，研究还发现在社会信任度较高区域的企业会计稳健性更高，财务重述概率越低。

Bhargava et al.（2017）利用国家反收购法的通过来考察收购保护与股价崩盘风险之间的关系，实证研究结果发现，企业在其所在地区通过反收购法律后，股价崩盘风险得以下降，这表明收购保护可以减轻企业坏消息囤积行为。进一步分析表明，当企业存在严重的信息不对称或面临激烈的产品市场竞争时，收购保护对股价崩盘风险的缓解效应更为显著。这些研究结果揭示出，收购威胁对企业管理者囤积坏消息动机产生影响。

Chen et al.（2018）考察中国市级层面的反腐运动对该地区上市公司股价崩盘风险的影响，认为地区官员腐败可以增加地区企业的政治风险和隐藏坏消息的可能性，而这些会提升公司的股价崩盘风险。实证结果与预期一致，地区开展反腐运动后，该地区的上市公司股价崩盘风险得以下降，在政治依赖程度越严重（产权性质，如央企或省属国企、市属国企以及非国有企业）以及信息环境越差（分析师预测的分歧度、无形资产比例和企业盈余的波动性）的企业中反腐对股价崩盘风险的抑制作用更加显著。进一步的路径分析得出，反腐运动通过降低企业政治风险（政企联系、政府补贴）和坏消息隐藏（企业信息透明度，即过去三年的操纵应计盈余绝对值的总和）的两条路径，来降低企业的股价崩盘风险。

曾爱民、魏志华（2017）认为，作为我国悠久历史文化的重要组成部分，宗教传统在社会生活和经济发展中产生不容忽视的影响，宗教传统这一非正式制度可能会对公司股价崩盘风险产生作用。实证研究结果表明，公司所在地宗教传统氛围越浓，公司未来股价崩盘风险越低，进一步路径分析发现，宗教传统对股价崩盘风险的抑制效应主要通过管理自律视角下的投资路径传导，而信息披露视角下的信息路径和管理自律视角下的税收路径并不显著存在。研究还发现，宗教传统这种非正式制度在降低公司股价崩盘风险方面作用在投资者保护正式制度越薄弱的地区更加明显，这说明宗教传统与正式制度具有一定程度上的替代性治理作用。

孟庆斌等（2018）探讨了我国卖空交易对股价崩盘风险的影响，研究结果表明，卖空交易有助于降低股价崩盘风险，且两者间作用关系在信息透明度较低、公司治理及外部监督机制较差的情境下更加显著，这表明，卖空交易通过提升公司信息透明度和改善公司治理，从而缓减公司股价未来崩盘风险。进一步研究得出，卖空交易在股票市场为牛市时，能够很好发挥负面信息挖掘的功能，降低股价崩盘风险，而在股票市场为熊市时，并未加剧公司股价崩盘风险。

3.5.2 股价崩盘风险的文献评述

对于股价崩盘风险的研究，近年来得到了学者们的广泛关注。目前现有的文献主要基于会计信息视角和代理冲突视角探讨公司股价崩盘风险形成的原因。基于会计信息视角的理论文献，主要是考察企业为何能够隐瞒坏消息，致使公司股价崩盘风险的提升。基于代理冲突视角的研究文献，主要是解释企业为何会隐瞒坏消息，提升公司股价崩盘风险。还有部分研究者基于公司内外部视角，探讨企业股价崩盘风险的治理机制。公司内部治理视角：以往研究文献对此主要基于高管性别、大股东监管、董事会和监事会方面以及内部控制，探讨企业股价崩盘风险的内部治理机制。公司外部治理视角：以往研究文献对此主要基于分析师跟进、审计师、机构投资者、媒体监督、社会信任以及正式和非正式制度等方面，探讨企业股价崩盘风险的外部治理机制。

对于股价崩盘风险成因的理论文献，国内外研究者主要基于会计信息质量和代理冲突视角，考察企业内部人为何能和为何会对负面消息的隐藏，导致股价崩盘风险的提升。但是，目前鲜见有文献探讨企业内部人会隐藏何种负面消息，致使坏消息在公司内部积聚，以及这些积累的负面消息何时会流入到股票市场，或者被市场识别，导致短期内高估的股价泡沫破灭，提升公司股价崩盘风险。本书试图对股价崩盘风险这个有趣的问题进行细化探讨，具体考察企业大股东对商誉减值规避，是否会导致减值负面消息在企业内部积聚，提升公司股价崩盘风险，以及分析当大股东商誉减值规避后减持时，这些积聚的减值负面消息是否会被市场识别，流入到股票市场，造成短期被高估的股价泡沫破灭，使得商誉减值规避导致的公司股价崩盘风险显现出来。

3.6　初步的理论分析框架

围绕前文提出的研究问题，本章主要是对商誉减值、大股东持股、盈余管理和股价崩盘风险等话题进行文献回顾与评述。基于以往研究文献可以进一步探讨之处，本书将大股东持股、商誉减值、盈余管理与股价崩盘风险纳入同一研究框架（具体如图3-1所示），探讨以下几个方面内容。

大股东持股与商誉减值规避：通过对商誉减值的文献回顾发现，目前国外研究主要是从公司管理者视角，探讨企业为何会规避商誉减值的及时确认。这一研究视角在英美资本市场比较适用，因为英美国家公司的股权结构较为分散，管理者掌握着公司经营等各项决策权。已有国内对大股东的研究文献发现，我国上市公司股权结构较为集中，大股东对企业的投资、融资、股利分配、经营等活动具有显著的影响作用。结合我国资本市场这一实际情况，本书探讨了企业大股东持股比例对商誉减值规避的影响作用，以及两者间作用关系在大股东存在股权质押、大股东所在公司规模较小、大股东股权制衡较低的情景下是否会更加显著。

商誉减值规避与盈余管理活动：在以原则为导向的商誉减值测试制度下，企业当局对商誉减值会计处理具有较高的自由裁量权。财务报告

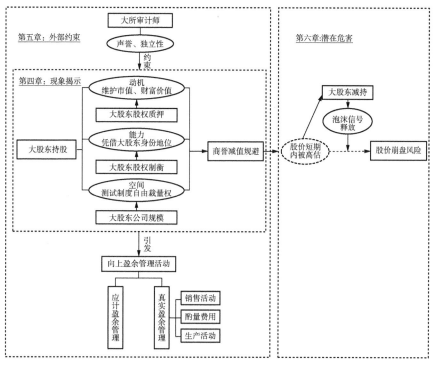

图 3-1 理论分析框架

审计是会计准则得以有效履行、提升企业会计信息可信度的一项重要的外部独立的监督机制。据此，本书考察了大所审计师是否会对上市公司大股东商誉减值规避产生约束作用。已有关于大股东与盈余管理的研究文献表明，公司大股东为掩护其不当行为，会操纵企业会计盈余。本书据此进一步考察大股东在面对外部审计师对其商誉减值的约束时，为规避商誉减值，是否会进行盈余管理活动，以及会采取何种方式的盈余管理方式。

商誉减值规避与股价崩盘风险：由于公司股价崩盘对投资者利益和市场健康发展会造成极大的破坏性，所以这是研究关注的焦点话题。围绕公司股价崩盘风险的成因，现有文献主要是基于坏消息隐藏的假设对此进行揭示。一类研究基于会计信息质量视角，考察企业内部人为何能够隐藏坏消息；另一类研究则基于代理冲突视角，考察企业内部人为何会隐藏坏消息。本书在此基础上，直接探讨上市公司大股东对商誉减值负面消息进行规避，是否会提升公司股价崩盘风险。并且，本书进一步研究大股东在商誉减值规避后是否进行减持，一旦大股东发生减持，释放出公司短期内业绩会被高估和未来业绩会下滑的信号，商誉减值规避造成的公司股价崩盘风险是否显现出来。

第4章 大股东视角下商誉减值规避的成因：现象揭示

4.1 引言

资本市场经过多轮并购浪潮后，累积的商誉规模越来越庞大。据前文的统计数据显示，我国 A 股市场截至 2016 年末，有 1800 多家非金融上市公司拥有商誉资产，商誉总规模突破万亿。来自《中国证券报》①和《上海证券报》②的报道，外延式并购虽然使得许多上市公司取得快速发展，但由此产生的高额商誉是悬在公司头顶上的"达摩克利斯之剑"。目前包括中国在内的大多数国家的会计准则，为了更好地反映商誉资产的本质属性，对商誉的后续处理引入了减值测试方法以取代过去的系统摊销。然而，以原则为导向的减值测试制度在实际执行过程中，上市公司被赋予较高的自由裁量权，容易被选择性执行，形成商誉减值规避的现象（Beatty and Weber, 2006; Ramanna and Watts, 2012; Glaum et al., 2018）。

商誉减值不及时确认对企业会计信息质量、投资者风险、资本市场资源配置等会产生不利影响（Roychowdhury and Martin, 2013; Filip et al., 2015; Lobo et al., 2017; Li and Sloan, 2017; 方重、武鹏, 2018）。因此，随着并购商誉规模的激增，减值测试制度下商誉减值确认不及时问题已成为一项重要的研究议题。目前，国内对企业商誉减值问题的研究起步相对较晚，取得的本土化成果也相对较少，因而聚焦我国资本市场，研究商誉减值规避问题显得尤为迫切。

现有国外文献主要是以英美国家上市公司为样本对象，从管理者视角探讨商誉减值及时性问题，结果发现管理者基于薪酬、声誉等私利的

---

① http://www.cs.com.cn/xwzx/hg/201811/t20181124_5896735.html?from=singlemessage.

② https://baijiahao.baidu.com/s?id=1609452330481914723&wfr=spider&for=pc.

考虑，倾向于规避商誉减值的及时确认，因为及时确认商誉减值会直接降低管理者的奖励报酬，同时还反映出企业过去做出的并购决策是不成功的，对管理者声誉产生负面影响（Beatty and Weber, 2006；Ramanna and Watts, 2012；Glaum et al., 2018）。这一研究视角在英美国家资本市场比较适用，因为英美国家公司的股权结构较为分散，管理者掌握公司经营等各项决策权。我国上市公司股权结构较为集中，公司大股东实际上控制和影响着企业的重大决策（徐莉萍等，2006；姜付秀等，2016）。结合我国资本市场这一实际情况，本书试图基于大股东视角，揭示企业商誉减值规避的成因，具体考察大股东持股比例是否会对商誉减值规避产生影响作用。

以往研究表明，商誉减值不仅会直接降低公司当期会计业绩，还传递着公司未来盈利能力和现金流会下降的信号（Li et al., 2011；Bostwick et al., 2015），市场投资者会因此看空公司股票，导致公司短期内股价快速下跌（Bens et al., 2011；Knauer and Wöhrmann, 2016；曲晓辉等，2017）。公司当期会计盈余的降低和股价的下滑会致使持有公司股份最多的大股东利益受损。由此可预期，大股东持股比例越高，大股东越有动机规避商誉减值。再者，随着大股东持股比例的增加，大股东对企业的控制力会得以进一步强化，因而更加有能力对企业施加自身的影响，对商誉减值进行规避。另外，在现行的商誉减值测试制度下，企业当局具有较大的自由裁量权（Watts, 2003；Ramanna, 2008；Ramanna and Watts, 2012），因而依据前景理论，大股东商誉减值决策时存在隐藏商誉减值的空间，在自利动机的驱使下会利用这一弹性空间对商誉减值进行规避。综合而言，大股东持股比例越高，大股东更有动机和能力利用商誉减值测试的空间规避商誉减值的及时确认。

本书进一步探讨当大股东存在股权情景下，大股东持股与商誉减值规避间作用关系是否会更加显著。一方面，公司大股东存在股权质押时，质押期内一旦公司股票价格出现下滑，大股东会面临着所持股份被质权人强制平仓的风险。强制平仓后，公司股票在市场会被大量抛售，这很可能会引发投资者的恐慌情绪，产生多米诺骨牌效应（李常青等，2018），导致大股东的财富缩水最为严重，因为大股东持有公司的股份最多，且持有的股份越多，则财富缩水得越厉害。另一方面，大股东对公司的控制可以为其带来控制权私有收益，强制平仓后，可能会导致其失去公司的控制权,因而承担着的代价远远高于没有股权质押的大股东。所以,企业大股东在股权质押期内有动机对商誉减值进行规避,维护公司股票价格稳定和自身财富不缩水。这就意味着,相比没有股权质押的大股东,进行了股权质押的大股东持股比例与商誉减值规避间作用关系更加显著。

本书进一步探讨小公司的大股东持股与商誉减值规避间作用关系是否会更加显著。以往的研究从政治成本视角、契约成本视角和竞争劣势成本视角认为,小公司相比大公司的内外部信息不对称程度更高(Watts and Zimmerman, 1990; Inchausti, 1997)。经验证据也表明公司规模越小,公司的信息环境越差,信息不对称越高(Depoers, 2000; Lopes and Rodrigues, 2007; Bhattacharya et al., 2013)。基于信息不对称理论,公司内外部信息不对称是企业内部人实施利自行为的一个重要边界条件。据此,本书推测相比大公司的大股东,小公司大股东更加有空间对商誉减值进行规避,实现自身不因减值而受损的目的,即小公司的大股东持股比例与商誉减值规避间作用关系更加显著。

本书进一步探讨当大股东股权制衡较低或权力较高时,大股东持股比例与商誉减值规避的作用关系是否会更加显著。当公司大股东股权受到其他股东的制衡时,大股东的权力会降低,因而其对公司决策的影响力和控制力会被削弱。相反,当公司第一股东持股比例高于企业其他几大股东累计持股比例时,第一大股东受到公司内部其他股东的限制会大为降低,因而其权力更大,更加有能力去影响和控制公司的各项决策(Maury and Pajuste, 2005;唐清泉、罗党论、王莉,2005;洪剑峭、薛浩,2008;蒋弘、刘星,2012;唐建新等,2013;曹越等,2015;赵国宇、禹薇,2018)。据此,本书推测当公司大股东受到其他股东的股权制衡程度较低时,大股东的权力较大,其更加有能力去维护自身价值,规避商誉减值,即当权力较大的大股东持股比例与商誉减值规避间作用关系更加显著。

本书选用我国A股有一定规模商誉的非金融上市公司为样本,研究发现有高达62.62%的样本公司进行了商誉减值规避,这表明我国资本市场普遍存在商誉减值规避的现象。回归结果表明,大股东持股对商誉减值规避具有显著的正向影响作用,商誉减值规避现象背后存在大股东的影响,大股东持股比例越高的公司更可能会发生商誉减值规避,即证实了大股东商誉减值规避的成因。大股东持股与商誉减值规避之间正向作用关系在大股东存在股权质押的公司、规模较小的公司以及股权制衡较低（大股东权力较高）的公司中更加显著，说明在这三种情景下公司大股东更加有动机、空间和能力对商誉减值进行规避，以维护自身利益不因减值而减损。此外，本书研究还发现，商誉减值规避并不是大股东持股的二元非线性函数，即大股东持股对商誉减值规避并不存在增后减或先减后增的区间效应；不同身份属性的大股东持股比例与商誉减值规避间作用关系存在差异；大股东持股对商誉减值规模具有显著的负向影响，两者间作用关系在以上三种情景下更加显著。

　　本研究可能的增量贡献在于：其一，立足于我国资本市场实际情况，从大股东视角解释企业为何会规避商誉减值，拓展了商誉减值影响因素的理论成果。现有关于商誉减值问题的文献主要在英美发达资本市场，基于管理者视角，考察其在企业商誉减值中的影响作用（Beatty and Weber，2006；AbuGhazaleh et al.，2011；Ramanna and Watts，2012；Giner and Pardo，2015；Glaum et al.，2018）。除英美外大多数国家尤其是新兴资本市场国家的公司股权结构较为集中（La Porta et al.，1999），公司大股东实际控制和影响企业的重要决策（姜付秀等，2016）。那么在这些国家中，大股东是否会对企业商誉减值决策产生影响，目前鲜见有文献对此展开研究。本书基于大股东视角揭示我国上市公司规避商誉减值的成因，得出的结论有助于丰富商誉减值的理论成果，尤其丰富商誉减值在新兴资本市场的研究成果。其二，本书分类细化研究商誉减值问题，有助于加深对商誉减值问题的理解和认识。以往关于商誉减值的大多数研究文献只是简单将样本公司分为减值和没有减值两类（AbuGhazaleh et al.，2011；Darrough et al.，2014；Giner and Pardo，2015；Majid，2015；Sun，2016；卢煜、曲晓辉，2016；叶建芳等，2016；徐经长等，2017；曲晓辉等，2017），只有少量文献在此基础上考虑商誉是否需要减值，进一步细化研究商誉减值规避问题（Beatty and Weber，2006；Li et al.，2011；Ramanna and Watts，2012；Filip et al.，2015；Glaum et al.，2018）。由于每个国家资本市场情况不一样，如何借鉴这些研究成果判断商誉是否需要减值，要结合每个国家资本市场的实际情况进行甄别。本书选择与我国资本市场较为契合的判断商誉需要减值指标，聚焦商誉需要减值的场景，研究商誉减值规避问题，可为国内后续深化商誉减值研究提供些许借鉴价值。其三，尽管已有不少文献考察大股东持股对公司会计质量的影响，但研究得出的结论并没有达成共识，甚至来自同一个国家的样本数据得出截然相反的结论，因而这仍是个充满活力的研究话题（Iwasaki and Mizobata，2019）。但令人遗憾的是，目前少见有文献考察大股东持股对公司具体会计选择的影响作用。本书研究表明，大股东持股比例对商誉减值规避有显著的正向影响，该结论有助于丰富大股东持股如何影响企业具体会计选择的理论成果。同时，本书研究结论对我国监管层如何加强监督，确保商誉减值测试制度有效执行，化解商誉减值积聚风险具有重要的现实启示价值。

4.2 理论分析与研究假设

股权结构决定着公司内部权力的归属，进而影响公司的各项决策。自 La Porta 等发表一系列金融与法的文章后，学术界普遍意识到除英美外的大多数国家，尤其是新兴资本市场国家，上市公司股权结构较为集中。在较为集中的股权结构下，企业大股东实际上控制着企业，决定着企业的经营等决策活动。我国作为一个典型的新兴资本市场国家，上市公司股权结构相对较为集中。基于我国资本市场这一实际情况，本书摆脱以往直接套用西方基于管理者研究视角的惯性，试图从大股东视角，揭示企业商誉减值规避背后的动因。参考财务舞弊相关理论的研究思路，本书分析大股东是否有动机、能力和空间实施商誉减值规避，具体考察大股东持股比例对商誉减值规避的影响作用。

首先，本书认为公司大股东持股比例越高，大股东越有动机规避商誉减值。商誉产生于企业并购活动，包括被并购企业未入账资源，以及并购双方资源的协同价值（杜兴强等，2011）。并购完成后，当初预期被并购企业资源加入并购企业的增值收益未实现，并购公司需要对商誉资产进行减值处理（张婷、余玉苗，2008）。商誉减值作为一项费用计入损益表，不仅会直接降低公司当期的会计盈余，还会增加公司未来盈利能力的不确定性（Li et al.，2011），预示公司未来现金流量的减少（Bostwick et al.，2015），市场投资者会据此对公司前景产生消极的预期，导致公司股价的下滑（Bens et al.，2011；Knauer and Wöhrmann，2016）。国内学者曲晓辉等（2017）的研究发现，相比没有计提商誉减值的公司，发生商誉减值公司的股价和股票收益率越低。韩宏稳、唐清泉、黎文飞（2019）的研究结果表明，公司商誉资产减值会被市场投资者视为所投资公司的一种坏消息，当公司披露的商誉减值规模越大时，投资者对公司未来预期的价值越低，越容易触发投资者的消极情绪，造成股价下跌的多米诺连锁效应。潘红波等（2019）指出，市场和投资者往往会放大商誉减值的负面影响，也会因此质疑企业的财务信息质量，对企业未来经营产生悲观预期，致使股价短期内快速下滑。公司会计盈余的降低和股价的下滑会致使大股东的利益受损，一方面是商誉减值造成的股价下滑会导致大股东的股票财富缩水，另一方面是商誉减值造成的当期盈余降低会导致大股东的可能分红减少。当大股东持股比例越高，商誉减值对大股东造成的利益减少越严重，因而大股东越有动机规避商誉减值的确认。

其次，本书认为公司大股东持股比例越高，大股东越有能力对商誉减值进行规避。公司大股东随着其持股比例的增加，大股东对企业的控制力会得以进一步强化，因而更加有能力对企业施加自身的影响。已有的研究提供了这方面的证据。比如，Arslan 和 Karan（2006）、杨清香等（2010）、Ramli（2010）、叶松勤和徐经长（2013）、Thanatawee（2013）、罗琦和吴敬佩（2017）的研究发现，大股东持股比例越高，越有能力影响公司的投资、融资和股利分配等财务决策。饶茜等（2004）、王化成和胡国柳（2005）、沈梁军（2010）、Hautz、Mayer 和 Stadler（2013）的研究结果表明，大股东持股比例对公司多元化经营能够产生直接显著的影响。通过这些研究成果不难发现，大股东随着持股比例的增加，越有能力影响企业的决策活动。由此可推测，大股东持有公司股份比例越高，越有能力控制公司管理层或董事会，实施利于自身的商誉减值规避。

最后，本书认为减值测试制度下，大股东有空间进行商誉减值规避。当前，包括中国在内的多国会计准则对商誉的减值处理由过去的系统摊销改为商誉减值测试。现行的商誉减值测试制度执行中，与商誉有关的资产组（组合）如何确认，商誉账面价值在资产组间的分配，以及内含商誉资产组的可收回金额如何预估判定，这些都依赖于公司当局的判断（卢煜、曲晓辉，2016）。这就意味着，企业在以原则为导向的减值测试制度下处理商誉减值具有较高的自由裁量权。Ramanna 和

Watts（2012）指出，相比固定资产和存货等其他资产减值，商誉减值更为复杂，就算事后被证明商誉的内在价值没有实现，企业当局也可以解释是由于外部宏观经济因素造成的。据此本书认为，在我国当前减值测试的商誉会计准则下，公司大股东具有隐藏商誉减值披露的空间，在其利自动机的驱使下会利用这一难以被核实的自由裁量权对商誉减值进行规避。

依据前景理论的观点，人们在面对损失时，往往是风险偏好的。当企业商誉需要减值时，只有减和不减两个选项。计提商誉减值会致使大股东的利益受损，不计提商誉减值由于准则的弹性空间可能不会被发现，大股东利益可能不会减损。因而在面对商誉减值带来损失时，大股东可能会表现出风险偏好，对商誉减值进行规避。结合上述分析，大股东持股比例越高，大股东越有动机和能力规避商誉减值。据此提出以下研究假设。

H_1：大股东持股比例对商誉减值规避具有显著的正向影响作用。

前文分析指出，公司大股东在商誉减值决策中，为维护自身利益不因减值而受损，有动机规避商誉减值的及时确认。本书进一步探讨当大股东存在股权质押时，大股东是否更加有动机对商誉减值进行规避。

大股东股权质押是指大股东以其所持有的公司股份作为质押标的物而设立质押（郑国坚、林东杰、林斌，2014）。当公司大股东存在股权质押时，一旦公司股票价格出现下滑，大股东会面临所持股份被质权人强制平仓的风险，更甚者可能会招致控制权发生转移的风险，因而使得大股东有动机进行市值管理、稳定股价（谭燕、吴静，2013；谢德仁等，2016）。对此，目前已有研究给出经验证据。李常青和幸伟（2017）探讨大股东股权质押是否会对企业信息披露产生影响，研究结果表明，大股东在股权质押期间会通过临时公告渠道，积极披露好消息，隐藏坏消息的及时披露，以维护股价和防范股权质押风险。钱爱民、张晨宇（2018）的研究发现，相比没有大股东股权质押的公司，有大股东股权质押的公司更可能在业绩预告中及时披露好消息，隐藏坏消息，通过这种不对称的自愿信息披露，以达到大股东市值管理的目的。黎来芳、陈占燎（2018）研究结果显示，大股东股权质押会增强公司信息选择性披露行为，这表明大股东会通过选择性信息披露进行市值管理，降低因股价下跌引发的股权质押风险。宋迪、杨超（2018）的研究得出，大股东在其股权质押期间，会控制公司的股利政策，通过发放更多的现金股利而非股票股利，向市场传递出公司前景良好的积极信息，以维持甚至提升公司的股价。李常青等（2018）的研究表明，大股东存在股权质押的公司会通过削减研发投入进行市值管理，因为一方面减少研发投入可以增加公司短期业绩，有助于拉升股价；另一方面由于研发投入具有较高的不确定性，一旦研发失败会造成股价下滑，会增加股权质押风险。谢德仁等（2017）和王雄元等（2018）的研究发现，大股东股权质押的公司为维护股价更可能会进行研发支出资本化和税收规避。

由这些研究成果不难发现，大股东在股权质押期间最担心的是公司股价下滑。因为一旦公司股价下跌触发质押股票强制平仓，给大股东造成的损失最大。一方面，在强制平仓后，公司股票在市场会被大量抛售，这不仅会对公司股票流动性产生冲击，而且很可能会引发投资者的恐慌情绪，产生恶性循环（李常青等，2018），导致大股东的财富严重缩水，因为大股东持有公司的股份最多，且持有的股份越多，财富缩水得越厉害。另一方面，大股东对公司的控制可以为其带来丰厚的控制权私有收益。相比没有股权质押的大股东，进行了股权质押的大股东一旦强制平仓后，可能会导致其失去公司的控制权，因而承担的代价远远高于没有股权质押的大股东。所以，企业大股东在股权质押期内更加有动机采取措施，维护和提升公司的股票价格。

已有研究结果表明，商誉减值会导致公司的股价下滑（Bens et al., 2011；Li et al., 2011；Knauer and Wöhrmann, 2016；曲晓辉等，2017）。结合上述分析，公司股价下跌给进行了股权质押的大股东造成潜在损失远比没有股权质押的大股东严重，大股东持股比例越高，潜在损失越大。为此，本书认为相比没有股权质押的大股东，进行了股权质押的大股东为维护自身财富，有动机和能力去规避商誉减值，且持股比例越高，这种动机越强，能力越强。据此提出以下研究假设。

H_2：相比大股东不存在股权质押的公司，在大股东存在股权质押的公司中大股东持股比例与商誉减值规避之间正向作用关系更强。

前文的分析指出，现行商誉减值测试制度下，公司大股东有弹性空间规避商誉减值，维护自身利益不因减值而受损。本书进一步探讨在公司规模较小的公司中，大股东是否会更加有空间对商誉减值进行规避。

基于政治成本视角，大公司相比小公司，拥有更多的利益相关者，承担的社会责任更大，受到的社会关注更高，被政府部门监管更为严格，因而大公司的政治成本要比小公司高。当公司面临的政治成本越高，公司越会做出翔实准确的信息披露（Watts and Zimmerman，1990）。为避免受到政治处罚，大公司对信息披露更为重视，会计准则执行情况也更好，因此市场上有关于大公司数量更多和质量更好的信息。相反，小公司社会关注度和信息披露规范程度都明显低于大公司，政治成本也相应较低，因此小公司的市场信息不对称程度要高于大公司。基于契约成本视角，相比小公司，大公司所签订的契约数量也更多，契约方（比如债权人）为了降低契约执行过程中代理成本，要求大公司披露更多的财务和非财务信息，这也使得大公司的内外部信息不对称水平相对于小公司要更低（施先旺等，2015）。基于竞争劣势成本视角，大公司在市场上的竞争劣势成本（proprietary costs）比较低，隐藏信息的动机相应比较弱（Inchausti，1997），因此相比小公司，大公司与外部市场间的信息不对称程度较低。

无论从政治成本视角、契约成本视角还是竞争劣势成本视角，公司规模越小的公司信息披露水平越低，信息不对称程度越高。已有不少研究对公司规模与公司信息不对称之间直接作用关系提供了经验证据。Inchausti（1997）通过构建一个综合的上市公司信息（包括强制性信息和非强制性信息）披露指标，探讨其影响因素，研究结果得出公司的规模越大，其信息披露水平越高。Depoers（2000）构造一个涵盖65个项目（45个财务信息项目，20个非财务信息项目）的综合指标，测量公司自愿性信息披露水平，研究结果表明，公司规模显著正向影响自愿性信息披露水平，即公司规模越小，公司自愿性信息披露水平越低。Lopes和Rodrigues（2007）根据国际会计准则32号和39号的信息披露要求，构建一个包含54个项目的信息披露指数，并在分析公司年报的基础上，计算出每个上市公司的指数得分，研究得出公司规模越小，公司信息披露指数得分越低。Bhattacharya、Desai和Venkataraman（2013）的研究发现，公司规模越小，公司的信息环境越差，公司内外部的信息不对称程度越高。

综上所述，无论从理论分析还是经验证据都表明，公司规模越小的公司信息披露水平越低，信息不对称程度越高。根据信息不对称理论，企业内外部存在的信息不对称是企业内部人利自行为发生的重要边界条件。这就意味着，公司信息不对称越高，企业内部人实施利自行为越便利。基于此，本书推测在公司规模较小的公司中，由于公司信息环境较差，外部市场更加难以侦测到企业大股东商誉减值规避行为。因而，相比大公司，小公司大股东更加有空间规避商誉减值，实现自身不受减损的目的。据此，本书提出以下研究假设。

H_3：相比规模较大的公司，在规模较小的公司中大股东持股比例与商誉减值规避之间正向作用关系更强。

前文理论分析指出，公司大股东在商誉减值决策中，凭借着其大股东的身份，有能力规避商誉减值。本书进一步考察当公司大股东受到其他股东的股权制衡程度较低、大股东权力较高时，大股东为维护自身的利益，是否会更加有能力对商誉减值进行规避。

当公司的股权结构存在制衡，即公司除了第一大股东外的前几大股东累计持股比例高于大股东持股比例，第一大股东的权力会受到制约，因而其对公司决策与行为的影响力和控制力会被削弱。相反，当公司第一股东持股比例高于企业其他几大股东累计持股比例时，第一大股东受到公司内部其他股东的限制会大为降低，因而其权力更大，更加有能力去影响和控制公司的各项决策。目前，已有部分研究给出了这方面的经验证据。Maury 和 Pajuste（2005）的研究表明，公司除了第一大股东外存在与之可以抗衡的股东，能够对大股东自利行为产生制约，进而提升公司价值。唐清泉、罗党论、王莉（2005）基于我国上市公司样本数据发现，公司大股东存在隧道挖掘效应，但大股东这种自利行为会受到公司第二大股东和第三大股东制衡力量的约束。洪剑峭、薛浩（2008）的研究表明，当大股东股权存在制衡时，大股东的关联交易规模较低。蒋弘、刘星（2012）研究得出，公司存在制衡大股东的股东有助于提升并购信息披露质量，提升并购方公司价值。唐建新等（2013）以关联交易衡量大股东掏空行为，研究结果表明，股权制衡作为一项重要治理机制，能够遏制大股东这种掏空行为。曹越等（2015）的研究发现，当其他大股东对第一大股东存在股权制衡时，能够有效抑制大股东减少企业公益性捐赠行为。赵国宇、禹薇（2018）基于民营上市公司的经验证据表明，公司其他股东的股权制约能够对大股东的无效投资和掏空行为产生治理作用。

结合这些研究成果可推测，当公司存在股权制衡时，公司商誉减值等重要决策并非大股东的"一言堂"，还需要得到除大股东外的其他大股东的同意。这就意味着，若公司存在股权制衡的情况，尤其是股权在几个股东中分布比较均衡时，其他股东具有与第一大股东议事的能力，可以在一定程度上对第一大股东的商誉减值规避自利行为产生及时有效的监督牵制作用，防止大股东权力的滥用。反之，当公司不存在股权制衡时，大股东受到其他股东的约束有限，因而大股东更加有能力实施利于自己的商誉减值规避决策。为此，本书认为当大股东持股比例高于其他几大股东累计持股比例时，大股东的权力更高，更加有能力实施商誉减值规避决策，维护自身的价值不因减值而受损。据此提出以下研究假设。

H_4：相比大股东权力较低（股权制衡较高）的公司，在大股东权力较高（股权制衡较低）的公司中大股东持股比例与商誉减值规避之间正向作用关系更强。

4.3 研究设计

4.3.1 样本选择与数据来源

本书选取 2007—2016 年我国 A 股上市公司为初始研究样本。之所以选择 2007 年作为起始年份，是因为我国 2007 年 1 月 1 日开始实施的新企业会计准则把商誉作为资产项目列入资产负债表，财务报表附注中的有披露商誉减值等信息。借鉴以往相关研究惯例（Beatty and Weber, 2006；Ramanna and Watts, 2012；Knauer and Wöhrmann, 2016），依据如下原则进行数据筛选：①剔除金融保险行业的上市公司，这类公司的会计核算体系、资产结构与其他行业公司具有明显差异，致使不具有可比性，故删除金融保险行业上市公司的研究样本；②依据公司财务报表附注中商誉信息，保留公司年度内有商誉资产（期末商誉资产净值加当期商誉减值金额）的样本，同时为确保并购商誉能够对公司产生一定的影响，以及商誉减值规避测度指标的有效性，本书保留商誉资产占期末减值前总资产比例高于1%或商誉金额大于1000万元的样本公司；③删除ST公司样本；④剔除净资产小于零、研究变量数据缺失的样本公司。本书的大股东股权质押研究数据来源于WIND和同花顺数据库，大股东持股、商誉减值等变量数据来源于CSMAR数据库。为消除极端值对研究结果的影响，本书对所有连续变量进行上下一个百分位数值的缩尾处理。

4.3.2 商誉减值规避的定义与衡量

在以往探讨商誉减值问题的研究文献中，大多数就是简单将研究样本分为两类，即减值和不减值。这样的研究做法虽然比较简单，但很粗糙，因为有些公司商誉资产很可能不需要减值，如果将这类样本包括在数据样本中，可能会致使得出的研究结论有失偏颇（Li et al., 2011）。本书按照会计减值（accounting impairment）和经济减值（economic impairment）两个维度，将年度内有商誉资产的样本公司分为四类如表4-1所示，进一步细化区分研究商誉减值问题。其中，会计减值（accounting impairment）是指公司年度内有没有计提商誉减值，可通过公司披露的财务报告得出。经济减值（economic impairment）是指公司年度内商誉需不需要减值，可通过相关经济指标来判断。

表4-1 商誉减值：会计减值 vs 经济减值

分类标准		经济减值	
		需要减值	不需要减值
会计减值	确认减值	样本组Ⅰ	样本组Ⅱ
	没确认减值	样本组Ⅲ	样本组Ⅳ

本书研究的是上市公司商誉减值规避问题。所谓商誉减值规避，是指商誉需要减值但没有确认减值的情形。围绕该研究主题，本书将研究场景设置为公司商誉需要减值。在这一场景下，有些公司计提了商誉减值（样本组Ⅰ），有些公司没有计提商誉（样本组Ⅲ）。前者是及时确

第4章 大股东视角下商誉减值规避的成因：现象揭示

认商誉减值的公司，后者则是商誉减值规避的公司。

对于商誉减值规避的测量，如何判断商誉需要减值是一个难点。Glaum et al.（2018）在 *The Accounting Review* 期刊上发表的一篇跨国研究论文为本书提供了借鉴思路，他们利用经市场调整后的个股收益率这一经济指标，来判断公司商誉是否需要减值，若该指标为负，说明公司商誉需要减值。本书认为，这一判断指标是合理的，且在我国资本市场也是适用的。理由主要有三点：其一，依据超额收益资源观，商誉是能够给企业带来超额收益能力的经济资源，所谓超额收益能力，其实就是超过市场正常水平的收益能力（葛家澍，1996）。所以，采取经市场调整后的个股收益率来判断企业超额收益能力。其二，商誉资产不能独立产生现金流，而需要依赖企业资产组才能产生现金流。实务中，许多上市公司将合并后企业整体作为资产组（Petersen and Plenborg，2010），因为企业合并后，商誉反映的是企业整体系统的协同价值。这就意味着可以通过企业整体资产的超额收益能力，来判断商誉是否需要减值。其三，国内学者早在20多年前就得出，我国资本市场已经到达弱式有效（吴世农，1996）。经过这么多年的发展，个股股价从长期来看，已能较为准确刻画公司资产的价值，即产生现金流的能力。若经过市场调整后的个股年度收益率为负，说明企业商誉年度内产生超额收益能力是下降的，所以商誉需要减值。

此外，还需要说明的是，在商誉减值文献综述部分内容（见上文3.2章节）的梳理分析中，有学者利用其他指标和方法，识别商誉减值规避的公司。Li et al.（2011）和 Filip et al.（2015）采用配对方法，以确认商誉减值的公司为对照组样本，以没有确认商誉且有商誉的公司为实验组样本，选用年度、行业、公司规模、市账比 M/B 等属性指标，通过配对匹配，从实验组样本中筛选出与对照组样本中具有相似属性的样本，这些样本便是商誉需要减值但没有减值的公司。这种方法存在一个缺陷：对照组样本中很可能包含商誉不需要减值但却计提减值的样本，例如"洗大澡"的样本公司，意味着对照组样本存在噪音，因而使得与之匹配出来的实验组样本也不准确，这样的话，研究样本有更多噪音样本。还有学者运用 M/B 等指标来判断公司商誉是否需要减值，Beatty 和 Weber（2006）利用公司所有者权益的市值和账面价值的差额小于商誉资产规模这一指标来判断公司商誉资产需要减值，Ramanna 和

Watts（2012）运用 M/B 指标连续两年小于 1 来判断公司商誉资产需要减值。这两种做法是基于美国上市公司的样本数据，可能在我国资本市场上直接引用并不适用，因为不同于美国资本市场，我国资本市场属于典型的新兴资本市场，上市公司的市盈率和 M/B 普遍比较高，因此这两种方法在我国资本市场的适用性还有待检验和改进。相比之下，Glaum、Landsman 和 Wyrwa（2018）的最新研究是一项跨国研究，研究样本包含多个不同层次的国家，其判断公司商誉需要减值的指标具有更广范围的代表性，且相比配对方法更为准确。

为此，本书参照 Glaum、Landsman 和 Wyrwa（2018）的做法，对商誉减值规避进行度量。具体来说，先利用经市场调整后的个股收益率为负这一标准，筛选出公司商誉需要减值的公司样本，这些样本对应的是表 4-1 中的样本组 Ⅰ 和样本组 Ⅲ。当公司属于样本组 Ⅲ 时，商誉减值规避 GWIMPA 取值为 1；当公司属于样本组 Ⅰ 时，商誉减值规避 GWIMPA 取值为 0。

4.3.3 模型设定

为检验前文提出的研究假设 H_1，本书构建如下 Probit 回归模型：

$$GWIMPA_{i,t} = \lambda_0 + \lambda_1 TOP1_{i,t} + \lambda_2 SIZE_{i,t} + \lambda_3 LEV_{i,t} + \lambda_4 ROA_{i,t} + \lambda_5 M/B_{i,t}$$
$$+ \lambda_6 \Delta SALE_{i,t} + \lambda_7 \Delta CFO_{i,t} + \lambda_8 BIGBATH_{i,t} + \lambda_9 SMOOTH_{i,t}$$
$$+ \lambda_{10} CEOCHANGE_{i,t} + \lambda_{11} MOS_{i,t} + \lambda_{12} BULL_{i,t} +$$
$$\lambda_{13} MARKET_{i,t} + \lambda_{14} GDPG_{i,t} + \sum YEAR + \sum INDUSTRY +$$
$$\eta_1 \qquad (4-1)$$

其中，被解释变量为商誉减值规避 GWIMPA，若上市公司发生商誉减值规避，取值为 1；若及时计提商誉减值，取值为 0。解释变量为大股东持股 TOP1，用年末大股东持股数量与年末公司总股本的比值来衡量。同时，参考以往研究的做法（Beatty and Weber, 2006；AbuGhazaleh et al., 2011；Giner and Pardo, 2015；Glaum et al., 2018），本书控制公司规模（SIZE）、债务水平（LEV）、盈利水平（ROA）、市账比（M/B）、营业收入增幅（ΔSALE）、经营现金流增幅（ΔCFO）、"洗大澡"（BIG-BATH）、盈余平滑（SMOOTH）和 CEO 变更（CEOCHANGE）、高管持股（MOS）、股票市场行情（BULL）、市场化程度（MARKET）、GDP 增速（GDPG）对商誉减值规避的影响。此外，本书还在回归模型中加入年度（YEAR）和行业（INDUSTRY）的哑变量，以控制年度和行业固定效应。模型（4-1）中，l_0 为常数项，$l_1 - l_{14}$ 为估计系数，h_1 为回归残差项。若研究假设 H_1 成立，那么估计系数 l_1 应显著为正。

为检验前文提出的研究假设 H_2，本书在模型（4-1）基础上，加入交互项 $TOP1 \times PLEDGED$，构建如下回归模型：

$$\begin{aligned}GWIMPA_{i,t} =\ & \lambda_0 + \lambda_1 TOP1_{i,t} + \lambda_2 TOP1 \times PLEDGED_{i,t} + \lambda_3 PLEDGED_{i,t} + \\ & \lambda_4 SIZE_{i,t} + \lambda_5 LEV_{i,t} + \lambda_6 ROA_{i,t} + \lambda_7 M/B_{i,t} + \lambda_8 \Delta SALE_{i,t} + \\ & \lambda_9 \Delta CFO_{i,t} + \lambda_{10} BIGBATH_{i,t} + \lambda_{11} SMOOTH_{i,t} + \lambda_{12} CEOCHANGE_{i,t} + \\ & \lambda_{13} MOS_{i,t} + \lambda_{14} BULL_{i,t} + \lambda_{15} MARKET_{i,t} + \lambda_{16} GDPG_{i,t} + \sum YEAR + \\ & \sum INDUSTRY + \eta_2 \end{aligned} \quad (4-2)$$

其中，被解释变量为商誉减值规避 GWIMPA，解释变量为大股东持股 TOP1，大股东股权质押 PLEDGED，若年末大股东存在股权质押，取值为 1，否则为 0，以及两者的交互项 $TOP1 \times PLEDGED$。模型（4-2）中，l_0 为常数项，$l_1 - l_{16}$ 为估计系数，h_2 为回归残差项。若研究假设 H_2 成立，那么估计系数 l_2 应当显著为正。

此外，为缓减解释变量与调节变量间可能存在的内生性问题，参照王化成等（2015）以及 Glaum 等（2018）的做法，本书采用分组方法，进一步检验研究假设 H_2。如果研究假设 H_2 成立，则相比大股东没有股权质押的公司，在存在股权质押的公司大股东持股与商誉减值规避间作用关系更加显著。

为检验前文提出的研究假设 H_3，本书在模型（4-1）基础上，加入交互项 $TOP1 \times SIZE/SIZED$，构建如下回归模型：

$$\begin{aligned}GWIMPA_{i,t} =\ & \lambda_0 + \lambda_1 TOP1_{i,t} + \lambda_2 TOP1 \times SIZE/SIZED_{i,t} + \lambda_3 SIZE/SIZED_{i,t} \\ & + \lambda_4 LEV_{i,t} + \lambda_5 ROA_{i,t} + \lambda_6 M/B_{i,t} + \lambda_7 \Delta SALE_{i,t} + \lambda_8 \Delta CFO_{i,t} \\ & + \lambda_9 BIGBATH_{i,t} + \lambda_{10} SMOOTH_{i,t} + \lambda_{11} CEOCHANGE_{i,t} + \lambda_{12} MOS_{i,t} + \\ & \lambda_{13} BULL_{i,t} + \lambda_{14} MARKET_{i,t} + \lambda_{15} GDPG_{i,t} + \sum YEAR + \\ & \sum INDUSTRY + \eta_3 \end{aligned} \quad (4-3)$$

其中，被解释变量为商誉减值规避 GWIMPA，解释变量为大股东持股

TOP1、公司规模 $SIZE/SIZED$ 以及两者的交互项 $TOP1 \times SIZE/SIZED$。公司 $SIZE$ 用年末公司总资产的自然对数来衡量，$SIZED$ 是依据年度行业中位数将公司规模进行分组，若高于年度行业中位数，取值为1，否则取值为0。模型（4-3）中，l_0 为常数项，$l_1 - l_{15}$ 为估计系数，h_3 为回归残差项。若研究假设 H_3 成立，那么估计系数 l_2 应当显著为负。

为缓减解释变量与调节变量间可能存在的内生性问题，本书采用分组方法，进一步检验研究假设 H_3。如果研究假设 H_3 成立，则相比大公司，小公司的大股东持股与商誉减值规避间作用关系更加显著。

为检验前文提出的研究假设 H_4，本书在模型（4-1）基础上，加入交互项 $TOP1 \times POWER$，构建如下回归模型：

$$\begin{aligned} GWIMPA_{i,t} = & \lambda_0 + \lambda_1 TOP1_{i,t} + \lambda_2 TOP1 \times POWER_{i,t} + \lambda_3 POWER_{i,t} + \\ & \lambda_4 SIZE_{i,t} + \lambda_5 LEV_{i,t} + \lambda_6 ROA_{i,t} + \lambda_7 M/B_{i,t} + \lambda_8 \Delta SALE_{i,t} + \\ & \lambda_9 \Delta CFO_{i,t} + \lambda_{10} BIGBATH_{i,t} + \lambda_{11} SMOOTH_{i,t} + \lambda_{12} CEOCHANGE_{i,t} + \\ & \lambda_{13} MOS_{i,t} + \lambda_{14} BULL_{i,t} + \lambda_{15} MARKET_{i,t} + \lambda_{16} GDPG_{i,t} + \\ & \sum YEAR + \sum INDUSTRY + \eta_4 \end{aligned} \quad (4-4)$$

其中，被解释变量为商誉减值规避 $GWIMPA$，解释变量为大股东持股 $TOP1$、大股东权力 $POWER$，以及两者的交互项 $TOP1 \times POWER$。以往的研究（刘星、安灵，2010；陈德萍、陈永圣，2011）通常运用第一大股东持股比例与公司第二大股东至第十大股东累计持股比例的比值，来衡量公司内部其他股东对大股东的股权制衡。为了避免股权制衡连续变量与第一大股东持股比例间的相关性系数太高，致使模型可能会产生较强的共线性问题，本书参照张康生等（2017）的做法，采用股权制衡的哑变量，若第一大股东持股比例与公司第二大股东至第十大股东累计持股比例的比值大于1，说明大股东受到其他内部股东的制衡较小，大股东的权力越大，$POWER$ 取值为1，否则大股东的权力较小，$POWER$ 取值为0。模型（4-4）中，l_0 为常数项，$l_1 - l_{16}$ 为估计系数，h_4 为回归残差项。若研究假设 H_4 成立，那么估计系数 l_2 应当显著为正。

为进一步缓减解释变量与调节变量间可能存在的内生性问题，本书采用分组方法，进一步检验研究假设 H_4。如果研究假设 H_4 成立，则相比大股东权力较低的公司，在大股东权力较高的公司中大股东持股与商誉减值规避间作用关系更加显著。

具体变量定义和衡量如表 4-2 所示。

表 4-2 变量定义与说明

变量符号	变量名称	变量定义与计算
GWIMPA	商誉减值规避	若公司进行商誉资产减值规避，取值为 1，否则取值为 0，具体衡量方式详见正文
TOP1	大股东持股	年末第一大股东持股数量与年末公司总股本的比值
PLEDGED	大股东股权质押	若公司大股东年末存在股权质押，取值为 1，否则取值为 0
POWER	大股东权力	若第一大股东持股比例与公司第二大股东至第十大股东累计持股比例的比值大于 1，取值为 1，否则取值为 0
SIZE	公司规模	期末公司总资产规模的自然对数
SIZED	公司规模哑变量	若公司规模高于年度行业中位数，取值为 1，否则取值为 0
LEV	负债水平	期末负债与期末账面总资产的比值
ROA	盈利能力	期末净利润与期末总资产的比值
M/B	市账比	期末公司市值与账面价值的比值
$\Delta SALE$	营业收入增幅	公司年度期末营业收入与上年同期营业收入的增幅与上期期末账面总资产的比值
ΔCFO	经营现金流增幅	公司年度期末经营现金流与上年同期经营现金流的增幅与上期期末账面总资产的比值
BIGBATH	"洗大澡"	当期期末减值前会计盈余与上期期末减值前会计盈余的差额除以上期期末总资产，该值小于年度行业非正该值的中位数时，BIGBATH 取值为 1，否则取值为 0
SMOOTH	盈余平滑	当期期末减值前会计盈余与上期期末减值前会计盈余的差额除以上期期末总资产，该值大于年度行业非负该值的中位数时，SMOOTH 取值为 1，否则取值为 0

续表

变量符号	变量名称	变量定义与计算
CEOCHANGE	CEO变更	若公司年度内CEO发生变更,取值为1,否则取值为0
MOS	管理者持股	年末管理者持股数量占年末公司总股本的比值。本书将管理者界定为企业高级管理人员,即为公司年末财务报告中披露的高级管理人员,包括公司总经理、总裁、CEO、副总经理、副总裁、董事会秘书和年报上公布的其他管理人员(含董事中兼任的高级管理人员)
BULL	股市行情	若当年股票市场为牛市时,取值为1,否则为0
MARKET	市场化程度	当上市公司所属地为北京、上海、广东、浙江、江苏和福建时,取值为1,否则取值为0
GDPG	GDP增速	年度国内生产总值GDP的增速
YEAR	年度变量	年度哑变量
INDUSTRY	行业变量	行业哑变量

4.4 实证结果与分析

4.4.1 描述性统计结果

经过上述样本筛选,最后共收集到3810个公司年度样本。本书首先对我国资本市场上市公司商誉减值规避情况,进行分年度、分行业描述性分析统计,统计结果如表4-3所示。表4-3中Panel A列出了商誉减值规避分年度的统计结果。具体来看,我国资本市场2007—2016年商誉减值规避的公司数量分别为75个、117个、125个、128个、190个、241个、272个、346个、382个、510个,占年度有商誉资产公司样本数量的比值分为71.43%、69.64%、62.50%、58.99%、69.85%、67.89%、65.86%、63.84%、58.32%、57.76%。从数量上来说,商誉减值规避的公司样本呈现出逐年快速增加的趋势。从整体占比情况来看,商誉减值规避的公司占比有一个小幅度的下降趋势,这可能与我国资本市场监管越来越严有一定的关系,但最小的占比值是2016年的57.76%,这说明我国资本市场商誉减值规避的公司比例仍处于一个较高的水平。

表4-3中Panel B列出商誉减值规避分行业的统计结果。具体从数量上来看,在制造业中,尤其是机械、设备和仪表制造行业商誉减值规避的公司样本数量最多,其次是信息技术业,这与我国上市公司行业分布结构特征相吻合。从占比情况来看,采掘业、交通运输仓储业、电力煤气及水的生产和供应业、批发零售贸易业、信息技术业等行业中商誉减值规避的公司占比较高。

表4-3 商誉减值规避分年度和分行业的统计结果

Panel A:分年度统计结果				
年度	样本量(个)	样本占比(%)	商誉减值规避样本(个)	商誉减值规避占比(%)
2007	105	2.76	75	71.43
2008	168	4.41	117	69.64
2009	200	5.25	125	62.50
2010	217	5.70	128	58.99
2011	272	7.14	190	69.85
2012	355	9.32	241	67.89
2013	413	10.84	272	65.86
2014	542	14.23	346	63.84
2015	655	17.19	382	58.32
2016	883	23.18	510	57.76
总计	3810	100	2386	62.62

Panel B:分行业统计结果			
年度	样本量(个)	样本占比(%)	商誉减值规避样本(个)
A:农、林、牧、渔业	51	1.34	30
B:采掘业	122	3.20	89
C0:食品、饮料	167	4.38	88
C1:纺织、服装、皮毛	61	1.60	35

续表

Panel B：分行业统计结果

年度	样本量（个）	样本占比（%）	商誉减值规避样本（个）
C2：木材、家具	13	0.34	9
C3：造纸、印刷	38	1.00	25
C4：石油、化学、塑胶、塑料	313	8.22	210
C5：电子	178	4.67	117
C6：金属、非金属	252	6.61	162
C7：机械、设备、仪表	687	18.03	417
C8：医疗、生物制品	280	7.35	168
C9：其他制造业	10	0.26	3
D：电力、煤气及水的生产和供应业	174	4.57	120
E：建筑业	116	3.04	74
F：交通运输、仓储业	119	3.12	83
G：信息技术业	403	10.58	251
H：批发和零售贸易	293	7.69	200
J：房地产业	206	5.41	113
K：社会服务业	170	4.46	106
L：传播与文化产业	109	2.86	71
M：综合类	48	1.26	15
总计	3810	100	2386

表4-4列出本书主要研究变量的描述性统计结果。由表中的结果可知，商誉减值规避（$GWIMPA$）的均值为0.626，说明样本数据中有62.6%的公司进行了商誉减值规避。这意味着，我国资本市场商誉减值规避的现象普遍存在。大股东持股比例（$TOP1$）的均值为0.337，标准差为0.150，中位数为0.314。从中可以看出，大股东持股比例普遍比较高，说明我国资本市场上市公司股权结构较为集中。大股东持股比例（$TOP1$）的最小值为0.076，25%分位数为0.218，75%分位数为0.446，最大值为0.738。这说明上市公司股权结构普遍较为集中，但上市公司间大股东持股比例有高有低，也是存在差异的。这为我们从大股

东视角解释商誉减值规避成因提供了较好的实验场所。大股东股权质押（PLEDGED）的均值为0.483，说明大股东存在股权质押的公司比较常见。大股东权力指标（POWER）的均值为0.643，说明大股东存在股权制衡的公司比较少。这些描述性统计结果与我国资本市场的实际情况是相符的。其他研究变量的描述性分析结果与以往研究文献的结果相似，本书不再赘述。

表4-4 研究变量的描述性统计结果

变量	N	Mean	SD	Min	P25	P50	P75	Max
GWIMPA	3810	0.626	0.484	0	0	1	1	1
TOP1	3810	0.337	0.150	0.076	0.218	0.314	0.446	0.738
PLEDGED	3810	0.483	0.499	0	0	0	1	1
POWER	3810	0.643	0.479	0	0	1	1	1
SIZE	3810	22.496	1.294	20.013	21.610	22.310	23.261	26.426
SIZED	3810	0.692	0.462	0	0	1	1	1
LEV	3810	0.464	0.205	0.061	0.301	0.469	0.624	0.880
ROA	3810	0.038	0.047	-0.130	0.010	0.030	0.060	0.180
M/B	3810	3.342	2.307	0.732	1.790	2.703	4.137	14.060
ΔSALE	3810	0.098	0.220	-0.361	-0.008	0.060	0.154	1.223
ΔCFO	3810	0.004	0.086	-0.308	-0.032	0.006	0.042	0.303
BIGBATH	3810	0.203	0.402	0	0	0	0	1
SMOOTH	3810	0.272	0.445	0	0	0	1	1
CEOCHANGE	3810	0.181	0.385	0	0	0	0	1
MOS	3810	0.053	0.115	0.000	0.000	0.000	0.032	0.552
BULL	3810	0.394	0.489	0	0	0	1	1
MARKET	3810	0.594	0.491	0	0	1	1	1
GDPG	3810	0.0790	0.0160	0.067	0.069	0.073	0.094	0.142

最后，本书依据样本中位数将大股东持股分为高、低两组，进一步观察商誉减值规避在大股东持股比例不同的组间是否存在明显的差异，表4-5列出了组间差异分析结果。由表中分组样本的描述性统计分析结果可看出，在大股东持股比例较高组中样本GWIMPA的均值为

0.658，在大股东持股比例较低组中样本 GWIMPA 的均值为 0.594。经 t 检验发现，在大股东持股比例较高组中 GWIMPA 的均值显著高于大股东持股比例较低组。该单变量分析结果说明，大股东持股比例较高的公司相比大股东持股比例较低的公司更可能发生商誉减值规避，这与本书研究假设 H_1 的预期一致。

表4-5　依据大股东持股分组检验商誉减值规避的组间差异

变量	样本量	GWIPMA 的均值
TOP1（high）	1905	0.658
TOP1（low）	1905	0.594
Combined	3810	0.626
Diff		0.064***

注：* $p<0.1$，** $p<0.05$，*** $p<0.01$（双尾）。

4.4.2　相关分析结果

表4-6列出主要研究变量间的 Pearson 相关分析结果。由表中结果可知，GWIMPA 和 TOP1 间相关系数为 0.073，显著性水平为1%，这说明大股东持股与商誉减值规避具有显著的正相关关系，与前文研究假设 H_1 的预期一致。GWIMPA 和 LEV 间相关系数为 -0.079，显著性水平为1%，这说明公司负债水平与商誉减值规避具有显著的负相关关系，即公司负债水平越高，规避商誉减值的可能性越小。GWIMPA 和 M/B 间相关系数为 -0.028，显著性水平为10%，这说明公司市账比与商誉减值规避具有显著的负相关关系，即公司市账比越高，计提商誉减值的可能性越小。GWIMPA 和 ROA 间相关系数为 0.144，显著性水平为1%，这说明企业盈利水平越低，商誉资产被要求减值的可能性越大。GWIM-PA 和 ΔSALE 间相关系数为 0.092，显著性水平为1%，这说明公司销售收入增加越多，企业商誉资产越不可能发生减值。GWIMPA 和 BIGBATH 间相关系数为 -0.066，显著性水平为1%，这说明公司在年度业绩无望时，更可能计提商誉减值准备。GWIMPA 和 SMOOTH 间相关系数为 -0.030，显著性水平为10%，这说明公司在年度业绩越好时，也更可

第4章 大股东视角下商誉减值规避的成因：现象揭示

表4-6 相关性分析结果

变量	1	2	3	4	5	6	7	8	9	10	11	12	13	14	15	16	17	18
1.GWIMPA	1																	
2.TOP1	0.073***	1																
3.PLEDGED	0.002	-0.124*	1															
4.POWER	-0.013	0.403***	-0.047***	1														
5.SIZE	-0.022	0.257***	-0.138***	0.051***	1													
6.SIZED	-0.007	0.119***	-0.051***	0.020	0.617***	1												
7.LEV	-0.079***	0.098***	-0.011	0.086***	0.542***	0.358***	1											
8.ROA	0.144***	0.084***	-0.099***	-0.040***	-0.073***	-0.025	-0.391***	1										
9.M/B	-0.028*	-0.132***	0.146***	-0.081***	-0.417***	-0.288***	-0.112***	0.132***	1									
10.ΔSALE	0.092***	0.027	0.047***	-0.080***	0.031*	0.043***	0.000***	0.218***	0.086***	1								
11.ΔCFO	-0.002	0.017	-0.004	-0.001	0.017	0.002	-0.026	0.101***	0.025	0.161***	1							
12.BIGBATH	-0.066***	-0.021	-0.008	0.033**	-0.076***	-0.060***	0.008	-0.388***	-0.001	-0.263***	-0.151***	1						
13.SMOOTH	-0.030**	-0.055***	0.051***	-0.079***	-0.053***	-0.044***	-0.073***	0.349***	0.178***	0.335***	0.147***	-0.309***	1					
14.CEOCHANGE	-0.035***	0.029**	0.003	0.051***	0.030*	0.025	0.075***	-0.067***	0.046***	0.012	0.021	0.031**	0.034**	1				
15.MOS	0.045***	-0.076***	0.146***	-0.133***	-0.268***	-0.183***	-0.269***	0.105***	0.170***	0.084***	-0.002	-0.015	0.078***	-0.080***	1			
16.BULL	-0.014	-0.008	-0.007	0.014	0.008	0.015	0.006	0.038**	0.210***	-0.061***	0.051***	-0.040***	0.037***	0.011	-0.0140	1		
17.MARKET	-0.033**	0.031**	-0.029**	0.002	-0.062***	-0.043***	-0.102***	0.102***	0.064***	0.009	0.002	-0.021	0.058***	-0.053***	0.147***	-0.028*	1	
18.GDPG	0.055***	0.061***	-0.161***	0.046***	-0.085***	0.049***	0.119***	0.043***	-0.020	0.084***	-0.070***	-0.006	-0.010	-0.002	-0.149***	-0.030*	-0.016	1

注：* $p<0.1$，** $p<0.05$，*** $p<0.01$（双尾）。

能计提商誉减值。*GWIMPA* 和 *CEOCHANGE* 间相关系数为 -0.035，显著性水平为5%，这说明 CEO 变更的公司不可能进行商誉减值规避，反而会确认计提商誉减值。*GWIMPA* 和 *MOS* 间相关系数为 0.045，显著性水平为1%，这说明高管持股比例越高的公司越可能进行商誉减值规避。*GWIMPA* 和 *MARKET* 间相关系数为 -0.033，显著性水平为5%，这说明在市场化程度较高的地区，公司越不可能进行商誉减值规避。*GWIMPA* 和 *GDPG* 间相关系数为 0.055，显著性水平为1%，这说明国家宏观层面的经济发展越好，企业发生商誉资产减值的可能性越低。这些两两变量间相关性分析结果忽略了其他因素对公司商誉减值规避的影响，因而需要进行更为严格的多元回归，以检验本书提出的研究假设。余者可以此类推。此外，由表4-4中结果可得出，上文模型设定中两两变量间相关系数普遍较小，说明回归模型多重共线性问题较弱。

4.4.3 多元回归结果与假设检验

为检验前文提出的研究假设 H_1，通过对上文设定的大股东持股与商誉减值规避间作用关系模型（4-1）进行多元回归分析，表4-7列示出该模型的 Probit 回归结果。表4-7中模型的被解释变量为商誉减值规避 *GWIMPA*，第1列仅放入解释变量大股东持股比例 *TOP*1、年度和行业效应，第2列是在第1列的基础上加入影响公司商誉减值规避的控制变量，比如 *SIZE*、*LEV*、*M/B*、*ROA*、Δ*SALE*、Δ*CFO*、*GDPG* 等。

表4-7 大股东持股与商誉减值规避的 Probit 回归结果

变量	(1) GWIMPA	(2) GWIMPA
TOP1	0.576***	0.463***
	(3.94)	(3.01)
SIZE		-0.021
		(-0.83)
LEV		-0.421***
		(-2.61)

续表

变量	(1) GWIMPA	(2) GWIMPA
ROA		3.853***
		(6.29)
M/B		-0.002
		(-0.15)
ΔSALE		0.636***
		(5.58)
ΔCFO		-0.330
		(-1.28)
BIGBATH		-0.098
		(-1.61)
SMOOTH		-0.333***
		(-6.05)
CEOCHANGE		-0.080
		(-1.44)
MOS		0.347*
		(1.68)
BULL		-0.007
		(-0.08)
MARKET		-0.142***
		(-3.06)
GDPG		21.701
		(1.11)
_cons	-0.757***	-1.460
	(-4.22)	(-0.95)
INDUSTRY	yes	yes
YEAR	yes	yes
N	3810	3810
Pseudo R^2	0.022	0.054

续表

变量	(1) GWIMPA	(2) GWIMPA
LR	109.038	274.444
Prob (LR)	0.000	0.000

z statistics in parentheses。

注：括号内数字表示 t 值，下同。* $p<0.1$，** $p<0.05$，*** $p<0.01$。

由表4-7中第1列回归结果可得出，公司大股东持股（TOP1）的参数估计值为0.576，且在1%水平上显著。这结果说明，单单控制年度和行业效应后，公司大股东持股对公司商誉减值规避有显著的正向影响。由表4-7中第2列回归结果可看出，公司大股东持股比例（TOP1）的参数估计值为0.463，且在1%水平上显著。① 由此可见，控制了一系列影响商誉减值规避的因素（如企业规模 SIZE、负债水平 LEV、经营业绩 ROA 等），以及年度和行业效应后，公司大股东持股对公司商誉减值规避仍然具有显著的正向影响，表明大股东持股比例越高的公司越可能进行商誉减值规避，即证明大股东商誉减值的存在性，前文假设 H_1 得到验证。

此外，从表4-7中第2列回归结果可看出，公司负债水平（SIZE）对企业商誉减值规避具有显著的负向影响，即企业负债水平越高，公司发生商誉减值规避的可能性越低。这说明债务融资可能在公司商誉减值规避中发挥着治理作用。公司盈利水平（ROA）对商誉减值规避具有显著的正向影响，这说明企业盈利状况越好，企业商誉资产被要求减值的可能性越低，这与以往研究文献（Glaum et al.，2018）的结论一致。这一研究结果从侧面说明，如果企业大股东想要隐藏商誉减值规避，可以通过增加企业当期盈余水平，在后文会重点分析。公司营收收入增幅（ΔSALE）对商誉减值规避具有显著的正向影响，这表明企业营业收入增幅越高，商誉资产减值可能性越低，这与以往文献（AbuGhazaleh et al.，2011）的预期一致。这一研究结果从侧面说明，如果企业大股东想

---

① 本书进一步分析大股东持股对商誉减值规避影响的经济显著性，结果表明大股东持股每增加1%，则公司商誉减值规避的可能性增加0.174%。

要隐藏商誉减值规避，可以通过增加企业当期营业收入（在后文会重点分析）。盈余平滑（SMOOTH）对商誉减值规避具有显著的负向影响作用，这与以往文献（AbuGhazaleh et al., 2011; Giner and Pardo, 2015）得出的研究结论相符。管理者持股（MOS）对商誉减值规避具有显著的正向影响，这说明管理者持股比例越高的公司越可能会发生商誉减值规避，即管理者为了维护自身利益不因商誉减值而受损，倾向于与大股东"合谋"，进行商誉减值规避。市场化程度（MARKET）对企业商誉减值规避具有显著的负向影响，即地区市场化程度水平越高，公司发生商誉减值规避的可能性越低。这说明市场化程度会对公司商誉减值规避产生约束作用。

为检验前文提出的研究假设 H_2，通过对上文设定的大股东股权质押、大股东持股、商誉减值规避的模型（4-2）进行多元回归分析，表4-8列示了该模型的回归结果。表4-8中模型的被解释变量为商誉减值规避 GWIMPA，第1列放入了解释变量大股东持股比例 TOP1 与股权质押 PLEDGED 的交互项 TOP1×PLEDGED，第2列和第3列是按照公司大股东是否存在股权质押，分组检验大股东持股与商誉减值规避之间的作用关系。

表4-8 股权质押、大股东持股与商誉减值规避的回归结果

变量	全样本 (1) GWIMPA	有股权质押组 (2) GWIMPA	没股权质押组 (3) GWIMPA
TOP1	0.368** (2.29)	0.648*** (2.71)	0.323 (1.52)
TOP1×PLEDGED	0.258** (2.07)		
PLED	0.052 (0.48)		
SIZE	-0.017 (-0.65)	-0.084** (-2.01)	0.044 (1.24)
LEV	-0.481*** (-2.98)	-0.243 (-1.03)	-0.599*** (-2.58)

续表

变量	全样本 (1) GWIMPA	有股权质押组 (2) GWIMPA	没股权质押组 (3) GWIMPA
ROA	3.851***	3.355***	4.686***
	(6.28)	(3.62)	(5.48)
M/B	-0.000	-0.033*	0.044**
	(-0.04)	(-1.88)	(2.36)
ΔSALE	0.646***	1.089***	0.241
	(5.67)	(6.24)	(1.52)
ΔCFO	-0.337	-0.450	-0.227
	(-1.30)	(-1.22)	(-0.60)
BIGBATH	-0.099	-0.091	-0.105
	(-1.63)	(-1.02)	(-1.24)
SMOOTH	-0.335***	-0.384***	-0.322***
	(-6.08)	(-4.81)	(-4.06)
CEOCHANGE	-0.086	-0.100	-0.077
	(-1.55)	(-1.24)	(-0.99)
MOS	0.330	0.098	0.711**
	(1.59)	(0.37)	(1.99)
BULL	-0.007	0.003	0.012
	(-0.07)	(0.02)	(0.09)
MARKET	-0.130***	-0.310***	-0.012
	(-2.81)	(-4.45)	(-0.18)
GDPG	23.871	29.668	17.877
	(1.22)	(1.05)	(0.64)
_cons	-1.698	-0.053	-3.584
	(-1.10)	(-0.02)	(-1.64)
INDUSTRY	yes	yes	yes
YEAR	yes	yes	yes
N	3810	1841	1969

续表

变量	全样本 (1) GWIMPA	有股权质押组 (2) GWIMPA	没股权质押组 (3) GWIMPA
Pseudo R^2	0.055	0.073	0.087
LR	275.885	178.403	227.345
Prob (LR)	0.000	0.000	0.000

z statistics in parentheses。

注：$^* p<0.1$，$^{**} p<0.05$，$^{***} p<0.01$。

由表4-8中第1列的回归结果可得出，在控制公司规模、负债水平、盈利能力等控制变量以及年度和行业效应对商誉减值规避影响的情况下，大股东股权质押与大股东持股的交互项 $TOP1 \times PLEDGED$ 的参数估计系数是0.258，在5%水平上显著。这说明，股权质押对大股东持股与商誉减值规避之间关系起着增强型调节作用。也就是说，相比大股东没有股权质押的公司，在大股东进行股权质押的公司中大股东持股对商誉减值规避的正向影响会被强化，即假设 H_2 得到验证。

同时，本书依据大股东是否存在股权质押分组，分别在两组中对大股东持股与商誉减值规避间作用关系进行回归分析。由表4-8中第2列和第3列的回归结果可知，大股东存在股权质押组中，大股东持股与商誉减值规避间作用关系在1%水平下显著，大股东没有股权质押组中，大股东持股与商誉减值规避间作用关系不显著，且前者中大股东持股的回归系数明显高于后者。分组检验的结果进一步佐证本书得出在股权质押情景下大股东持股与商誉减值规避之间正向作用关系越强的研究结论。

为检验前文提出的研究假设 H_3，通过对上文设定的公司规模、大股东持股、商誉减值规避的模型（4-3）进行多元回归分析，表4-9列示了该模型的回归结果。表4-9中模型的被解释变量为商誉减值规避 GWIMPA，第1列和第2列放入了解释变量大股东持股比例与公司规模的交互项 $TOP1 \times SIZE/SIZED$，第3列和第4列是按照年度行业中位数，将公司规模分组，分别检验大股东持股与商誉减值规避之间的作用关系。

表 4-9 公司规模、大股东持股与商誉减值规避的回归结果

变量	全样本 (1) GWIMPA	全样本 (2) GWIMPA	小公司组 (3) GWIMPA	大公司组 (4) GWIMPA
TOP1	6.632***	1.192***	1.542***	0.248
	(2.65)	(3.92)	(4.79)	(1.36)
TOP1 × SIZE	-0.271**			
	(-2.47)			
TOP1 × SIZED		-1.010***		
		(-2.91)		
SIZE	0.082*		0.181*	-0.077**
	(1.67)		(1.68)	(-2.32)
SIZED		0.353***		
		(2.88)		
LEV	-0.447***	-0.526***	-0.529*	-0.432**
	(-2.77)	(-3.58)	(-1.85)	(-2.04)
ROA	3.740***	3.642***	6.039***	3.320***
	(6.08)	(6.03)	(5.75)	(4.14)
M/B	0.002	0.007	0.021	-0.000
	(0.18)	(0.64)	(0.99)	(-0.01)
ΔSALE	0.633***	0.632***	0.707***	0.602***
	(5.55)	(5.54)	(3.25)	(4.39)
ΔCFO	-0.324	-0.309	-0.808*	0.018
	(-1.25)	(-1.19)	(-1.87)	(0.05)
BIGBATH	-0.100*	-0.098	0.054	-0.148**
	(-1.65)	(-1.61)	(0.49)	(-1.97)
SMOOTH	-0.332***	-0.336***	-0.416***	-0.311***
	(-6.03)	(-6.10)	(-4.14)	(-4.57)
CEOCHANGE	-0.075	-0.077	-0.006	-0.143**
	(-1.35)	(-1.39)	(-0.05)	(-2.17)

续表

变量	全样本 (1) GWIMPA	全样本 (2) GWIMPA	小公司组 (3) GWIMPA	大公司组 (4) GWIMPA
BULL	0.336	0.368*	-0.199	0.507*
	(1.62)	(1.78)	(-0.64)	(1.74)
MARKET	-0.011	-0.024	0.050	-0.036
	(-0.12)	(-0.26)	(0.27)	(-0.32)
GDPG	-0.135***	-0.137***	-0.039	-0.213***
	(-2.90)	(-2.94)	(-0.44)	(-3.78)
_cons	22.813	26.966	1.473	40.078*
	(1.17)	(1.40)	(0.04)	(1.68)
INDUSTRY	-3.855**	-2.503*	-4.914	-1.311
YEAR	(-2.12)	(-1.90)	(-1.26)	(-0.70)
N	3810	3810	1174	2636
Pseudo R^2	0.056	0.056	0.117	0.063
LR	280.527	282.703	180.935	220.873
Prob (LR)	0.000	0.000	0.000	0.000

z statistics in parentheses。

注：* $p<0.1$，** $p<0.05$，*** $p<0.01$。

由表 4-9 中第 1 列和第 2 列的回归结果可得出，在控制公司规模、负债水平、盈利能力等控制变量以及年度和行业效应对商誉减值规避影响的情况下，大股东持股与公司规模的交互项的参数估计值均显著为负。具体而言，第 1 列中大股东持股比例与公司规模的交互项 TOP1 × SIZE 估计系数是 -0.271，在 5% 水平上显著；第 2 列中大股东持股比例与公司规模的交互项 TOP1 × SIZED 估计系数是 -1.010，在 1% 水平上显著。这些结果表明，公司规模对大股东持股与商誉减值规避之间关系起着减弱型调节作用。也就是说，在公司规模越小的公司中大股东持股对商誉减值规避的正向影响会越强，即假设 H_3 得到验证。

同时，本书依据公司规模进行分组，分别检验在大公司和小公司两组下大股东持股与商誉减值规避间作用关系。由表 4-9 中第 3 列和第

4列的回归结果可知，在小公司组中，大股东持股与商誉减值规避间作用关系在1%水平下显著；在大公司组中，大股东持股与商誉减值规避间作用关系不显著，且前者中大股东持股的回归系数明显高于后者。分组检验的结果进一步佐证本书得出在公司规模较小的公司中大股东持股与商誉减值规避之间正向作用关系越强的研究结论。

为检验前文提出的研究假设 H_4，通过对上文设定的大股东权力、大股东持股、商誉减值规避的模型（4-4）进行多元回归分析，表4-10列示了该模型的回归结果。表4-10中模型的被解释变量为商誉减值规避 $GWIMPA$，第1列放入了解释变量大股东持股比例 $TOP1$ 与大股东权力 $POWER$ 的交互项 $TOP1 \times POWER$，第2列和第3列按照公司大股东权力，分组检验大股东持股与商誉减值规避之间的作用关系。

表4-10 大股东权力、大股东持股与商誉减值规避的回归结果

变量	全样本 (1) GWIMPA	大股东权力高组 (2) GWIMPA	大股东权力低组 (3) GWIMPA
TOP1	-0.324	1.026***	-0.234
	(-0.67)	(4.70)	(-0.45)
TOP1 × POWER	1.342***		
	(2.62)		
POWER	-0.501***		
	(-3.68)		
SIZE	-0.037	-0.012	-0.074*
	(-1.40)	(-0.35)	(-1.72)
LEV	-0.374**	-0.306	-0.461*
	(-2.30)	(-1.48)	(-1.69)
ROA	3.827***	3.833***	4.673***
	(6.24)	(4.89)	(4.49)
M/B	-0.004	0.005	-0.015
	(-0.30)	(0.32)	(-0.74)
ΔSALE	0.605***	0.515***	0.807***

续表

变量	全样本 (1) GWIMPA	大股东权力高组 (2) GWIMPA	大股东权力低组 (3) GWIMPA
	(5.28)	(3.52)	(4.19)
ΔCFO	-0.316	-0.127	-0.504
	(-1.22)	(-0.40)	(-1.09)
BIGBATH	-0.097	-0.121	-0.010
	(-1.60)	(-1.62)	(-0.09)
SMOOTH	-0.330***	-0.407***	-0.222**
	(-5.99)	(-5.73)	(-2.46)
CEOCHANGE	-0.074	-0.122*	0.012
	(-1.34)	(-1.81)	(0.11)
MOS	0.278	0.122	0.502
	(1.34)	(0.47)	(1.39)
BULL	-0.003	-0.013	0.037
	(-0.03)	(-0.11)	(0.23)
MARKET	-0.135***	-0.077	-0.252***
	(-2.89)	(-1.29)	(-3.14)
GDPG	21.222	29.760	8.136
	(1.08)	(1.21)	(0.24)
_cons	-0.836	-2.707	1.392
	(-0.54)	(-1.39)	(0.53)
INDUSTRY	yes	yes	yes
YEAR	yes	yes	yes
N	3810	2450	1360
Pseudo R^2	0.058	0.070	0.067
LR	290.805	227.585	120.100
Prob (LR)	0.000	0.000	0.000

z statistics in parentheses。

注：* $p<0.1$，** $p<0.05$，*** $p<0.01$。

由表4-10中第1列的回归结果可得出,在控制公司规模、负债水平、盈利能力等控制变量以及年度和行业效应对商誉减值规避影响的情况下,大股东权力与大股东持股的交互项 $TOP1 \times POWER$ 的参数估计系数是1.342,在1%水平上显著。这说明,大股东权力对大股东持股与商誉减值规避之间关系起着增强型调节作用。也就是说,在股权不存在制衡时,大股东权力较高,更加有能力为维护自身利益,进行商誉减值规避,即假设 H_4 得到验证。

同时,本书依据大股东权力高低分组,分别在两组中对大股东持股与商誉减值规避间作用关系进行回归分析。由表4-10中第2列和第3列的回归结果可知,大股东在权力较高组中,大股东持股与商誉减值规避间作用关系在1%水平下显著;大股东在权力较低组中,大股东持股与商誉减值规避间作用关系不显著,且前者中大股东持股的回归系数明显高于后者。分组检验的结果进一步佐证了本书得出在大股东权力较高情景下大股东持股与商誉减值规避之间正向作用关系越强的研究结论。

4.4.4 稳健性检验结果

为证实研究结论的稳健性,本书做了以下稳健性检验:

第一,已有研究指出,商誉减值测试实施的首年度内,公司披露的商誉信息可能更多是对以前商誉的调整,可能会使得研究结果存在噪音(Filip et al., 2015;徐经长等,2017)。我国首次实施商誉减值测试的年度是2007年,故而删除此年度的研究样本,用余下样本重新对前文研究结论进行检验,检验结果如表4-11所示。由表4-11中结果可知,前文得出的结论并没有发生任何实质性改变,反而有些显著性水平得到了提升。

第二,本书选用Logit模型替代Probit模型,重新对前文回归模型进行回归,回归结果如表4-12所示。这些研究结果与前文得出的研究结论一致,并未发生实质性变化。

表4-11 删除商誉减值测试第一年样本后的稳健性检验结果

变量	(1) GWIMPA	(2) GWIMPA	(3) GWIMPA	(4) GWIMPA	(5) GWIMPA
TOP1	0.473***	0.376**	7.004***	1.221***	-0.233
	(3.03)	(2.31)	(2.76)	(3.97)	(-0.47)
TOP1×PLEDGED		0.256**			
		(2.02)			
TOP1×SIZE			-0.287***		
			(-2.58)		
TOP1×SIZED				-1.040***	
				(-2.96)	
TOP1×POWER					1.277**
					(2.47)
CONTROL	yes	yes	yes	yes	yes
INDUSTRY	yes	yes	yes	yes	yes
YEAR	yes	yes	yes	yes	yes
N	3705	3705	3705	3705	3705
Pseudo R^2	0.052	0.053	0.053	0.053	0.055
LR	257.225	261.302	261.294	262.450	271.118
Prob(LR)	0.000	0.000	0.000	0.000	0.000

z statistics in parentheses。

注：$^*p<0.1$，$^{**}p<0.05$，$^{***}p<0.01$。

表4-12 采用Logit模型的稳健性检验结果

变量	(1) GWIMPA	(2) GWIMPA	(3) GWIMPA	(4) GWIMPA	(5) GWIMPA
TOP1	0.754***	0.595**	10.761***	1.933***	-0.294
	(2.98)	(2.25)	(2.62)	(3.82)	(-0.61)
TOP1×PLEDGED		0.420**			
		(2.04)			

续表

变量	(1) GWIMPA	(2) GWIMPA	(3) GWIMPA	(4) GWIMPA	(5) GWIMPA
TOP1 × SIZE			-0.440**		
			(-2.44)		
TOP1 × SIZED				-1.632***	
				(-2.83)	
TOP1 × POWER					1.333***
					(2.61)
CONTROL	yes	yes	yes	yes	yes
INDUSTRY	yes	yes	yes	yes	yes
YEAR	yes	yes	yes	yes	yes
N	3810	3810	3810	3810	3810
Pseudo R^2	0.055	0.055	0.055	0.056	0.057
LR	275.167	276.293	278.075	279.547	289.014
Prob (LR)	0.000	0.000	0.000	0.000	0.000

z statistics in parentheses。

注：* $p<0.1$，** $p<0.05$，*** $p<0.01$。

第三，前文研究得出，相比大公司，小公司的信息不对称程度比较高，因而在小公司中，大股东更加有空间，为维护其利益而进行商誉减值规避。本书进一步对此进行验证。参照王化成等（2017）的做法，运用分析师预测的分歧度来衡量公司信息不对称，若公司年度的分析师预测分歧度小于行业中位数，FDISPD 取值为 0，即公司信息不对称较低；否则取值为 1，即公司信息不对称较高。检验结果如表 4-13 所示。表中第 1 列的结果可知，大股东持股与分析师预测分歧度的交互项的估计系数在 5% 水平下显著为正，即分析师分歧度越低，大股东持股与商誉减值规避间作用越弱。由表第 2 列和第 3 列的分组回归结果可知，相比分析师分歧度较低的公司，在分析师分歧度较高的公司中，大股东持股与商誉减值规避间作用关系更加显著。这些研究结果表明，大股东持股对商誉减值规避的影响作用在信息不对称越高的情况下更加显著，即本书的研究假设 H_3 得到进一步的验证，即该结论是稳健性的。

表4-13 公司规模、大股东持股与商誉减值规避之间关系的稳健性检验结果

变量	全样本 (1) GWIMPA	信息不对称高组 (2) GWIMPA	信息不对称低组 (3) GWIMPA
$TOP1$	0.316*	0.650***	0.261
	(1.88)	(3.22)	(1.05)
$TOP1 \times FDISPD$	0.271**		
	(2.18)		
CONTROL	yes	yes	yes
INDUSTRY	yes	yes	yes
YEAR	yes	yes	yes
N	3810	2363	1447
$Pseudo\ R^2$	0.055	0.065	0.060
LR	279.184	202.559	115.344
$Prob\ (LR)$	0.000	0.000	0.000

z statistics in parentheses。

注：* $p<0.1$，** $p<0.05$，*** $p<0.01$。

第四，参照李琳等（2009）的做法，运用第一大股东持股比例与第二大股东至第五大股东累计持股比例的比值，来重新衡量公司大股东权力，若该比值大于1，则 $POWER1$ 取值为1，即公司大股东受到的股权制衡较低，权力较高；否则取值为0，即公司大股东权力较低。检验结果如表4-14所示。由表中第1列的结果可知，大股东持股与大股东权力的交互项的估计系数在5%水平下显著为正，即大股东权力越高，大股东持股与商誉减值规避间作用越强。由表第2列和第3列的分组回归结果可知，相比大股东权力较低组，在大股东权力较高组中，大股东持股与商誉减值规避间作用关系更加显著。这些研究结果表明，大股东持股对商誉减值规避的影响作用在大股东权力较高的情况下更加显著，即本书的研究假设 H_4 得到进一步的验证，该结论是稳健性的。

表4-14 大股东权力、大股东持股与商誉减值规避之间关系的稳健性检验结果

变量	全样本 (1) GWIMPA	大股东权力高组 (2) GWIMPA	大股东权力低组 (3) GWIMPA
TOP1	-0.403	0.867***	-0.441
	(-0.70)	(4.52)	(-0.68)
TOP1 × POWER1	1.283**		
	(2.17)		
CONTROL	yes	yes	yes
INDUSTRY	yes	yes	yes
YEAR	yes	yes	yes
N	3810	2827	983
Pseudo R^2	0.058	0.061	0.102
LR	290.534	228.927	130.904
Prob (LR)	0.000	0.000	0.000

z statistics in parentheses。

注：* $p<0.1$，** $p<0.05$，*** $p<0.01$。

4.4.5 进一步研究与结果

4.4.5.1 大股东持股对商誉减值规避的影响是否存在区间效应

以往不少国内外研究发现，大股东持股的影响作用存在区间效应。比如García-Teruel和Martínez-Solano（2010）的研究表明，大股东持股比例与债务期限间是倒U型关系，即先升后降。罗正英等（2014）的研究得出，大股东持股与公司研发投资支出是U型关系，即先降后升。Chen et al.（2014）的研究发现，大股东持股与企业创新输出间是倒U型关系。罗琦、吴哲栋（2016）研究结果发现，大股东持股与公司股利支付率间是U型关系。这些研究成果表明，企业的融资、投资、股利发放等活动是关于大股东持股的二元非线性函数。因此，本书进一步

探索大股东持股对商誉减值规避的影响是否存在区间效应,即在上文回归模型(4-1)中,加入大股东持股比例的二次项,回归结果如表4-15所示。

表4-15 商誉减值规避与大股东持股的二元非线性回归结果

变量	(1) GWIMPA	(2) GWIMPA
TOP1	0.423	0.275
	(0.67)	(0.42)
$TOP1^2$	0.206	0.255
	(0.25)	(0.30)
CONTROL	no	yes
INDUSTRY	yes	yes
YEAR	yes	yes
N	3810	3810
Pseudo R^2	0.022	0.055
LR	109.100	274.533
Prob(LR)	0.000	0.000

z statistics in parentheses。

注:* $p<0.1$,** $p<0.05$,*** $p<0.01$。

表4-15第1列仅放入解释变量大股东持股比例 TOP1、大股东持股比例的二次项 $TOP1^2$、年度和行业效应,第2列是在第1列的基础上加入影响公司商誉减值规避的控制变量,比如 SIZE、LEV、M/B、ROA、ΔSALE、ΔCFO、GDPG 等。由表中的结果可看出,大股东持股比例 TOP1 和大股东持股比例的二次项 $TOP1^2$ 的估计系数均不显著。这说明商誉减值规避并非大股东持股的二元函数,即大股东持股对商誉减值规避的影响不存在先升后降或先降后升的区间效应,进一步佐证本书的结论,商誉减值规避是大股东持股的一元单增函数。

4.4.5.2 不同身份属性的大股东持股与商誉减值规避之间关系是否存在差异

已有研究发现,不同身份属性(股权性质)的大股东持股对企业的经营活动、财务行为等会不同的影响作用。比如徐莉萍、辛宇、陈工孟（2006）的研究表明，在大股东不同的股权性质下，公司经营业绩存在明显的差异。王力军（2006）区分大股东的性质，考察大股东持股比例对公司市场价值的影响，研究得出在国有企业中，大股东持股比例与公司市场价值间作用关系是 U 型的。在民营企业中，大股东持股比例与公司市场价值间作用关系是倒 U 型的。Ng et al.（2009）的研究结果发现，国有大股东持股比例与公司市场价值间呈现出 U 型关系，这表明在公司高度私有化和国有控制对公司市场价值提升最为有利。Hautz et al.（2013）的研究表明，在家族上市公司中，大股东持股比例对公司产品多元化具有显著的正向影响，但对国际多元化具有显著的负向影响；在金融机构或国有企业中，大股东持股比例对公司产品多元化具有显著的负向影响，但对国际多元化具有显著的正向影响。

为此，本书进一步区分大股东的股权性质，探讨不同性质下的大股东持股比例对商誉减值规避的影响作用。相比非国有企业，在国有企业中，尤其是央企承担着更多的维护社会稳定等政策性负担，国资委的政策控制以及维护国有控股地位的政治考虑，他们更加关注社会公众形象，更有进行市值管理的动机（宋岩、宋爽，2019），防止国有资产的流失。因此，本书预测，在央企、地方国有企业和非国有企业中大股东持股与商誉减值规避作用关系依次减弱。具体的实证分析结果如表 4 - 16 所示。

表 4 - 16 不同股权性质的大股东持股与商誉减值规避的回归结果

变量	全样本 (1) GWIMPA	全样本 (2) GWIMPA	国有企业组 (3) GWIMPA	中央国有企业组 (4) GWIMPA	地方国有企业组 (5) GWIMPA	非国有企业组 (6) GWIMPA
TOP1	0.233	0.352**	0.965***	2.126***	0.632**	0.288
	(1.15)	(2.13)	(3.80)	(4.14)	(2.00)	(1.38)
TOP1 × SOE	0.659**					
	(2.16)					
TOP1 × CSOE		0.855**				
		(2.06)				

续表

变量	全样本 (1) GWIMPA	全样本 (2) GWIMPA	国有企业组 (3) GWIMPA	中央国有企业组 (4) GWIMPA	地方国有企业组 (5) GWIMPA	非国有企业组 (6) GWIMPA
CONTROL	yes	yes	yes	yes	yes	yes
INDUSTRY	yes	yes	yes	yes	yes	yes
YEAR	yes	yes	yes	yes	yes	yes
N	3810	3810	1555	539	1016	2255
Pseudo R^2	0.057	0.055	0.085	0.181	0.094	0.070
LR	288.150	278.920	176.461	130.301	128.044	206.849
Prob (LR)	0.000	0.000	0.000	0.000	0.000	0.000

z statistics in parentheses。

注：* $p<0.1$，** $p<0.05$，*** $p<0.01$。

由表4-16中第1列的结果可知，大股东持股与国有企业性质（若是国有企业，SOE 取值为1，否则取值为0）的交互项 TOP1 × SOE 估计系数是 0.659，在5%水平上显著。这说明，相比非国有企业，国有企业大股东持股与商誉减值规避间作用关系更加显著。由第2列的结果可知，大股东持股与中央国有企业性质（若中央国有企业，CSOE 取值为1，否则取值为0）的交互项 TOP1 × CSOE 估计系数是 0.855，在5%水平上显著。这说明，相比非央企，央企大股东持股与商誉减值规避间作用关系更加显著。由第3~6列的分组回归结果可看出，国有企业大股东持股对商誉减值规避的影响作用比非国有企业强，在国有企业中，中央国有企业大股东持股对商誉减值规避的影响作用比地方国有企业强。

4.4.5.3 大股东持股是否会影响企业商誉减值规模

前文研究发现，大股东持股比例越高的公司更可能发生商誉减值规避，不会及时确认商誉减值。商誉减值决策主要包括两类决策问题，第一类是减不减，第二类是减多少。前文探讨的是公司第一类商誉减值决策的问题，即商誉需要减值是否及时计提商誉减值。事实上，有些公司计提了商誉减值，没有规避商誉减值，但随着大股东持股比例的增加，这些公司是否会尽可能少计提商誉减值呢？对于这个问题，我们前文并没有回答。为此，本书进一步在商誉需要减值的场景下，探讨大股东持股是否对商誉减值规模产生影响作用。

表 4-17 列示出大股东持股对商誉减值规模的 Tobit 回归结果。表 4-17 中模型的被解释变量为商誉减值规模 $GWIMP$（与以往研究一致，用经上期期末资产调整后的商誉减值规模来衡量），第 1 列仅放入解释变量大股东持股比例 $TOP1$、年度和行业效应，第 2 列是在第 1 列的基础上加入公司规模等控制变量，第 3～6 列是在第 2 列的基础上加入交互项 $TOP1 \times PLEDGED$、$TOP1 \times SIZE$、$TOP1 \times SIZED$、$TOP1 \times POWER$。

由表 4-17 中第 1 列回归结果可得出，公司大股东持股（$TOP1$）的参数估计值为 -0.012，且在 1% 水平上显著。这说明控制年度和行业效应后，公司大股东持股对公司商誉减值规模有显著的负向影响。由第 2 列回归结果可看出，公司大股东持股比例（$TOP1$）的参数估计值为 -0.006，且在 1% 水平上显著。由此可见，在控制了一系列影响因素以及年度和行业效应后，公司大股东持股对公司商誉减值规模仍然具有显著的正向影响，表明大股东持股比例越高的公司越可能少计提商誉减值。

表 4-17 大股东持股与商誉减值规模的 Tobit 回归结果

变量	(1) $GWIMP$	(2) $GWIMP$	(3) $GWIMP$	(4) $GWIMP$	(5) $GWIMP$	(6) $GWIMP$
$TOP1$	-0.012***	-0.006***	-0.005**	-0.119***	-0.014***	0.007
	(-5.93)	(-3.02)	(-2.23)	(-3.76)	(-3.70)	(1.13)
$TOP1 \times PLEDGED$			-0.004**			
			(-2.24)			
$TOP1 \times SIZE$				0.005***		
				(3.58)		
$TOP1 \times SIZED$					0.010**	
					(2.33)	
$TOP1 \times POWER$						-0.018***
						(-2.79)
CONTROL	no	yes	yes	yes	yes	yes

续表

变量	(1) GWIMP	(2) GWIMP	(3) GWIMP	(4) GWIMP	(5) GWIMP	(6) GWIMP
INDUSTRY	yes	yes	yes	yes	yes	yes
YEAR	yes	yes	yes	yes	yes	yes
N	3810	3810	3810	3810	3810	3810
Pseudo R^2	-0.025	-0.077	-0.078	-0.080	-0.079	-0.080
LR	137.599	419.505	424.552	432.280	429.345	430.365
Prob (LR)	0.000	0.000	0.000	0.000	0.000	0.000

z statistics in parentheses。

注：$^* p<0.1$，$^{**} p<0.05$，$^{***} p<0.01$。

由第 3 列回归结果可知，交互项 $TOP1 \times PLEDGED$ 的参数估计系数是 -0.004，且在 5% 水平上显著。这说明，相比大股东没有股权质押的公司，在大股东进行股权质押的公司中，大股东持股对商誉减值规模的负向影响会被强化。也就是说，当大股东存在股权质押时，大股东为维护自身利益，更加会越少计提商誉减值。

由第 4~5 列回归结果可知，交互项 $TOP1 \times SIZE$ 和 $TOP1 \times SIZED$ 的参数估计算系数分别为 0.005 和 0.010，均在 1% 水平上显著。这些结果说明，相比大公司，小公司中商誉减值规模与大股东持股间的负向影响会被强化。也就是说，在小公司中，公司信息不对称水平越高，大股东为维护自身利益，更加会越少计提商誉减值。

由第 6 列回归结果可知，交互项 $TOP1 \times POWER$ 的参数估计系数是 -0.018，且在 1% 水平上显著。这说明，相比大股东股权制衡较高的公司，在大股东股权制衡较低的公司中，大股东持股对商誉减值规模的负向影响会被强化。也就是说，当大股东受到股权制衡较小时，大股东权力较高，为维护自身利益，其更加会越少计提商誉减值。

4.5 结论与小结

随着商誉规模的激增，减值测试制度下商誉减值确认及时性已成为一个不可忽视的现实问题。由于制度的弹性空间，减值测试容易被选择执行，形成商誉减值规避现象（Beatty and Weber，2006；Ramanna and Watts，2012；Glaum et al.，2018）。以我国具有一定商誉规模的非金融A股上市公司为样本数据，统计结果显示有62.62%的样本公司没有及时确认商誉减值，证明我国资本市场较为普遍地存在商誉减值规避的现象。企业为何倾向于不及时确认商誉减值，现有研究主要基于第一类代理理论，从管理者视角对此进行解释（Beatty and Weber，2006；Ramanna and Watts，2012；Glaum et al.，2018）。结合我国资本市场上市公司股权结构较为集中的实际情况（Jiang et al.，2010），本书试图基于公司大股东视角，揭示企业为何会规避商誉减值的及时确认。

本书选取2007—2016年我国A股市场有一定规模商誉的非金融上市公司作为研究样本，实证分析结果发现：①大股东持股比例与商誉减值规避具有显著的正相关关系，即随着大股东持股比例的增加，企业越可能会发生商誉减值规避。这表明企业商誉减值规避现象背后存在大股东的影响，大股东持股比例越高的公司更可能规避商誉减值。②相比没有股权质押的大股东，当大股东存在股权质押的情景下，大股东持股与商誉减值规避正向作用关系更加显著。这表明有股权质押的大股东更加有动机规避商誉减值，以维持股价和自身利益价值。③相比大公司，小公司的大股东持股比例与商誉减值规避间作用关系更加显著。这表明相比大公司，小公司内外部信息不对称程度越高，大股东更加有空间对商誉减值进行规避，以实现自身利益不因商誉减值而受损。④相比股权制衡较大的大股东，当大股东受到的股权制约较小的情形下，大股东持股与商誉减值规避的正向作用关系更加显著。这表明当大股东面对股权制衡较低时，大股东影响公司决策的权力更大，因而更加有能力为维护自身利益进行商誉减值规避。

此外，本书进一步的研究结果得出：①商誉减值规避并不是大股东持股的二元非线性函数，即大股东持股对商誉减值规避并不存在先升后降或先降后升的区间效应。②不同身份属性的大股东持股比例与商誉减值规避间作用关系存在差异，具体表现为国有企业的大股东持股比例与商誉减值规避正向作用关系强于非国有企业，中央国有企业的大股东持股比例与商誉减值规避正向作用关系强于地方国有企业。③大股东持股比例对商誉减值规模具有显著的负向影响，即大股东持股比例越高，企业计提商誉减值的规模越低。当大股东存在股权质押时，大股东持股比例与商誉减值规模间作用关系更加显著。相比大公司的大股东，小公司的大股东持股比例与商誉减值规避间作用关系更加显著。当大股东权力较高时，大股东持股比例与商誉减值规模间作用关系更加显著。

本书得出的这些结论，一方面有助于丰富和完善商誉减值的影响因素、大股东持股等相关的理论文献，另一方面对现实具有启示价值。本书研究结论的现实启示在于：随着我国资本市场上并购活动的日益繁荣，许多公司积聚了大量的商誉资产，会计准则监督管理部门应关注上市公司的商誉减值及时性问题，加强监管力度，保证商誉减值测试准则的有效执行，具体而言，可以通过企业基本面分析，识别出商誉减值规避的可疑公司，尤其需要注意对大股东持股比例较高的这类可疑公司监管，因为这类公司大股东为维护自身利益，更可能利用自由裁量权对商誉减值进行规避；另外，还需要强化对存在股权质押的大股东、小公司的大股东以及受到股权制衡较低的大股东的监督管理，因为这些大股东更加有动机、空间和能力规避商誉减值，进而化解商誉减值在企业内部积聚及其潜在的风险。

第 5 章 大股东商誉减值规避的外部约束与防御：审计师的作用

5.1 引言

上一章的研究已证实，企业商誉减值规避现象背后存在大股东的影响，大股东为维护自身利益，有动机规避商誉减值的及时确认。财务报告审计是会计准则得以有效履行、提升企业会计信息可信度的一项重要的外部独立的监督机制，尤其是随着商业交易和会计准则的日趋复杂，审计的潜在价值更加明显（DeFond and Zhang, 2014）。那么，公司财务报告的审计师是否会对公司大股东商誉减值规避决策产生影响呢？

商誉资产是非金融上市公司需要会计估计的一项重大资产（Bens et al., 2011）。在商誉减值测试中，公司被赋予较高的自由裁量权（Ramanna and Watts, 2012）。在财务报告审计师对这些存在较高主观判断的商誉资产是否及时计提减值准备进行审计时，面临着较高的审计风险（Lobo et al., 2017）。因为公司没有及时确认商誉减值，公司后期大规模商誉减值的风险更高，招致多重不利的财务后果，比如未来业绩和股价大幅的下滑，投资者和贷款机构对公司财务状况的审查力度加大，这些都会影响审计师的声誉和诉讼风险（Ferramosca, Greco and Allegrini, 2017）。相比小所审计师，大所审计师更加有动机降低诉讼风险和维护声誉，因为一旦发生审计失败，会计师事务所会面临诉讼赔偿、声誉受损和客户资源流失，事务所规模越大，相应的损失也就越大（DeAngelo, 1981; Tepalagul and Lin, 2015）。因此，在声誉机制下，大所审计师为降低审计风险，会更加关注客户公司商誉减值及时性问题，并会对此进行不对称的监控，执行更为严格和谨慎的尽职审计。同时，从胜任能力和独立性角度来说，大所审计师有能力比小所审计师提供更高的审计质量（DeFond and Zhang, 2014）。由此可推测，大所审计师会压缩大股东商誉减值规避的空间和动机，降低公司商誉减值规避发生的可能性，保证商誉会计信息及时反映其经济实质。

回答第一个问题后,您不禁会追问:大股东面对大所审计师对其商誉减值规避的制约,是"坐以待毙","老老实实"计提商誉减值,"眼睁睁"看着自身利益因商誉减值而受损,还是会一意孤行地"闯一闯",利用会计语言进行防御,隐藏商誉减值,维护自身利益呢?

根据商誉减值测试制度,判断商誉是否减值的重要依据是包含商誉在内资产组的可收回金额。企业资产的当前盈利能力是判断其未来产生现金流能力的起点和依据(Lobo et al.,2017)。因而可以预期,企业大股东为规避商誉减值,让公司外部审计师等相信商誉资产不需要减值,可能会选择向上盈余管理,增加公司当期盈余。盈余管理方式主要包括应计盈余管理和真实盈余管理。相比较于应计盈余管理,真实盈余管理的隐藏性更高,难以被审计师等监督机构发现(Cohen et al.,2008;李春涛等,2016)。因此,本书预期,当面对大所审计师的制约压力时,大股东为规避商誉减值,更可能会选择向上真实盈余管理的会计防御机制,而非向上应计盈余管理的防御机制。

我国资本市场的现实情况,为本书研究问题提供了较好条件。一方面,我国经济经过多年粗放式快速发展,产能过剩、供需两端不匹配等问题开始频现,为此需要加快我国经济结构调整和产业升级转型。并购重组作为经济结构重构和产业升级转型的重要途径,被我国越来越多的企业所采用。近年来,政府创造出宽松的政策环境,积极推进企业间并购重组,我国资本市场上并购活动持续升温,无论交易数量还是规模均呈现出增长的趋势。如火如荼的并购浪潮致使许多公司积聚大量的并购商誉,后续的商誉资产减值处理是个不可绕开的问题,这为研究企业商誉减值提供了良好的实验场所和样本。另一方面,随着我国资本市场不断发展,上市公司信息披露逐渐规范,但与西方成熟的资本市场相比,我国资本市场仍面临着公司信息不透明程度较高以及监管难度较大等问题,从而导致公司盈余管理处于较高的水平(Piotroski et al.,2015)。因此,我国资本市场为研究公司盈余管理提供了良好的场景。

基于以上考虑,本书选用我国 A 股市场有一定规模商誉的非金融上市公司作为研究样本,实证结果发现,大所审计师对大股东持股与商誉减值规避之间正向作用关系具有显著的负向影响,这表明大股东商誉减值规避会受到大所审计师的制约。大所审计师对商誉减值规避与向上真实盈余管理间正向作用关系具有显著的正向影响,但对商誉减值规避与向上应计盈余管理间关系没有显著的影响作用,这表明面对大所审计师的监督压力,大股东为规避商誉减值,会选择进行更多向上真实盈余管理的防御机制,而不是向上应计盈余管理的防御方式。进一步的研究结果表明,大股东面对大所审计师的约束,为规避商誉减值,会选择生产操纵和酌量费用这两种方式向上真实盈余管理的防御机制。此外,本书还研究了机构投资者作为公司一项重要治理机制,是否会对大股东商誉减值规避产生约束,以及大股东为规避商誉减值会采取何种防御。研究结果表明,当公司机构投资者越多,大股东持股与商誉减值规避的正向作用关系会被弱化,商誉减值规避与向上真实盈余管理的正向作用关系会被强化,但商誉减值规避与向上应计盈余管理的作用关系没有显著的变化。这表明,机构投资者对大股东商誉减值规避具有约束作用,面对机构投资者的约束,大股东为规避商誉减值,会采取向上真实盈余管理的防御机制,且主要通过生产操纵和酌量费用这两种防御方式。

本书可能存在的研究贡献在于:其一,从公司财务报告审计师的切入点,探讨大股东商誉减值规避是否会受到外部约束,在面对外部约束时,大股东为规避商誉减值,是否会以及会采取何种防御机制。目前,鲜见有文献对此进行探讨。本书研究得出公司大股东商誉减值规避利自行为会受到大所审计师的制约,面对这种制约,大股东为规避商誉减值,维护自身利益,会更多选择较为隐蔽的真实盈余管理防御机制。这些研究结论补充和完善了对企业大股东商誉减值规避的外部约束与防御机制的理论文献。其二,现有国内外学者对于盈余管理动因的研究,主要集中于契约(薪酬契约、债务契约)视角以及 IPO、再融资、扭转亏损、税收规避和达到分析师预期等资本市场视角进行探讨(Shivakumar, 2000; Cheng and Warfeild, 2005; 戴德明、章亮, 2005; Yu, 2008; Chen et al., 2013; 肖淑芳等, 2013; An, Li and Yu, 2016; Irani, Oesch, 2016; 李春涛等, 2016)。本书研究得出,大股东在面对审计师等外部制约时,为规避商誉减值会触发其进行向上的盈余管理,这为理解企业盈余管理活动产生原因提供了一个新的视角。此外,已有研究还发现,应计盈余管理和真实盈余管理两者盈余管理方式之间存在的替代关系(Zang, 2012; 龚启辉、吴联生、王亚平, 2015)。本书具体探讨在何种情形下企业为何会以及如何进行两类盈余管理的替代,研究得出面对大所审计师时，大股东为规避商誉减值，会更多选择真实盈余管理防御机制，而非应计盈余管理防御机制。该结论有助于丰富两类盈余管理间存在替代关系方面的研究成果。其三，本书探讨公司财务报告审计师在大股东商誉减值规避中的影响作用，研究得出大所审计师对大股东商誉减值规避自利行为会产生约束作用，以及大所审计师会强化商誉减值规避与向上真实盈余管理间作用关系，而对商誉减值规避与向上应计盈余管理间关系没有显著影响作用，这些研究结论有助于丰富审计师在企业商誉减值会计选择中影响作用的理论成果。其四，本书研究得出的结论对于如何监管企业商誉减值规避以及侦测防范企业盈余管理活动具有较强的现实启示意义。

5.2 理论分析与研究假设

财务报告审计是会计准则得以有效履行以及企业会计信息可信度得以确保的一项独立的外部监督机制，尤其是随着商业交易和会计准则的日趋复杂，审计的潜在价值更加明显（DeFond and Zhang，2014）。外部审计师作为公司财务报告最为专业的直接"把关者"，有受托责任对客户公司资产状况等信息进行全方位多角度核实，进而限制客户公司会计选择空间，确保会计准则目标的实现。同时，随着商誉规模的激增，其在资产负债表中所占的比例越来越高，对公司审计师构成的成本风险也在增加。因而，外部财务报告审计师基于受托责任以及成本风险的考虑，可能会对客户公司大股东商誉减值规避决策产生影响。

DeAngelo（1981）开创性地将审计质量定义为，审计师发现和报告客户公司会计错报的联合概率。其中，发现客户公司会计错报的概率主要取决于审计师的胜任能力，报告客户公司会计错报的概率主要取决于审计师的独立性。目前，大多数研究认为，大型会计师事务所比小型会计师事务所的审计质量要高。究其原因在于以下方面：其一，从审计师胜任能力角度来看，审计质量是一个关于审计师在审计过程中所执行审计程序数量和深度的函数（Dopuch and Simunic，1982）。相比小型会计师事务所，大型会计师事务所拥有更多的资源投入审计，比如具有更高水平的审计师团队、健全的业务培训体制以及完善的审计流程体系，因而能够执行更多和更深入的审计测试程序，做出严格的审计评估，其审计质量要高于小规模会计师事务所的审计质量。其二，从审计师独立性角度来看，审计师的独立性反映的是审计师报告所发现的客户公司会计错报，对审计质量有着极为重要的影响（DeAngelo，1981；Tepalagul and Lin，2015）。相比小型会计师事务所，大型会计师事务所的业务收入更多、收入来源也更为广泛，因而其对客户的依赖度较低，独立性更高，在执行审计业务时，能够及时报告所发现客户公司的财务错报，所以大规模事务所的审计质量比小规模事务所的审计质量要高。其三，从审计师声誉、诉讼风险等动机角度来看，审计师对声誉和诉讼潜在成本的担忧，会促使他们在执行审计中，要求客户公司采取稳健的会计选择，并密切监控客户公司收入增加的会计选择（Kim et al.，2003；DeFond and Zhang，2014；Ferramosca，Greco，Allegrini，2017）。相比小型会计师事务所，大型会计师事务更加有动机维护声誉和降低诉讼风险，因为一旦发生审计失败，会计师事务所面临着诉讼风险、损失赔偿、声誉受损、客户资源流失，事务所规模越大，则准租金损失越大。因此，在声誉机制下，为降低审计风险，大型会计师事务所在进行审计业务时，会表现出比小型会计师事务所更高的谨慎性，故而审计质量也更高。

已有不少实证研究给出经验证据，相比小所审计师，大所审计师更能够抑制客户公司会计政策选择和会计估计的操纵空间，提供更高的审计质量。比如，Becker et al.（1998）和 Francis et al.（1999）的研究得出，"六大"审计师会限制客户公司对应计利润进行激进且可能是机会主义的报告。Pittman 和 Fortin（2004）的研究表明，"六大"审计师通过提高客户公司财务报表的可信度来降低债务监控成本，使得刚成立不久的公司能够获得较低的借贷成本。Lennox 和 Pittman（2010）基于没有不匹配和匹配的美国样本公司数据，提供强有力的证据发现，"五大"审计师会降低客户公司财务舞弊的可能性，时间序列测试表明，"五大"审计师与财务舞弊的较低发生率始终保持着关联关系，包括财务舞弊数量飙升的最后五年样本，最后内生性检验发现，这些关系是因果关系，而不是审计师选择时的内生性导致的结果。Chen et al.（2011）基于中国上市公司的样本数据发现，在非国有企业中，"八大"审计师对公司应计盈余操纵（绝对可操控性应计利润和增加收入的可操控性应计利润）具有显著的约束作用，但在国有企业中大所审计师这种作用不存在，且与国有企业相比，"八大"审计师对非国有企业应计盈余操纵的影响作用要大得多。在非国有企业中,"八大"审计师对公司股权融资成本具有显著的降低作用,但在国有企业中大所审计师这种作用不存在,且与国有企业相比,"八大"审计师对非国有企业股权融资成本的影响作用要大得多。林永坚、王志强(2013)的研究发现,"四大"审计师对公司操纵应计利润绝对值具有显著的负向影响,在区分应计利润操纵方向后得出,"四大"审计师主要是对正向操纵应计利润具有显著的负向影响,这些结果说明,"四大"比"非四大"能够提供更高的审计质量,主要体现在约束客户公司向上操纵应计利润上。李青原、周汝卓(2016)在排除审计师自选择等内生性问题后,以出具标准审计意见和操纵应计盈余利润作为审计质量的代理变量,研究结果得出"四大"的审计质量要显著高于"非四大"。

综上所述,无论从胜任能力还是独立性角度来说,大所审计师有能力比小所审计师提供更高的审计质量,同时,大所审计师比小所审计师有更强烈的声誉保护和降低诉讼风险的动机,在这种动机的促使下,他们会要求客户公司会计选择更加稳健。目前,商誉已成为非金融上市公司进行会计估计的一项重大资产(Li et al., 2011; Bens et al., 2011)。减值测试制度下,公司在商誉减值会计处理中被赋予较高的自由裁量权。公司大股东持股比例越高,越有动机利用这一弹性空间规避商誉减值的及时确认。如果公司商誉减值没有被及时确认或被规避,公司后期大规模商誉减值的风险更高,会带来多重财务后果,比如未来业绩和股价的快速下滑,投资者和贷款机构对公司财务状况的审查力度加大。因此,相比小所审计师,大所审计师在对存在较高主观判断的商誉资产是否计提减值准备进行审计时,承担着更高的审计风险损失(Lobo et al., 2017)。大所审计师为降低自身的审计风险损失,会更加关注客户公司商誉减值及时性问题,对此会进行不对称的监控,投入更多的资源,执行更为严格和谨慎的尽职审计。由此可推测,大所审计师会压缩大股东利用商誉减值测试自由裁量权进行商誉减值规避的空间和动机,降低公司商誉减值规避发生的可能性,确保商誉减值及时反映商誉资产的经济实质。据此提出以下研究假设。

H_1:大所审计师对公司大股东商誉减规避具有约束作用。

通过前文的分析可知,企业大股东有动机对商誉减值进行规避,但大股东规避商誉减值会受到大所审计师的约束限制。为此，本书进一步探讨公司大股东面对这种困局，会采取何种防御机制去规避商誉减值，实现自身利益不因商誉减值而受到减损。本书预期，公司大股东为避免个人利益因商誉减值而受到损害，可能会采用盈余管理这种防御机制，通过向上盈余管理来缓解审计师等监管压力，让这些监管者确信公司商誉资产不需要减值，降低规避商誉资产减值的风险。究其原因需要追溯到商誉会计中减值测试准则。

　　商誉减值测试的一个核心问题是确认与商誉相关资产组的可收回金额。资产组的可收回金额是其产生未来产生现金流的折现，而当前产生现金流能力是估计其可收回金额的起点和重要依据（Lobo et al.，2017）。由于资产组或资产组合信息难以获得，年报审计师等会根据公司层面资产当前盈利状况评判商誉是否需要减值（Ramanna and Watts，2012；Filip et al.，2015；Glaum，Landsman，Wyrwa，2018）。因此，面对公司审计师等这些"守门员"对商誉资产减值规避的监督压力，公司大股东可能会通过向上的盈余管理，增加公司当期盈余，可造成包含商誉的资产组或资产组合经营持续向好，不存在减值的"假象"，消除审计师们的质疑，让其相信公司商誉资产不需要减值。也就是说，公司大股东为隐藏商誉减值，维护自身利益，很可能会实施向上盈余管理，应对公司审计师等对其规避商誉减值的监督压力，即大股东为规避商誉减值，会进行更多向上的盈余管理。

　　公司进行盈余管理的方式主要有应计盈余管理和真实盈余管理两种（龚启辉、吴联生、王亚平，2015）。其中，应计盈余管理是在权责发生制下，公司采用提前确认营业收入等收入、推迟或少计提费用确认的途径来调整不同期间的应计利润；而真实盈余管理是通过构造真实交易活动来调节企业对外披露的会计盈余。从理论分析来看，一类盈余管理的程度则会随着其成本增加而下降，同时另一类盈余管理的程度则会随之上升，但后者上升的幅度会低于后者上升的幅度，使得两类盈余管理总体程度是减少的；反之，一类盈余管理的程度会随着其成本减少而上升，同时另一类盈余管理的程度则会随之下降，但前者上升的幅度会高于后者下降的幅度，使得两类盈余管理总体程度是增加的。这意味着，通过营收等方式的应计盈余管理和通过生产操纵等方式的真实盈余管理两者间可能会存在替代关系。Cohen 和 Zarowin（2010）基于美国上市公司的研究样本发现，企业基于再融资动机，不仅会进行应计盈余管理，还会进行真实盈余管理，且后者会随着前者的成本增加而增加。Badertscher（2011）的研究表明，美国上市公司为了做高市值，会先进行应计盈余管理，后随着前者成本的增加而进行真实盈余管理。Zang（2012）的研究表明，公司对盈余管理方式的选择取决于进行盈余管理活动的成本，当应计盈余管理成本较高时，企业应计盈余管理会下降，真实盈余管理会随之上升。

随着公司监管机制日臻成熟，上市公司通过营收、应收账款和固定资产等方式变更进行应计盈余管理的操纵空间越来越小，面临的诉讼风险也越高。相对而言，真实盈余管理无须变更会计政策，且不同行业企业经营的复杂性，会使得真实盈余管理更难被监管机构察觉（Cohen et al.，2008）。同时，真实盈余管理可以通过打折促销等销售方式、削减广告支出等酌量性费用以及扩大生产规模等多种方式进行全年度内非择时操纵，这种灵活性是应计盈余管理难以比拟的（李春涛等，2016）。由此可见，相比应计盈余管理，真实盈余管理具有较高的隐蔽性和灵活性。

为此，本书预期面对大所审计师，由于其执行审计时更加谨慎和严格，大股东通过营收等方式进行应计盈余管理的成本较高，通过生产操纵等方式进行真实盈余管理的成本相对较低。因而大股东为规避商誉减值规避，可能会更倾向于选择隐蔽性和灵活性较高的真实盈余管理这种防御机制。由于通过营收等方式的应计盈余管理方式更可能会被大所审计师侦测到，大股东承担的风险和成本较高，在面对大所审计师时，企业大股东选择应计盈余管理防御机制可能会被弱化。但大股东面对约束时，为规避商誉减值，又存在向上调增会计盈余的动机。这就意味着，在面对大所审计师时，大股东为规避商誉减值，选择应计盈余管理防御机制存在两难的局面，因而可能会导致大所审计师对商誉减值规避与应计盈余管理之间关系没有显著的影响作用。据此提出以下研究假设。

H_2：大所审计师对商誉减值规避与应计盈余管理之间的关系没有显著的影响作用。

H_3：大所审计师对商誉减值规避与真实盈余管理之间的关系具有显著的正向影响作用。

5.3 研究设计

5.3.1 样本选择与数据来源

本书选取2007—2016年我国A股上市公司为初始研究样本，之所以选择2007年作为起始年份，是因为我国2007年1月1日开始实施的新企业会计准则把商誉作为资产项目列入资产负债表，财务报表附注中有披露商誉减值等信息。借鉴以往相关研究惯例（Beatty and Weber，2006；Cohen et al.，2010；Ramanna and Watts，2012；Knauer and Wöhrmann，2016；蔡春等，2017），依据如下原则进行数据筛选：①剔除金融保险行业的上市公司，这类公司的会计核算体系、资产结构与其他行业公司具有明显差异，致使不具有可比性，故删除金融保险行业上市公司的研究样本；②依据公司财务报表附注中商誉信息，保留公司年度内有商誉资产的样本，同时为确保并购商誉能够对公司产生一定的影响，以及商誉减值规避测度指标的有效性，本书保留商誉资产占期末减值前总资产比例高于1%或商誉金额大于1000万元的样本公司；③剔除行业年度内低于30个观测值的研究样本，以保证盈余管理测量指标计算的可靠性；④删除ST公司样本；⑤剔除净资产小于零、研究变量数据缺失的样本公司。为规避极端值对研究结果的影响，本书对所有连续变量进行上下一个百分位数值进行缩尾处理。本书的研究数据来源于CSMAR数据库。

5.3.2 盈余管理的定义与衡量

本书研究的盈余管理有两种方式，即应计盈余管理和真实盈余管理。其中，应计盈余管理是在权责发生制下，公司采用提前确认营业收入等收入、推迟或少计提费用确认的途径来调整不同期间的应计利润；而真实盈余管理则是通过构造真实交易活动来调节企业对外披露的会计盈余。

应计盈余管理 DA：对于应计盈余管理的衡量，本书参照张友棠等

(2017) 的做法，采用修正的琼斯模型，见模型 (5-1)，通过该模型回归得出残差，将这带有方向的残差作为应计盈余管理 DA 的测度指标。该指标 DA 值越大，说明管理者当年通过应计项上调会计盈余的程度越高。

$$\frac{TA_{i,t}}{A_{i,t-1}} = \beta_0 + \beta_1 \frac{1}{A_{i,t-1}} + \beta_2 \frac{\Delta REV_{i,t} - \Delta REC_{i,t}}{A_{i,t-1}} + \beta_3 \frac{PPE_{i,t}}{A_{i,t-1}} + \xi_{i,t} \quad (5-1)$$

其中，$TA_{i,t}$ 代表的是 i 公司第 t 年的期末总应计盈余，等于当年期末经商誉减值调整后的经营利润减去经营活动产生的净现金流，$A_{i,t-1}$ 代表的是 i 公司第 $t-1$ 年的期末总资产，$\Delta REV_{i,t}$ 代表的是 i 公司第 t 年和 $t-1$ 年期末销售收入的变化金额，$\Delta REC_{i,t}$ 代表的是 i 公司第 t 年和 $t-1$ 年期末应收账款的变化金额，$PPE_{i,t}$ 代表的是 i 公司第 t 年期末固定资产，$x_{i,t}$ 为残差项。

真实盈余管理 RM：真实盈余管理的手段主要有销售操纵、酌量费用操纵和生产操纵。企业欲通过真实盈余管理方式调增当期盈余，可以通过提供价格折扣、放宽还款条件等销售操控，这种操纵会增加当期销售，但会降低当期单位产品销售收入和毛利率，导致异常低的经营现金流；也可以通过降低酌量费用来增加利润，虽然酌量费用降低不会立即带来收入的降低，但这种操纵短期内会导致异常低的酌量性费用；还可以通过扩大生产来降低单位产品成本，但这种产生操纵会导致异常高的生产成本。为此，对于真实盈余管理的度量，我们借鉴 Roychowdhury (2006) 和张友棠等 (2017) 的做法的研究，构建以下回归模型 (5-2) 至模型 (5-4)，用估计出的残差来测度企业真实盈余管理程度。

$$\frac{CFO_{i,t}}{A_{i,t-1}} = \beta_0 + \beta_1 \frac{1}{A_{i,t-1}} + \beta_2 \frac{S_{i,t}}{A_{i,t-1}} + \beta_3 \frac{\Delta S_{i,t}}{A_{i,t-1}} + \varepsilon_{i,t} \quad (5-2)$$

$$\frac{DISX_{i,t}}{A_{i,t-1}} = \beta_0 + \beta_1 \frac{1}{A_{i,t-1}} + \beta_2 \frac{S_{i,t-1}}{A_{i,t-1}} + \varphi_{i,t} \quad (5-3)$$

$$\frac{PROD_{i,t}}{A_{i,t-1}} = \beta_0 + \beta_1 \frac{1}{A_{i,t-1}} + \beta_2 \frac{S_{i,t}}{A_{i,t-1}} + \beta_3 \frac{\Delta S_{i,t}}{A_{i,t-1}} + \beta_3 \frac{\Delta S_{i,t-1}}{A_{i,t-1}} + \varphi_{i,t} \quad (5-4)$$

其中，$CFO_{i,t}$ 表示 i 公司第 t 年期末的经营活动净现金流，$A_{i,t-1}$ 是 i 公司第 $t-1$ 年期末总资产，$S_{i,t}$ 是 i 公司第 t 年期末销售收入，$\Delta S_{i,t}$ 是 i 公司第 t 年和 $t-1$ 年期末销售收入的变化额，$DISX_{i,t}$ 是 i 公司第 t 年期末销售费用与管理者费用总和，$S_{i,t-1}$ 是 i 公司第 $t-1$ 年期末销售收入，

$PROD_{i,t}$是i公司第t年期末销售成本与存货变动额的总和，$\Delta S_{i,t-1}$是i公司第$t-1$年和$t-2$年期末销售收入的变化额，$e_{i,t}$、$f_{i,t}$和$j_{i,t}$为残差项。$e_{i,t}$表示销售操控带来的异常经营活动现金流，为方便理解，本书将$e_{i,t}$值乘以-1，得到RM_sale指标，该指标越大，表明通过生产操纵向上盈余管理程度越高。$f_{i,t}$表示酌量费用操控带来的异常酌量性费用，为方便理解，本书将$f_{i,t}$值乘以-1，得到RM_disx指标，该指标越大，表明通过酌量费用操纵向上盈余管理程度越高。$j_{i,t}$表示生产操控带来的异常生产成本，为方便理解，本书将其重命名为RM_prod指标，该指标越大，表明通过生产操纵向上盈余管理程度越高。

借鉴Cohen et al.（2010）和蔡春等（2017）的做法，我们通过模型（5-5）构造一个综合指标RM_total，来测度真实盈余管理程度，RM值越大，说明企业当年通过真实活动向上调增会计盈余的程度越大。

$$RM\_total = RM\_sale + RM\_disx + RM\_prod \qquad (5-5)$$

5.3.3 模型设定

为检验前文提出的研究假设H_1，本书构建如下Probit回归模型，具体如模型（5-6）所示：

$$\begin{aligned}GWIMPA_{i,t} = & \lambda_0 + \lambda_1 TOP1_{i,t} + \lambda_2 TOP1 \times BIG4_{i,t} + \lambda_3 BIG4_{i,t} + \lambda_4 SIZE_{i,t} + \\ & \lambda_5 LEV_{i,t} + \lambda_6 ROA_{i,t} + \lambda_7 M/B_{i,t} + \lambda_8 \Delta SALE_{i,t} + \lambda_9 \Delta CFO_{i,t} + \\ & \lambda_{10} BIGBATH_{i,t} + \lambda_{11} SMOOTH_{i,t} + \lambda_{12} CEOCHANGE_{i,t} + \\ & \lambda_{13} MOS_{i,t} + \lambda_{14} BULL_{i,t} + \lambda_{15} MARKET_{i,t} + \lambda_{16} GDPG_{i,t} + \\ & \sum YEAR + \sum INDUSTRY + \eta_1 \qquad (5-6)\end{aligned}$$

其中，被解释变量为商誉减值规避$GWIMPA$：第四章已对商誉减值规避的衡量方式进行了介绍（具体可见章节4.3.2的描述），在此不再赘述。若公司规避商誉减值，$GWIMPA$取值为1，及时计提商誉减值$GWIMPA$取值为0。

解释变量为大股东持股$TOP1$、大所审计师$BIG4$以及两者的交互项$TOP1 \times BIG4$。已有研究指出，相比非"四大"会计师事务所，"四大"会计师事务所的审计更为严格，审计质量更高（林永坚、王志强，

2013；李青原等，2016）。参照这些研究成果，本书选用公司年报审计师是否为"四大"会计师事务所，来测量大所审计师 $BIG4$，若是"四大"，$BIG4$ 取值为 1，否则取值为 0。在稳健性检验部分，本书借鉴 Pittman 和 Fortin（2004）的研究成果，采用是否公司年报审计师是否为"六大"事务所 $BIG6$ 来重新度量大所审计师。

参考以往研究的做法（Beatty and Weber，2006；AbuGhazaleh et al.，2011；Giner and Pardo，2015；Glaum et al.，2018），本书控制公司规模（$SIZE$）、债务水平（LEV）、盈利水平（ROA）、市账比（M/B）、营业收入增幅（$\Delta SALE$）、经营现金流增幅（ΔCFO）、"洗大澡"（$BIGBATH$）、盈余平滑（$SMOOTH$）和 CEO 变更（$CEOCHANGE$）、股票市场行情（$BULL$）、市场化程度（$MARKET$）、GDP 增速（$GDPG$）对商誉减值规避的影响。此外，本书还在回归模型中加入年度（$YEAR$）和行业（$INDUSTRY$）的哑变量，以控制年度和行业效应。模型（4-1）中，l_0 为常数项，$l_1 \sim l_{15}$ 为估计系数，h_1 为回归残差项。若研究假设 H_1 成立，那么估计系数 l_2 应显著为负。

此外，为缓减解释变量与调节变量间可能存在的内生性问题，本书采用分组方法，进一步检验研究假设 H_1。如果研究假设 H_1 成立，则相比经过小所审计的公司，在经大所审计的公司大股东持股与商誉减值规避间作用关系会被弱化。

为检验假设 H_2 和 H_3，本书构建了以下 OLS 模型，具体如模型（5-7）和模型（5-8）所示：

$$DA_{i,t} = \lambda_0 + \lambda_1 GWIMPA_{i,t} + \lambda_2 GWIMP \times BIG4_{i,t} + \lambda_3 BIG4_{i,t} + \lambda_4 SIZE_{i,t} + \lambda_5 LEV_{i,t} + \lambda_6 ROA_{i,t} + \lambda_7 M/B_{i,t} + \lambda_8 LNCOVERAGE_{i,t} + \sum INDUSTRY + \sum YEAR + \eta_2 \quad (5-7)$$

$$RM_{i,t} = \lambda_0 + \lambda_1 GWIMPA_{i,t} + \lambda_2 GWIMP \times BIG4_{i,t} + \lambda_3 BIG4_{i,t} + \lambda_4 SIZE_{i,t} + \lambda_5 LEV_{i,t} + \lambda_6 ROA_{i,t} + \lambda_7 M/B_{i,t} + \lambda_8 LNCOVERAGE_{i,t} + \sum INDUSTRY + \sum YEAR + \eta_3 \quad (5-8)$$

模型（5-7）中，被解释变量为应计盈余管理 DA；模型（5-8）中，被解释变量为真实盈余管理 RM，包括 RM_sale、RM_disx、RM_prod、RM_total 等指标，两个模型中的解释变量为商誉减值规避 $GWIMPA$、$BIG4$ 和两者交乘项 $GWIMPA \times BIG4$。

参考以往研究的做法（Roychowdhury, 2006；宋岩等，2017；蔡春等，2017），本书控制公司规模（*SIZE*）、债务水平（*LEV*）、盈利水平（*ROA*）、市账比（*M/B*）、分析师跟进（*LNCOVERAGE*）对商誉减值规避的影响。此外，本书还在回归模型中加入年度（*YEAR*）和行业（*INDUSTRY*）的哑变量，以控制年度和行业效应。l_0 为常数项，$l_1 \sim l_8$ 为估计系数，h_2 和 h_3 为回归残差项。若研究假设 H_2 成立，模型（5-7）估计系数 l_2 应显著为正。若研究假设 H_3 成立，模型（5-7）估计系数 l_2 应当不显著。

具体变量定义和衡量如表 5-1 所示。

表 5-1 变量定义与说明

变量符号	变量名称	变量定义与计算
GWIMPA	商誉减值规避	若公司进行商誉资产减值规避，取值为1，否则取值为0，具体衡量方式详见正文
TOP1	大股东持股	年末第一大股东持股数量与年末公司总股本的比值
BIG4	大所审计师	若公司财务报告审计师是"四大"，取值为1，否则取值为0
DA	应计盈余管理	衡量公司年度内应计盈余管理，算法详见正文和模型（5-1）
RM_sale	销售操纵的真实盈余管理	衡量公司年度内真实盈余管理，算法详见正文和模型（5-2）
RM_disx	酌量费用操纵的真实盈余管理	衡量公司年度内真实盈余管理，算法详见正文和模型（5-3）
RM_prod	生产操纵的真实盈余管理	衡量公司年度内真实盈余管理，算法详见正文和模型（5-4）
RM_total	真实盈余管理	衡量公司年度内真实盈余管理，算法详见正文和模型（5-5）
SIZE	公司规模	期末公司总资产规模的自然对数
LEV	负债水平	期末负债与期末账面总资产的比值
ROA	盈利能力	期末净利润与期末总资产的比值

续表

变量符号	变量名称	变量定义与计算
M/B	市账比	期末公司市值与账面价值的比值
ΔSALE	营业收入增幅	公司年度期末营业收入与上年同期营业收入的增幅与上期期末账面总资产的比值
ΔCFO	经营现金流增幅	公司年度期末经营现金流与上年同期经营现金流的增幅与上期期末账面总资产的比值
BIGBATH	"洗大澡"	当期期末减值前会计盈余与上期期末减值前会计盈余的差额除以上期期末总资产，该值小于年度行业非正该值的中位数时，BIGBATH取值为1，否则取值为0
SMOOTH	盈余平滑	当期期末减值前会计盈余与上期期末减值前会计盈余的差额除以上期期末总资产，该值大于年度行业非负该值的中位数时，SMOOTH取值为1，否则取值为0
CEOCHANGE	CEO变更	若公司年度内CEO发生变更，取值为1，否则取值为0
MOS	管理者持股	年末管理者持股数量占年末公司总股本的比值。本书将管理者界定为企业高级管理人员，即为公司年末财务报告中披露的高级管理人员，包括公司总经理、总裁、CEO、副总经理、副总裁、董事会秘书和年报上公布的其他管理人员（含董事中兼任的高级管理人员）
LNCOVERAGE	分析师跟进	Ln（年度内分析师跟进人数+1）
BULL	股市行情	若当年股票市场为牛市时，取值为1，否则为0

续表

变量符号	变量名称	变量定义与计算
MARKET	市场化程度	当上市公司所属地为北京、上海、广东、浙江、江苏和福建时，取值为1，否则取值为0
GDPG	GDP增速	年度国内生产总值GDP的增速
YEAR	年度变量	年度哑变量
INDUSTRY	行业变量	行业哑变量

5.4 实证结果与分析

5.4.1 描述性统计结果

表5-2列出本书主要研究变量的描述性统计结果。

表5-2 研究变量的描述性统计结果

变量	N	Mean	SD	Min	P25	P50	P75	Max
GWIMPA	3533	0.621	0.485	0	0	1	1	1
TOP1	3533	0.337	0.150	0.074	0.217	0.313	0.445	0.743
BIG4	3533	0.145	0.352	0	0	0	0	1
DA	3533	0.005	0.077	−0.206	−0.037	0.002	0.042	0.291
RM_total	3533	−0.014	0.232	−0.767	−0.132	0.001	0.113	0.676
RM_sale	3533	−0.000	0.077	−0.208	−0.045	−0.001	0.041	0.251
RM_disx	3533	−0.006	0.069	−0.277	−0.025	0.005	0.031	0.140
RM_prod	3533	−0.008	0.150	−0.510	−0.081	−0.001	0.062	0.550
SIZE	3533	22.535	1.279	20.044	21.655	22.344	23.282	26.458
LEV	3533	0.470	0.204	0.0640	0.309	0.478	0.630	0.886
ROA	3533	0.037	0.047	−0.130	0.010	0.030	0.060	0.180
M/B	3533	3.310	2.250	0.722	1.801	2.692	4.104	13.480
ΔSALE	3533	0.098	0.220	−0.355	−0.008	0.060	0.154	1.223

续表

变量	N	Mean	SD	Min	P25	P50	P75	Max
ΔCFO	3533	0.004	0.085	−0.308	−0.032	0.007	0.042	0.298
BIGBATH	3533	0.200	0.400	0	0	0	0	1
SMOOTH	3533	0.275	0.446	0	0	0	1	1
CEOCHANGE	3533	0.187	0.390	0	0	0	0	1
MOS	3533	0.05	0.111	0.000	0.000	0.000	0.0280	0.546
LNCOVERAGE	3533	3.178	1.520	0.000	2.303	3.526	4.357	5.468
BULL	3533	0.407	0.491	0	0	0	1	1
MARKET	3533	0.589	0.492	0	0	1	1	1
GDPG	3533	0.079	0.016	0.067	0.069	0.073	0.079	0.142

由表 5-2 中的结果可知，商誉减值规避（GWIMPA）的均值为 0.621，说明样本数据中有 62.1% 的公司没有及时确认商誉减值，意味着我国资本市场普遍存在商誉减值规避的现象。大股东持股比例（TOP1）的均值为 0.337，标准差为 0.150，中位数为 0.313，说明我国资本市场上市公司股权结构较为集中。这些变量的描述性统计结果与上一章的结果相近。BIG4 的均值为 0.145，说明研究样本中有 14.5% 的公司的财务报告审计师来自"四大"会计师事务所。应计盈余管理（DA）的均值为 0.005，标准差为 0.077，中位数为 0.002，这表明样本公司有超过一半以上的公司进行了向上应计盈余管理。真实盈余管理的四个指标（RM_total、RM_sale、RM_disx、RM_prod）的均值分别为 −0.014、−0.000、−0.006 和 −0.008，中位数分别为 0.001、−0.001、0.005 和 −0.001，标准差分别为 0.232、0.077、0.069 和 0.150，表明这些指标取值在样本公司间分布有较大的差异。其他研究变量的描述性分析结果与以往研究文献的结果相似。

5.4.2 相关分析结果

为检验大股东商誉减值规避自利行为是否会受到大所审计师的约束，以及大股东面对约束时会采取何种防御机制，本书依据审计师是否为大所审计师，进行分组考察大股东持股、商誉减值规避、盈余管理等变量间的相关性。表5-3列出这些主要研究变量间的Pearson相关分析结果。由表5-3中结果可看出,当公司财务报告审计师为非大所审计师时,大股东持股 TOP1 与商誉减值规避 GWIMPA 的相关系数为0.087,且两者间相关性系数显著性水平为1%,但当公司财务报告审计师为大所审计师时,大股东持股 TOP1 与商誉减值规避 GWIMPA 的相关系数为0.004,且两者间相关性系数不显著,这说明大股东在自利动机驱使下规避商誉减值受到了大所审计师的约束,与前文研究假设 H_1 的预期一致。

表5-3 主要变量的相关分析结果

变量	BIG4=0				BIG4=1			
	GWIMPA	TOP1	DA	RM_total	GWIMPA	TOP1	DA	RM_total
GWIMPA	1				1			
TOP1	0.087***	1			0.004	1		
DA	0.107***	-0.026	1		0.129***	-0.080*	1	
RM_total	0.005	0.023	0.337***	1	0.100**	0.086*	0.258***	1

注:* $p<0.1$,** $p<0.05$,*** $p<0.01$(双尾)。

进一步来看,当公司财务报告审计师为非大所审计师时,商誉减值规避 GWIMPA 与应计盈余管理 DA 的相关系数为0.107,且两者间相关性系数显著性水平为1%。当公司财务报告审计师为大所审计师时,商誉减值规避 GWIMPA 与应计盈余管理 DA 的相关系数为0.129,且两者间相关性系数显著性水平为1%,虽相比非大所审计师情形下两者间相关性系数有所增加,但显著性水平没有明显的差异。这说明,大股东商誉减值规避行为受到大所审计师约束时,并没有显著促使其采用向上应计盈余这种方式进行防御,可能与其被识别的风险有关,这与前文研究假设 H_2 的预期一致。

当公司财务报告审计师为非大所审计师时,商誉减值规避 GWIMPA 与真实盈余管理 RM_total 间相关系数为0.005,且两者间相关性系数不显著。当公司财务报告审计师为大所审计师时,商誉减值规避 GWIMPA 与真实盈余管理 RM_total 间相关系数为0.100,且两者间相关性系数显著性水平为5%。这说明大股东商誉减值规避行为受到大所审计师约束时,可能会促使其采用向上真实盈余这种方式进行防御,与前文研究假设 H_3 的预期一致。由于两两变量间相关性分析结果忽略了其他因素对结果变量的影响作用,因而需要进行更为严格的多元回归分析,检验本书提出的研究假设。

5.4.3 多元回归结果与假设检验

为检验前文提出的研究假设 H_1,通过对上文设定的大所审计师、大股东持股、商誉减值规避的模型(5-6)进行多元回归分析,表 5-4 列示出该模型的 Probit 回归结果。表 5-4 中模型的被解释变量为商誉减值规避 GWIMPA,第 1 列仅放入解释变量大股东持股比例 TOP1、大所审计师 BIG4、两者的交互项 TOP1×BIG4 以及年度和行业效应,第 2 列是在第 1 列的基础上加入影响商誉减值规避的控制变量,比如 SIZE、LEV、M/B、ROA、ΔSALE、ΔCFO、GDPG 等。第 3 列和第 4 列按照公司财务报告审计师是否为大所审计师,分组检验大股东持股与商誉减值规避之间的作用关系。

表 5-4 大所审计师、大股东持股与商誉减值规避的回归结果

变量	全样本		大所审计师组	小所审计师组
	(1)	(2)	(3)	(4)
	GWIMPA	GWIMPA	GWIMPA	GWIMPA
TOP1	0.752***	0.563***	-0.009	0.542***
	(4.50)	(3.26)	(-0.02)	(3.10)
TOP1*BIG4	-0.876**	-0.912**		
	(-2.27)	(-2.33)		
BIG4	-0.044	-0.060		
	(-0.29)	(-0.38)		
SIZE		0.039	0.048	0.055*
		(1.37)	(0.66)	(1.68)
LEV		-0.519***	-0.467	-0.587***
		(-3.08)	(-0.90)	(-3.21)

续表

变量	全样本 (1) GWIMPA	(2) GWIMPA	大所审计师组 (3) GWIMPA	小所审计师组 (4) GWIMPA
ROA		3.567***	8.410***	2.809***
		(5.63)	(4.52)	(4.09)
M/B		0.007	0.036	0.008
		(0.55)	(0.89)	(0.58)
ΔSALE		0.602***	−0.356	0.755***
		(5.06)	(−1.00)	(5.77)
ΔCFO		−0.271	0.112	−0.270
		(−1.00)	(0.13)	(−0.93)
BIGBATH		−0.100	−0.032	−0.118*
		(−1.58)	(−0.17)	(−1.72)
SMOOTH		−0.341***	−0.237	−0.358***
		(−5.99)	(−1.52)	(−5.77)
CEOCHANGE		−0.069	0.319**	−0.122**
		(−1.21)	(2.07)	(−1.96)
MOS		0.395*	0.158	0.413*
		(1.78)	(0.23)	(1.74)
BULL		−0.099	−0.228	−0.083
		(−1.00)	(−0.72)	(−0.79)
MARKET		−0.103**	−0.267*	−0.091*
		(−2.14)	(−1.93)	(−1.74)
GDPG		29.094	12.711	31.767
		(1.46)	(0.16)	(1.52)
_cons	0.074	−2.599	−2.221	−3.107*
	(0.51)	(−1.63)	(−0.39)	(−1.79)
INDUSTRY	yes	yes	yes	yes
YEAR	yes	yes	yes	yes
N	3533	3533	513	3020

续表

变量	全样本		大所审计师组	小所审计师组
	(1)	(2)	(3)	(4)
	GWIMPA	GWIMPA	GWIMPA	GWIMPA
Pseudo R^2	0.025	0.055	0.106	0.053
LR	117.000	258.093	75.207	207.165
Prob (LR)	0.000	0.000	0.000	0.000

z statistics in parentheses。

注：$^* p<0.1$，$^{**} p<0.05$，$^{***} p<0.01$。

由表5-4中第1列的回归结果可得出，大股东持股与大所审计师两者的交互项 $TOP1 \times BIG4$ 的参数估计值是-0.876，且在5%水平上显著。这一结果说明，单单控制年度和行业效应后，大所审计师对大股东持股与商誉减值规避之间的作用关系具有显著的负向影响。由表5-4中第2列的回归结果可看出，大股东持股与大所审计师两者的交互项 $TOP1 \times BIG4$ 的参数估计值是-0.912，且在5%水平上显著。由此可得到，控制一系列影响商誉减值规避的因素（如企业规模 SIZE、负债水平 LEV、经营业绩 ROA 等），以及年度和行业效应后，大所审计师对大股东持股与商誉减值规避之间的作用关系仍然具有显著的负向影响。这些研究结果表明，当公司财务报告审计师为大所审计师时，大股东持股与商誉减值规避之间的作用关系会被弱化，即大股东自利动机驱使下的商誉减值规避行为会受到大所审计师的制约，前文研究假设 H_1 得到验证。

同时，本书依据财务报告审计师是否为大所审计师进行分组，分别在两组中对大股东持股与商誉减值规避间作用关系进行回归分析。由表5-4中第3列和第4列的分组回归结果可知，在大所审计师组，大股东持股与商誉减值规避间作用关系不显著；在非大所审计师组，大股东持股与商誉减值规避间作用关系在1%水平下显著，且大股东持股的回归系数明显高于前者。分组检验的结果表明，面对大所审计师审计时，大股东持股与商誉减值规避之间的作用关系会被弱化，即研究假设 H_1 得到进一步佐证。

为检验前文提出的研究假设 H_2 和 H_3，通过对上文设定的大所审计师、商誉减值规避与盈余管理的模型（5-7）和模型（5-8）进行多元回归分析，表5-5列示出这两个模型的 OLS 多元回归结果。表5-5 模型中第1列的被解释变量为应计盈余管理 DA，第2～5列的被解释变量为真实盈余管理，分别为 RM_total、RM_sale、RM_disx、RM_prod，所有的解释变量均为商誉减值规避 GWIMPA、大所审计师 BIG4 以及两者的交互项 GWIMPA×BIG4。

由表5-5第1列的回归结果可知，GWIMPA×BIG4 的参数估计值为0.001，且不显著，这表明大所审计师对商誉减值规避与盈余管理之间的作用关系没有显著的影响，即假设 H_2 得到验证。由表中第2列的回归结果可看出，GWIMPA×BIG4 的参数估计值为0.058，且在1%水平上显著。这表明，在控制年度和行业效应以及排除一系列影响真实盈余管理的其他因素（如企业规模 SIZE、资产负债率 LEV、经营业绩 ROA、市账比 M/B）后，大所审计师对商誉减值规避与真实盈余管理之间的作用关系具有显著的正向影响。也就是说，相比小所审计的公司，在大所审计的公司中，商誉减值规避与真实盈余管理之间的正向[①]作用关系更强，即研究假设 H_3 得到验证。

表5-5 大所审计师、商誉减值规避与盈余管理的回归结果

变量	(1) DA	(2) RM_total	(3) RM_sale	(4) RM_disx	(5) RM_prod
GWIMPA	0.013***	0.035***	0.010***	0.007***	0.017***
	(4.52)	(4.33)	(3.41)	(2.73)	(3.14)
GWIMPA×BIG4	0.001	0.058***	-0.004	0.016**	0.042***
	(0.07)	(2.90)	(-0.56)	(2.53)	(3.18)
BIG4	0.000	-0.025***	0.000	-0.010***	-0.014***
	(0.02)	(-8.83)	(0.05)	(-10.81)	(-7.47)
SIZE	0.000	0.027***	-0.003**	0.006***	0.021***
	(0.01)	(5.66)	(-2.05)	(3.81)	(6.64)

---

① 由于商誉减值规避 GWIMPA、大所审计师与商誉减值规避的交互项 GWIMPA×BIG4 的回归系数均为正，同时这些变量均为非负数，所以商誉减值规避与真实盈余管理之间的作用关系为正向。

续表

变量	(1) DA	(2) RM_total	(3) RM_sale	(4) RM_disx	(5) RM_prod
LEV	0.015	0.046*	0.039***	0.015*	-0.000
	(1.54)	(1.73)	(4.17)	(1.82)	(-0.00)
M/B	-0.002***	-0.010***	-0.001*	-0.003***	-0.006***
	(-3.01)	(-4.70)	(-1.94)	(-3.94)	(-4.65)
ROA	0.443***	-1.577***	-0.497***	-0.120***	-0.978***
	(13.60)	(-17.32)	(-15.68)	(-4.13)	(-16.39)
LNAN	-0.011**	-0.076***	-0.007	-0.028***	-0.043***
	(-2.07)	(-5.02)	(-1.32)	(-5.79)	(-4.38)
_cons	-0.006	-0.462***	0.085**	-0.094***	-0.370***
	(-0.16)	(-4.32)	(2.27)	(-2.75)	(-5.28)
INDUSTRY	yes	yes	yes	yes	yes
YEAR	yes	yes	yes	yes	yes
N	3533	3533	3533	3533	3533
AR^2	0.079	0.203	0.124	0.084	0.174
F	10.218	28.291	16.191	10.832	23.618
Prob (F)	0.000	0.000	0.000	0.000	0.000

t statistics in parentheses。

注：* $p<0.1$，** $p<0.05$，*** $p<0.01$。

结合得到验证的研究假设 H_1，我们可以推出，大股东商誉减值规避行为受到了大所审计师的约束，面对这种约束，大股东为规避商誉减值，维护自身利益不因商誉减值而受损，会更多地选择进行向上真实盈余管理的防御机制，而非应计盈余管理防御机制。

表 5-5 第 2 列的回归结果分析的是整体水平上的真实盈余管理。实际上，真实盈余管理的方式包括销售操作、酌量费用操作和生产操作。为此，本书进一步对真实盈余管理这三种方式进行细化研究。表 5-5 中第 3 列、第 4 列和第 5 列的回归结果分别对应的是这三种真实盈余管理方式。由该三列的实证结果可看出，GWIMPA × BIG4 对销售操纵的真实盈余管理 RM_sale 的回归中，参数估计值不显著；GWIMPA ×

BIG4 对酌量费用操纵的真实盈余管理 RM_disx 的回归中，参数估计值为 0.016，在 5% 水平下显著；$GWIMPA \times BIG4$ 对生产操纵的真实盈余管理 RM_prod 的回归中，参数估计值为 0.042，在 1% 水平下显著。由这些结果得到，在面对大所审计师约束时，大股东为规避商誉减值，主要选择通过酌量费用和生产操纵进行向上真实盈余管理的防御机制。

5.4.4 稳健性检验结果

为证实研究结论的稳健性，本书做了以下稳健性检验：

第一，通过置换变量测量方式来进行稳健性检验。本书选用是否为"六大"会计师事务所 BIG6 来重新度量大所审计师，检验结果如表 5-6 所示。由表 5-6 中第 1 列的回归结果可得出，大股东持股与大所审计师两者的交互项 $TOP1 \times BIG6$ 的参数估计值是 -0.560，且在 1% 水平上显著。这一结果表明，当公司财务报告审计师为"六大"所审计师时，大股东持股与商誉减值规避之间的作用关系会被弱化，与前文研究假设 H_1 一致。由表 5-6 第 2 列的回归结果可知，$GWIMPA \times BIG6$ 的参数估计值为 -0.001，且不显著，这表明大所审计师对商誉减值规避与盈余管理之间的作用关系没有显著的影响，即与假设 H_2 一致。由表中第 3 列的回归结果可看出，$GWIMPA \times BIG6$ 的参数估计值为 0.058，且在 1% 水平上显著。这表明大所审计师对商誉减值规避与真实盈余管理之间的作用关系具有显著的正向影响，即与研究假设 H_3 一致。由表中第 4 列、第 5 列和第 6 列的回归结果可看出，$GWIMPA \times BIG6$ 对销售操纵的真实盈余管理 RM_sale 的回归参数估计值不显著，对酌量费用操纵的真实盈余管理 RM_disx 的回归参数估计值显著，对生产操纵的真实盈余管理 RM_prod 的回归参数估计值显著。由这些结果得到，在面对大所审计师约束时，大股东为规避商誉减值，主要选择通过酌量费用和生产操纵进行向上真实盈余管理的防御机制。

表5-6 置换大所审计师测量方式的稳健性检验结果

变量	(1) GWIMPA	(2) DA	(3) RM_total	(4) RM_sale	(5) RM_disx	(6) RM_prod
TOP1	0.548***					
	(3.32)					
TOP1×BIG6	-0.560***					
	(-4.08)					
GWIMPA		0.013***	0.030***	0.010***	0.006**	0.012**
		(4.31)	(3.43)	(3.13)	(2.31)	(2.16)
GWIMPA×BIG6		-0.001	0.048***	-0.001	0.011**	0.036***
		(-0.11)	(3.04)	(-0.23)	(2.21)	(3.49)
BIG6	-0.047	-0.008*	-0.073***	-0.006	-0.024***	-0.044***
	(-0.39)	(-1.73)	(-5.86)	(-1.34)	(-6.15)	(-5.42)
CONTROL	yes	yes	yes	yes	yes	yes
INDUSTRY	yes	yes	yes	yes	yes	yes
YEAR	yes	yes	yes	yes	yes	yes
_cons	-1.980	-0.001	-0.469***	0.090**	-0.093***	-0.378***
	(-1.25)	(-0.01)	(-4.44)	(2.44)	(-2.78)	(-5.46)
N	3533	3533	3533	3533	3533	3533
Pseudo R^2/AR^2	0.051	0.079	0.206	0.124	0.088	0.177
LR/F	237.232	10.210	28.780	16.170	11.280	24.030
Prob (LR/F)	0.000	0.000	0.000	0.000	0.000	0.000

t/z statistics in parentheses。

注：* $p<0.1$，** $p<0.05$，*** $p<0.01$。

本书还选用琼斯模型和与业绩匹配修正琼斯模型重新度量应计盈余管理（DA2和DA3），检验结果如表5-7所示。由表5-7第1列的回归结果可知，GWIMPA×BIG4对运用琼斯模型测度的应计盈余管理的参数估计值为0.001，且不显著。由表5-7第2列的回归结果可知，GWIMPA×BIG4对运用与业绩匹配的修正琼斯模型测度的应计盈余管理的参数估计值为-0.001，且不显著。这些稳健性结果表明，大所审计师对商誉减值规避与盈余管理之间的作用关系没有显著的影响,与前文假设 H_2 检验得出的研究结论一致,即本书得出的研究结论没有发生任何改变。

表 5-7 置换应计盈余管理测量方式的稳健性检验结果

变量	(1) DA2	(2) DA3
GWIMPA	0.011***	0.013***
	(4.04)	(4.84)
GWIMPA × BIG4	0.001	-0.001
	(0.11)	(-0.13)
BIG4	-0.012**	-0.008
	(-2.17)	(-1.57)
CONTROL	yes	yes
INDUSTRY	yes	yes
YEAR	yes	yes
_cons	-0.012	0.013
	(-0.32)	(0.36)
N	3533	3533
AR^2	0.068	0.016
F	8.829	2.741
Prob (F)	0.000	0.000

t statistics in parentheses。

注:* $p<0.1$,** $p<0.05$,*** $p<0.01$。

第二,在商誉减值测试实施的首个年度内,公司披露的商誉信息可能更多是对以前商誉的调整,可能会使得研究结果存在噪音(Filip et al.,2015;徐经长等,2017)。我国首次实施商誉减值测试的年度是2007 年,故而删除此年度的研究样本,用余下样本重新对前文研究结论进行检验,检验结果如表 5-8 所示。由表 5-8 中结果可知,本书得出的研究结论没有发生实质性改变。

表 5-8 删除商誉减值测试第 1 年样本后的稳健性检验结果

变量	(1) GWIMPA	(2) DA	(3) RM_total	(4) RM_sale	(5) RM_disx	(6) RM_prod
TOP1	0.569***					
	(3.25)					
TOP1 × BIG4	-0.933**					
	(-2.35)					
GWIMPA		0.013***	0.035***	0.010***	0.007***	0.016***
		(4.51)	(4.34)	(3.42)	(2.81)	(3.06)
GWIMPA × BIG4		0.001	0.056***	-0.004	0.016**	0.041***
		(0.17)	(2.77)	(-0.61)	(2.48)	(3.09)
BIG4	-0.036	-0.012**	-0.077***	-0.006	-0.027***	-0.045***
	(-0.22)	(-2.13)	(-5.03)	(-1.20)	(-5.59)	(-4.52)
CONTROL	yes	yes	yes	yes	yes	yes
INDUSTRY	yes	yes	yes	yes	yes	yes
YEAR	yes	yes	yes	yes	yes	yes
_cons	-2.416	0.011	-0.468***	0.100***	-0.100***	-0.395***
	(-1.50)	(0.29)	(-4.42)	(2.70)	(-2.97)	(-5.71)
N	3438	3438	3438	3438	3438	3438
Pseudo R^2/AR^2	0.053	0.078	0.205	0.123	0.084	0.177
LR /F	240.778	10.062	28.646	16.066	10.829	24.101
Prob (LR/F)	0.000	0.000	0.000	0.000	0.000	0.000

t/z statistics in parentheses。

注：* $p<0.1$，** $p<0.05$，*** $p<0.0$。

第三，本书选用 Logit 模型替代 Probit 模型，重新对前文回归模型进行回归，回归结果如表 5-9 所示。表 5-9 中这些研究结果与前文得出的研究结论一致，并未发生实质性变化。

表 5-9 采用 Logit 模型的稳健性检验结果

变量	全样本 (1) GWIMPA	(2) GWIMPA	大所审计师组 (3) GWIMPA	小所审计师组 (4) GWIMPA
TOP1	1.212***	0.928***	-0.026	0.896***
	(4.43)	(3.26)	(-0.04)	(3.11)
TOP1 * BIG4	-1.417**	-1.503**		
	(-2.29)	(-2.37)		
BIG4	-0.069	-0.089		
	(-0.28)	(-0.35)		
CONTROL	no	yes	yes	yes
INDUSTRY	yes	yes	yes	yes
YEAR	yes	yes	yes	yes
_cons	0.122	-4.311*	-3.673	-5.179*
	(0.52)	(-1.65)	(-0.39)	(-1.82)
N	3533	3533	513	3020
Pseudo R^2	0.025	0.055	0.105	0.053
LR	116.378	258.747	74.977	207.437
Prob (LR)	0.000	0.000	0.000	0.000

z statistics in parentheses。

注：* $p<0.1$，** $p<0.05$，*** $p<0.01$。

第四，排除遗漏变量对本书研究结论的影响，以缓解内生性问题。已有研究表明，公司董事会规模 BOARD、独立董事比例 INDEPRITO、两职合一 DUAL 等公司内部治理结构会影响公司盈余管理（黄海杰等，2016；周泽将等，2017）。为此，本书增加这些研究变量，重新对设定的研究模型进行回归，分析结果如表 5-10 所示。由表 5-10 分析结果可以看出前文得出的研究结论并没有发生变化。

表 5-10 增加遗漏变量的稳健性检验结果

变量	(1) DA	(2) RM_total	(3) RM_sale	(4) RM_exp	(5) RM_prod
GWIMPA	0.013***	0.033***	0.010***	0.006**	0.016***
	(4.48)	(4.11)	(3.37)	(2.51)	(2.93)
GWIMPA×BIG4	-0.001	0.061***	-0.004	0.016**	0.044***
	(-0.07)	(3.02)	(-0.57)	(2.54)	(3.35)
BIG4	-0.010*	-0.079***	-0.007	-0.028***	-0.046***
	(-1.87)	(-5.13)	(-1.28)	(-5.81)	(-4.54)
SIZE	0.000	0.030***	-0.003*	0.007***	0.022***
	(0.06)	(6.11)	(-1.76)	(4.76)	(6.75)
LEV	0.016	0.046*	0.040***	0.014*	-0.001
	(1.62)	(1.70)	(4.24)	(1.70)	(-0.05)
M/B	-0.002***	-0.010***	-0.001**	-0.003***	-0.006***
	(-3.03)	(-4.70)	(-2.00)	(-3.83)	(-4.65)
ROA	0.440***	-1.574***	-0.496***	-0.116***	-0.980***
	(13.24)	(-16.99)	(-15.35)	(-3.95)	(-16.14)
LNAN	-0.000	-0.025***	0.000	-0.010***	-0.014***
	(-0.02)	(-8.72)	(0.04)	(-10.77)	(-7.33)
BOARD	0.001	-0.072***	-0.007	-0.034***	-0.031**
	(0.08)	(-3.17)	(-0.87)	(-4.71)	(-2.05)
INDEPRITO	-0.003	-0.113	-0.012	-0.094***	-0.021
	(-0.14)	(-1.59)	(-0.47)	(-4.18)	(-0.45)
DUAL	0.006*	-0.006	0.005	-0.004	-0.007
	(1.84)	(-0.62)	(1.46)	(-1.37)	(-1.19)
_cons	0.004	-0.326***	0.105***	-0.015	-0.330***
	(0.09)	(-2.85)	(2.64)	(-0.41)	(-4.39)
INDUSTRY	yes	yes	yes	yes	yes
YEAR	yes	yes	yes	yes	yes
N	3489	3489	3489	3489	3489
AR^2	0.076	0.205	0.124	0.092	0.176

续表

变量	(1) DA	(2) RM_total	(3) RM_sale	(4) RM_exp	(5) RM_prod
F	8.966	25.975	14.721	10.761	21.636
Prob (F)	0.000	0.000	0.000	0.000	0.000

t statistics in parentheses。

注：* $p<0.1$，** $p<0.05$，*** $p<0.01$。

5.4.5 进一步研究与结果

5.4.5.1 机构投资者在大股东商誉减值规避中的影响作用

随着资本市场的不断深入发展，持股上市公司的机构投资者数量越来越多以及持股规模越来越高。机构投资者作为公司一类特殊的投资者，相比一般的市场散户投资者，他们往往拥有雄厚的资金资本，同时具有更多的专业知识和较强的信息搜集分析能力（李维安等，2008），更有能力去监督企业内部人的自利行为。同时，机构投资者的资金规模更大，退出成本相对较高，监督获得的收益远超过其成本，为此他们更加追求长期投资价值（潘越等，2011），有动机去约束企业内部人的机会主义行为。已有不少研究发现机构投资者可以作为一项公司外部治理机制，发挥着监督效应。为此，本书进一步探讨机构投资者是否会对企业大股东自利动机下的商誉减值规避会产生限制作用。

首先，机构投资者为确保自身投资收益会展开积极的监督和治理行动，具体可以通过公开投票、与企业非公开协商谈判甚至更换公司管理者等方式，参与公司的运营决策，发挥积极的治理作用，缓减公司内外部之间的代理问题，提升企业的经营效率和质量。谭劲松、林雨晨（2016）的研究发现，机构投资者的积极行为会改善公司治理水平，进而提升公司信息披露质量。

其次，机构投资者还可以通过退出威胁方式，约束和限制企业大股东的自利行为。机构投资者由于对公司经营活动拥有私有信息，如果企业大股东进行有损害公司长期价值的自利行为，他们可以选择用脚投票，卖出持股公司的股票。机构投资者被视为公司股票市场上的重要知情交易者,其退出行为会向股票市场传递出公司不利的信号,引发公司股价的下滑,这会导致持有公司最多股份的大股东财富价值直接受损。因而,机构投资者的退出威胁同样发挥着积极的公司治理效应,会对企业内部人的机会主义行为产生抑制作用。与该观点一致,Edmans(2009)、Edmans et al. (2013)和姜付秀等(2015)的实证研究结果发现,包括机构投资者在内的大股东退出会约束企业内部人的自利行为。

综合上述分析,机构投资者凭借自身的资金实力、专业的信息搜集和分析能力以及行使股东投票权的优势,有动机和能力对其所持股上市公司的经营决策活动产生重要的影响作用。机构投资者具体可以通过参与企业经营活动和退出威胁等方式发挥公司治理效应,对企业大股东的自利行为产生监督和约束作用。此外,企业为完成并购,往往会向机构投资者等增发融资,这种增发股票往往有较长时间的锁定期,加之退出成本较高,所以机构投资者更加关注企业的长期投资价值(Chen et al.,2007)。为此,本书预期当公司机构投资者数量较多时,机构投资者对公司进行监督治理的效应更强,企业大股东商誉减值规避的短期自利行为会受到约束。

与以往研究文献(Chen,Hong and Stein,2002;许年行等,2012;王化成等,2015)的做法一致,本书依据年度行业中位数,将样本分为两组。若公司投资者数量大于年度行业中位数,INSTIN 取值为1,否则取值为0。表5-11列出机构投资者影响企业大股东持股与商誉减值规避间作用关系的回归结果。

表5-11中第1列回归结果可看出,大股东持股与机构投资者两者的交互项 $TOP1 \times INSTIN$ 的参数估计值是 -0.619,且在5%水平上显著。由此可得到,机构投资者对大股东持股与商誉减值规避之间的作用关系具有显著的负向影响。也就是说,当公司机构投资者数量较多时,大股东持股与商誉减值规避之间的正向作用关系会被弱化,即大股东自利动机驱使下的商誉减值规避行为会受到机构投资者的制约。

同时,本书依据机构投资者数量进行分组,分别在机构投资者较多组和机构投资者较少组两组中,对大股东持股与商誉减值规避间作用关系进行回归分析。由表5-11中第2列和第3列的分组回归结果可知,在公司机构投资者数量较多组中,大股东持股与商誉减值规避间作用关系不显著;在公司机构投资者数量较少组中,大股东持股与商誉减值规避间作用关系在5%水平下显著,且大股东持股的回归系数明显高于前者。分组检验的结果表明,在面对较多的机构投资者时,大股东持股与商誉减值规避之间的作用关系会被弱化,即进一步佐证了大股东商誉减值规避自利行为会受到机构投资者的约束。

表5-11 机构投资者、大股东持股与商誉减值规避的回归结果

变量	全样本 (1) GWIMPA	机构投资者较多组 (2) GWIMPA	机构投资者较少组 (3) GWIMPA
TOP1	0.766***	0.273	0.573**
	(3.13)	(1.30)	(2.23)
TOP1 × INSTIN	-0.619**		
	(-2.01)		
INSTIN	0.328***		
	(2.87)		
SIZE	-0.043	-0.123***	0.104**
	(-1.45)	(-3.25)	(2.06)
LEV	-0.373**	-0.416*	-0.354
	(-2.22)	(-1.70)	(-1.46)
ROA	3.280***	2.391***	4.719***
	(5.11)	(2.64)	(4.83)
M/B	-0.005	0.013	0.000
	(-0.36)	(0.68)	(0.01)
ΔSALE	0.610***	0.429***	0.809***
	(5.18)	(2.62)	(4.58)
ΔCFO	-0.262	-0.266	-0.248
	(-0.97)	(-0.70)	(-0.63)
BIGBATH	-0.106*	-0.135	-0.094
	(-1.67)	(-1.53)	(-0.98)
SMOOTH	-0.337***	-0.267***	-0.439***
	(-5.92)	(-3.50)	(-4.96)

续表

变量	全样本 (1) GWIMPA	机构投资者较多组 (2) GWIMPA	机构投资者较少组 (3) GWIMPA
CEOCHANGE	-0.065	-0.030	-0.131
	(-1.15)	(-0.39)	(-1.53)
MOS	0.448**	0.111	0.695**
	(2.02)	(0.34)	(2.24)
BULL	-0.006	-0.052	0.103
	(-0.06)	(-0.42)	(0.64)
MARKET	-0.124***	-0.169***	-0.066
	(-2.59)	(-2.65)	(-0.88)
GDPG	23.794	22.895	18.138
	(1.19)	(0.90)	(0.54)
_cons	-0.619	1.206	-2.668
	(-0.38)	(0.58)	(-0.98)
INDUSTRY	yes	yes	yes
YEAR	yes	yes	yes
N	3533	2031	1502
Pseudo R^2	0.049	0.060	0.082
LR	229.747	160.262	165.288
Prob (LR)	0.000	0.000	0.000

z statistics in parentheses。

注：* $p<0.1$，** $p<0.05$，*** $p<0.01$。

当公司机构投资者较多时，企业大股东进行商誉减值规避的自利行为会受到约束。面对这种，企业大股东是否会采取向上盈余管理的防御机制？为此，本书对此进行实证分析。表5-12列示出机构投资者、商誉减值规避与盈余管理的回归结果。

由表5-12中第1列回归结果可知，GWIMPA×BIG4对应计盈余管理DA回归中的参数估计值为0.006，且不显著，这表明机构投资者对商誉减值规避与盈余管理之间的作用关系没有显著的影响。由表5-12

表 5-12 机构投资者、商誉减值规避与盈余管理的回归结果

变量	(1) DA	(2) RM_total	(3) RM_sale	(4) RM_exp	(5) RM_prod
GWIMPA	0.011***	0.030***	0.009**	0.005	0.015**
	(2.64)	(2.67)	(2.33)	(1.39)	(2.03)
GWIMPA×INSTIN	0.006	0.030**	0.001	0.010**	0.017*
	(1.10)	(2.04)	(0.17)	(2.17)	(1.77)
INSTIN	-0.006	-0.031**	-0.001	-0.005	-0.023***
	(-1.16)	(-2.31)	(-0.21)	(-1.05)	(-2.66)
SIZE	-0.001	0.023***	-0.004***	0.003**	0.020***
	(-0.58)	(4.90)	(-2.67)	(2.08)	(6.43)
LEV	0.018*	0.059**	0.041***	0.022**	0.006
	(1.89)	(2.25)	(4.49)	(2.56)	(0.34)
M/B	-0.002***	-0.010***	-0.002**	-0.003***	-0.006***
	(-3.26)	(-4.99)	(-2.16)	(-4.53)	(-4.77)
ROA	0.446***	-1.554***	-0.497***	-0.118***	-0.958***
	(13.60)	(-16.95)	(-15.61)	(-4.03)	(-15.97)
LNAN	0.000	-0.024***	0.000	-0.010***	-0.013***
	(0.27)	(-7.97)	(0.14)	(-10.36)	(-6.49)
_cons	0.015	-0.396***	0.106***	-0.041	-0.363***
	(0.39)	(-3.65)	(2.82)	(-1.18)	(-5.12)
INDUSTRY	yes	yes	yes	yes	yes
YEAR	yes	yes	yes	yes	yes
N	3533	3533	3533	3533	3533
AR^2	0.078	0.199	0.123	0.076	0.172
F	10.004	27.519	15.983	9.748	23.170
Prob (F)	0.000	0.000	0.000	0.000	0.000

t statistics in parentheses。
注：* $p<0.1$，** $p<0.05$，*** $p<0.01$。

中第 2 列的回归结果可看出，GWIMPA×BIG4 对真实盈余管理 RM_total 回归中的参数估计值为 0.030，且在 5% 水平上显著。这表明机构投资

者对商誉减值规避与真实盈余管理之间的作用关系具有显著的正向影响。也就是说，当公司机构投资者较多时，商誉减值规避与真实盈余管理之间的正向作用关系更强。结合得到验证的大股东进行商誉减值规避行为受到机构投资者的制约，我们可以推出，面对机构投资者的制约，大股东为进行商誉减值规避，维护自身利益不会因商誉减值而受损，会更多地选择进行向上真实盈余管理，而非应计盈余管理。

本书进一步对真实盈余管理的三种方式进行细化研究。由表 5-12 中第 3 列、第 4 列和第 5 列的回归结果可看出，$GWIMPA \times BIG4$ 对 RM_sale 回归的参数估计值不显著；$GWIMPA \times BIG4$ 对 RM_disx 回归的参数估计值为 0.010，在 5% 水平下显著；$GWIMPA \times BIG4$ 对 RM_prod 回归的参数估计值为 0.017，在 10% 水平下显著。这些结果表明，在面对机构投资者约束时，大股东为规避商誉减值，主要选择通过酌量费用和生产操纵进行向上的真实盈余管理防御机制。

5.4.5.2 公司大股东商誉减值规避的盈余管理防御方式对比

前文研究得出，大股东在面对大所审计师和机构投资者对其商誉减值规避自利行为的外部约束时，为规避商誉减值会进行向上盈余管理。由于相比应计盈余管理，真实盈余管理较为灵活且隐蔽性较高，难以被识别，所以在面对审计师和机构投资者约束时，大股东会选择向上真实盈余管理的防御机制，而非应计盈余管理。

本书进一步聚焦于公司财务报告审计师为大所审计师和机构投资者较多的情形，分析大股东为商誉减值规避，相比应计盈余管理，是否会更多地选择真实盈余管理这种防御机制，具体分析结果如表 5-13 所示。

表 5-13 中第 1 列和第 3 列的被解释变量为真实盈余管理 RM_total，第 2 列和第 4 列的被解释变量为应计盈余管理 DA，所有列的解释变量均为商誉减值规避 $GWIMPA$。由表 5-13 第 1 列的回归结果可得出，商誉减值规避 $GWIMPA$ 的参数估计值为 0.089，且在 1% 水平上显著；由第 2 列回归结果可知，$GWIMPA$ 的参数估计值为 0.012，且在 10% 水平上显著。对比第 1 列和第 2 列中商誉减值规避 $GWIMPA$ 的回归系数是否存在差异，$Suest$ 检验结果为 $Chi2(1) = 15.64$，$Prob > Chi2 = 0.0001$，说明两组间商誉减值的回归系数存在显著差异。这表明，在面

表 5-13　公司大股东商誉减值规避的盈余管理防御方式对比结果

变量	BIG4 = 1		INSTIN = 1	
	(1) RM_total	(2) DA	(3) RM_total	(4) DA
GWIMPA	0.089***	0.012*	0.064***	0.017***
	(4.13)	(1.82)	(6.39)	(4.91)
SIZE	0.031**	-0.004	0.030***	-0.001
	(2.43)	(-1.15)	(4.78)	(-0.55)
LEV	0.070	0.033	0.046	0.012
	(0.81)	(1.27)	(1.20)	(0.94)
M/B	-0.011	-0.003*	-0.008***	-0.002*
	(-1.62)	(-1.65)	(-2.58)	(-1.89)
ROA	-1.682***	0.451***	-1.881***	0.327***
	(-5.83)	(5.19)	(-14.12)	(7.15)
LNAN	-0.006	0.008**	-0.027***	0.002
	(-0.53)	(2.40)	(-5.64)	(1.43)
_cons	-0.517*	0.147*	-0.552***	0.019
	(-1.81)	(1.71)	(-3.84)	(0.39)
INDUSTRY	yes	yes	yes	yes
YEAR	yes	yes	yes	yes
N	513	513	2031	2031
AR^2	0.221	0.113	0.234	0.056
F	5.680	3.108	21.641	4.989
Prob (F)	0.000	0.000	0.000	0.000
	Chi2 (1) =15.64, Prob > Chi2 = 0.0001		Chi2 (1) =25.28, Prob > Chi2 = 0.0000	

t statistics in parentheses。

注：* $p<0.1$，** $p<0.05$，*** $p<0.01$。

对大所审计师约束时，相比应计盈余管理，大股东为进行商誉减值规避，会更多选择真实盈余管理的防御机制。由表 5-13 第 3 列的回归结果可得出，商誉减值规避 GWIMPA 的参数估计值为 0.064，且在 1% 水平上显著；由第 4 列回归结果可知，GWIMPA 的参数估计值为 0.017，且在 10% 水平上显著。对比第 3 列和第 4 列中商誉减值规避 GWIMPA 的回归系数是否存在差异，Suest 检验结果为 $Chi2(1) = 25.28$，$Prob > Chi2 = 0.0000$，说明两组间商誉减值的回归系数存在显著差异。这表明，面对机构投资者制约时，相比应计盈余管理，大股东为进行商誉减值规避，会更多选择真实盈余管理的防御机制。这些研究结果有助于强化本书得出的研究结论。

5.5 结论与小结

在验证大股东商誉减值规避成因的基础上，本章探讨了企业大股东商誉减值规避是否会受到以及会受到何种外部约束，进一步考察了在面对这种约束时，大股东为规避商誉减值，是否会采取以及会采取何种防御机制。

本章的实证研究结果发现：①大所审计师对大股东持股与商誉减值规避间作用关系具有显著的负向影响，这表明大股东自利动机驱使下的商誉减值规避行为会受到大所审计师的制约。②大所审计师对商誉减值规避与向上真实盈余管理间正向作用关系具有显著的正向影响，但对商誉减值规避与向上应计盈余管理间关系没有显著的影响作用，这表明面对大所审计师的监督压力，大股东为规避商誉减值，会选择进行更多向上真实盈余管理的防御方式，而不是向上应计盈余管理的防御方式。进一步对三种真实盈余管理方式的研究表明，大股东面对大所审计师的监督压力，为规避商誉减值，主要是选择生产操纵和酌量费用这两种方式向上真实盈余管理的防御机制。

本书还进一步考察了机构投资者作为公司一项重要治理机制，是否会对大股东商誉减值规避行为产生约束，以及大股东规避商誉减值的防御机制。研究结果表明，当公司机构投资者较多时，大股东持股与商誉减值规避的正向作用关系会被弱化，商誉减值规避与真实盈余管理的正向作用关系会被强化，但商誉减值规避与应计盈余管理的作用关系没有显著的变化。这表明，机构投资者对大股东商誉减值规避自利行为具有约束作用，面对机构投资者的约束，大股东会采取向上真实盈余管理的防御机制，主要是通过生产操纵和酌量费用这两种方式进行向上真实盈余管理。

　　本书得出的研究结论，一方面有助于丰富和完善商誉减值、盈余管理、审计师等方面的理论研究成果，另一方面具有重要的现实启示意义。本书研究结论的现实启示在于：会计准则制定者最为关心的话题是如何保证会计准则得以有效地执行。商誉会计准则引入商誉减值测试制度，旨在期望企业利用商誉公允价值或可收回金额，及时客观反映商誉资产的经济实质，为市场提供更多公司的私有信息。现实中，企业规避商誉减值及时确认的现象普遍存在，这背后存在公司大股东的影响。由于减值测试制度下被赋予较高的自由裁量权，审计师在审查企业商誉减值会计选择中的作用至关重要。本书研究得出，大所审计师对大股东商誉减值规避具有约束作用。同时，本书还发现机构投资者作为一项重要公司治理机制，对大股东商誉减值规避也具有约束作用。所以，为确保商誉会计准则有效执行，准则制定者和监管部门一方面可以充分发挥审计师和机构投资者的监督作用，另一方面需要加强对大股东商誉减值规避的防御机制的监管，因为即使面对大所审计师和机构投资者的约束，公司大股东也可以通过向上真实盈余管理防御机制规避商誉减值的及时确认。对大所审计师而言，为降低审计风险，应注意审查公司大股东为规避商誉减值，会采取向上盈余管理进行防御，尤其是通过酌量费用和生产操纵方式进行向上真实盈余管理。

第 6 章　大股东商誉减值规避后减持与股价崩盘风险：潜在危害

6.1　引言

前两章的研究结果发现，企业商誉减值规避现象背后存在公司大股东的影响，尽管公司大股东商誉减值规避会受到外部大所审计师等主体的约束，但面对这种约束，大股东为规避商誉减值，会采用向上盈余管理的防御机制。那么，大股东商誉减值规避后，股价短期内可能会高估，是否会发生减持，公司股价崩盘风险是否会得以提升？一旦大股东进行减持，商誉减值规避形成的公司股价泡沫是否会随之破灭，公司股价崩盘风险是否会开始显现出来呢？本章的主要内容是对这些问题进行探讨。

相比外部市场投资者，大股东作为公司重要内部人，具有先天的信息优势（蔡宁、魏明海，2009）。已有研究表明，公司大股东为获取个人独享的收益，会利用这种信息优势进行高卖低买的择时交易（朱茶芬、李志文、陈超，2011）。商誉减值的确认不仅会直接降低公司当期会计业绩，还表明企业并购活动预期的增值收益没有实现，并购活动是不成功的（张婷、余玉苗，2008），传递出公司未来盈利能力和现金流会下降的信号（Li et al.，2011；Bostwick et al.，2015），市场投资者会因此看空公司股票，引起他们消极的反应（Bens et al.，2011；Knauer and Wöhrmann，2016；曲晓辉等，2017）。相反，公司如果没有及时计提商誉减值，规避了商誉减值的确认，那么公司短期内股价势必会被高估（Li and Sloan，2017；曲晓辉等，2017）。这就意味着，商誉减值规避为公司大股东进行择时交易创造出一个非常好的契机。为此，本书预期，大股东商誉减值规避后，很可能会进行减持。

商誉减值规避容易加剧商誉减值在公司内部的风险积聚，对企业和投资者所产生的风险和潜在风险不容小觑。据澎湃新闻报告，天神娱乐

(002354）积聚的商誉减值集中爆发，公司业绩"大变脸"，市场"用脚投票"，公司股价多次跌停。为此，本书进一步考察公司商誉减值规避后股价崩盘风险是否会提升，以及商誉减值规避对股价崩盘风险的提升作用是否会随着公司大股东减持而释放到股票市场。

公司股价崩盘风险是指公司股票价格短期内发生断崖式下降的概率（Jin and Myers，2006；潘越等，2011）。公司之所以会出现股价崩盘风险，主要原因是公司内部人的信息管理行为，即及时披露好消息，隐藏披露坏消息（Kim et al.，2011a）。在现有文献中，学者们基于会计信息质量和代理理论视角，阐释企业内部人为何能以及为何会进行信息管理，揭示公司股价崩盘成因（Jin and Myers，2006；Hutton et al.，2009；Kothari et al.，2009；Kim et al.，2011a，2011b；Kim et al.，2016a，2016b）。基于这些研究成果，本书认为公司大股东自利动机驱使下规避商誉减值，一方面使得减值负面消息在公司内部囤积，后期集中释放的可能性较高；另一方面使得公司短期内股价会被高估，产生股价泡沫，这两方面会造成公司未来股价崩盘风险的提升。大股东减持会向市场传递出公司估值过高、业绩前景恶化的信号（朱茶芬、李志文、陈超，2011）。据此，本书进一步认为，公司隐藏的商誉减值坏消息可能会随着大股东减持而被市场投资者识别，集中流入股票市场，引发公司股价崩盘，即商誉减值规避与股价崩盘风险之间的作用关系可能主要存在于公司大股东减持的情形。

我国资本市场的现实情况，为本书的研究问题提供了较好条件。一方面，我国宏观产业结构转型与升级压力下，政府创造出宽松的政策环境，积极推进企业间并购重组，我国资本市场上并购交易持续升温，无论交易数量还是交易金额都呈现出明显的上升趋势，这些并购活动为研究商誉减值规避提供了良好的实验场所和样本。另一方面，随着我国资本市场不断发展，上市公司信息披露逐渐规范，但与西方成熟的资本市场相比，我国资本市场仍面临着公司信息不透明程度较高以及监管难度较大等问题，从而导致公司股价崩盘风险处于较高的水平（Piotroski et al.，2015；王化成等，2015）。因此，我国资本市场为研究公司股价崩盘风险提供了良好的场景。

本书选用我国 A 股市场有一定规模商誉资产的非金融上市公司作为研究样本，实证结果发现：其一，商誉减值规避与未来大股东减持之

第6章 大股东商誉减值规避后减持与股价崩盘风险：潜在危害

间作用关系呈现出显著的正相关，即相比及时计提商誉减值的公司，商誉减值规避的公司大股东未来减持的可能性更高。这说明大股东商誉减值规避后很可能会进行减持。其二，商誉减值规避对企业未来股价崩盘风险具有显著的正向影响，且两者之间的正向作用关系主要存在于大股东减持的公司。这表明相比及时计提商誉减值的公司，商誉减值规避的公司会致使减值负面消息在公司内部积聚，造成公司未来股价崩盘风险的提升，当公司大股东减持时，这些积聚的负面消息会随之被市场识别，集中流入股票市场，导致公司股价崩盘风险的提升作用显现出来。此外，本书的研究结果还发现，相比及时计提商誉减值的公司，商誉减值规避的公司短期内股价会被高估，而且未来业绩有明显的下滑，这些进一步研究的结果为上述结论提供了很好的理论支撑。

本书可能存在的研究贡献在于：其一，丰富和完善了现有对商誉减值经济后果的研究文献。对于商誉减值的经济后果，国外研究者主要集中于探讨商誉减值的价值相关性，即股票市场投资者的反应（Li et al.，2011；Bens et al.，2011；Knauer and Wöhrmann，2016；Li and Sloan，2017）、商誉减值对企业未来现金流（Kobayashi et al.，2016）、管理者的薪酬影响（Darrough，Guler and Wang）、对分析师预测的影响（Chen，Krishnan and Sami，2015）。国内研究主要是考察商誉减值对公司审计收费、债务融资成本以及股票价值的影响作用（叶建芳等，2016；徐经长等，2017；曲晓辉等，2017）。本书探索商誉减值规避后大股东是否会进行减持，公司股价崩盘风险是否更高，研究得出的结论有助于拓展商誉减值经济后果的研究文献。其二，拓展了股价崩盘风险成因的研究成果。目前关于公司股价崩盘风险的研究文献中，多是基于公司内部人的坏消息隐藏假设，探讨公司股价崩盘风险的成因（Jin and Myers，2006；Hutton et al.，2009；Kothari et al.，2009；Kim et al.，2011a，2011b；王化成等，2015；Kim et al.，2016a，2016b）。但较少有研究直接探讨企业会隐藏何种坏消息，以及这种坏消息会何时流入股票市场，造成公司未来股价崩盘风险提升。本书研究发现，公司大股东会对商誉减值进行规避，隐瞒商誉资产减值负面消息，从而提升公司股价崩盘风险，以及这些隐藏的商誉减值负面消息会随着大股东减持而被市场识别，并流入股票市场，使得公司股价崩盘风险提升得更加明显。因此，本书得出的该结论有助于丰富股价崩盘风险成因研究领域的理论成果。其三，丰富了大股东减持择时研究成果。自20世纪60年代以来，公司大股东等内部人交易一直备受学术界和实务界的关注，以往的研究得出大股东减持存在择时性（蔡宁、魏明海，2009；朱茶芬、李志文、陈超，2011），但较少有研究文献表明大股东会在何种具体时机下减持。本书研究发现，公司大股东更可能会在商誉减值规避后进行减持，该结论可为理解企业大股东会在何种时机下发生减持的现象提供了一个新的视角。同时，这一结论说明，大股东在商誉减值规避后通过减持，获得个人独享的丰厚收益，造成零和博弈市场投资者收益受损，该结论有助于丰富企业大股东如何侵占市场中小股东利益的相关研究成果。

6.2 理论分析与研究假设

由于公司大股东等内部人实际控制或者参与企业经营等各项决策，相比外部市场投资者具有明显的公司信息优势。这种信息优势主要包括内幕信息优势和价值判断信息优势两个方面，前者是提前知晓影响公司股价波动的重大事件（比如年报披露、并购公告等），后者是对公司内在价值和业绩前景拥有更为准确的判断（朱茶芬、李志文、陈超，2011）。内幕信息优势的滥用被国家所禁止，而公司价值判断信息优势的合理利用则是不违法的。随着股权分置改革后，公司股份已实现全流通。在全流通时代背景下，公司大股东等内部人在股票交易中，有动机利用这种内部信息优势，精准把握交易时机，在公司股价高位减持，在股价低位抄底，从而获得丰厚的个人独享利益。

已有实证研究给出了这方面的经验证据。蔡宁、魏明海（2009）和武聪、张俊生（2009）的研究发现，公司大股东为创造出良好的减持时机，会通过操纵会计信息进行向上盈余管理，以获得最大化的减持收益。吴育辉、吴世农（2010）的研究表明，大股东在减持之前会操纵公司的信息披露，以迎合减持获利需要，具体表现为在减持前披露好消息，将坏消息推迟到减持后披露。朱茶芬、陈超、李志文（2010）指出，相比市场投资者，公司大股东拥有公司更为准确的信息，且获取信息成本极低，其可以利用这种信息优势择时买卖公司的股票，从中获利，与预期一致，实证结果表明大股东减持更可能会发生在高估值且业绩前景较差的公司中。袁渊（2010）的研究发现，当公司股票价值被高估时，大股东进行减持的可能性越高。朱茶芬、李志文、陈超（2011）基于我国A股上市公司的研究发现，大股东减持公告前20个工作日内公司累计超额收益显著为正，这一直接证据表明，大股东在减持中具有精准的择时性。王国松、张飞（2016）基于我国创业板上市公司的研究得出，大股东减持公告前15个工作日内公司累计超额收益显著为正，前4个工作日内正向累计超额收益最为明显，这说明我国创业板上市公司大股东减持有精准的择时性。蔡海静、汪祥耀、谭超（2017）的研究表明，公司大股东在"高送转"方案抬高公司股价后进行减持。

上述这些研究结果表明，作为公司内部信息知情人或控制人，大股东的股票市场交易具有较为准确的择时性。商誉减值意味着，当初预期被并购企业资源加入并购企业的增值收益未实现（张婷、余玉苗，2008），传递出公司未来盈利和现金流会下降的信号，引起市场的消极反应（Bens et al., 2011; Knauer and Wöhrmann, 2016）。相反，如果公司没有及时确认商誉减值，隐瞒商誉减值负面消息，公司的股价则不会下滑，反而会被抬高。Li和Sloan（2017）的研究发现，商誉减值测试制度下极容易形成商誉减值规避，导致公司股价短期内被高估。国内学者曲晓辉等（2017）的研究发现，相比没有计提商誉减值的公司，发生商誉减值公司的股价和股票收益率越低。韩宏稳、唐清泉、黎文飞（2019）的研究结果表明，公司商誉资产减值会被市场投资者视为所投资公司的一种坏消息，当公司披露的商誉减值规模越大时，投资者对公司未来预期的价值越低，越容易触发投资者的消极情绪，造成股价下跌的多米诺连锁效应。潘红波等（2019）也认为，市场和投资者很可能因为商誉减值而质疑公司财务信息质量，并放大它的负面影响，导致股价短期内快速下滑。这些研究表明，相比及时计提商誉减值的公司，规避商誉减值的公司股价短期内会被高估，这则为大股东减持套利提供了一个良好的时机。

根据前景理论"一鸟在手胜过两鸟在林"的观点，人们在面对收益时往往会表现出风险规避。本书认为商誉减值规避后，公司短期内股价被高估，大股东在这个时机下减持，可以将纸上财富兑现为真金白银的个人财富。也就是说，大股东商誉减值规避后发生减持的可能性更高。据此提出以下研究假设：

H_1：相比及时计提商誉减值的公司，规避商誉减值的公司未来发生大股东减持的可能性更高。

公司之所以会出现股价崩盘风险，主要原因是公司内部人的信息管理行为，即及时披露好消息，隐藏坏消息的及时披露（Kim et al., 2011a）。在已有的研究文献中，以 Jin 和 Myers（2006）及 Hutton et al.（2009）为代表的学者基于会计信息质量视角，阐释企业内部人为何能进行信息管理，揭示了公司股价崩盘的成因（Jin and Myers, 2006；Hutton et al., 2009）。以 Kothari（2009）和 Kim et al.（2011a, 2011b, 2016a, 2016b）为代表的学者基于代理视角，阐释企业内部人为何会进行信息管理，认为企业内部人基于薪资报酬、职业发展和声誉等多重考虑，会对坏消息进行隐藏，致使负面信息在公司内部积聚，当难以继续隐瞒时，这些负面消息会被集中释放到市场，导致公司股价急剧下跌（Kothari et al., 2009；Kim et al., 2011a, 2011b；Kim et al., 2016a, 2016b）。结合这些研究成果，我们不难发现，公司负面消息的隐藏和累积是公司股价崩盘风险的直接根源。在此基础上，本书进一步探讨企业大股东会隐藏何种坏消息，致使坏消息在公司内部积聚，提升公司未来股价崩盘风险，以及考察积聚的商誉减值坏消息会何时会被市场识别，集中流入股票市场，使得公司股价崩盘风险显现出来。

已有研究表明，商誉减值不仅会直接增加公司当期的费用和降低公司当期的业绩，还会增加公司未来盈利能力的不确定性（Li et al., 2011），传递出公司未来现金流量会下降的信号（Bostwick et al., 2015），引起市场投资者对公司前景预期的消极反应（Knauer and Wöhrmann, 2016）。因而，商誉减值被市场投资者视为公司的一种坏消息。结合前两章的理论分析和实证研究可知，公司大股东有动机、能力和空间规避商誉减值的及时确认。首先，商誉减值会致使持有公司股份最多的大股东的利益受损，一方面是商誉减值造成的股价下滑会导致大股东的股票财富缩水；另一方面是商誉减值造成的当期盈余降低会导致大股东的可能分红减少，因而大股东有动机规避商誉减值的确认，且大股东持股比例越高，则大股东的动机越强。其次，大股东凭借着其在公司的大股东身份，有能力影响公司的信息加工与披露，实施利于自身的商誉减值规避决策，大股东持有公司股份比例越高，这种能力越强。最后，我国现行的会计准则与国际会计准则趋同，对于商誉资产的后续处理，由过去的系统摊销方式转变为商誉减值测试，要求有商誉的上市公司至少每年年末对商誉资产进行减值测试。商誉资产是否减值主要依据公司当局的判断，这种判断具有较高的复杂性和不确定性（Jarva，2009；Ramanna and Watts，2012；卢煜、曲晓辉，2016），因而减值测试准则制度赋予公司处理商誉减值较高的自由裁量权，在此制度下，大股东存在弹性空间对商誉减值进行规避。

综上所述，公司大股东有动机（维护和增加自身利益）、能力（公司身份地位）和空间（商誉减值测试的自由裁量权）规避商誉减值的及时确认。即使面对外部审计师等监督约束压力，公司大股东还可能会通过构建向上盈余管理的防御机制，达到隐藏商誉减值的目的。大股东对商誉减值规避或不及时确认，一方面会导致公司当期会计业绩虚高（包括未及时计提的商誉减值，以及为规避商誉减值而进行的向上盈余操纵），造成公司股价在业绩披露公告后的一定时期内被高估（Li and Sloan，2017）；另一方面会使得商誉减值负面消息在公司内部积聚，当无法继续隐瞒时，负面消息集中流入市场，从而造成被抬高的股价急剧下跌。

吴育辉、吴世农（2010）以及朱茶芬等（2010，2011）的研究指出，公司大股东减持可视为公司短期估值过高、业绩前景恶化的信号，市场投资者会因此看空公司股票。与预期一致，他们的实证结果表明，公司在大股东减持后累计超额收益显著为负。事实上，大股东作为公司重要决策的主要制定者，对于公司的内在价值和前景拥有最为直接、可靠和成本较低的内部信息。依据信息层级观点，处于决策核心的大股东交易行为将具有最大的信息含量，相比其他股东减持，大股东减持传递出公司估值过高、业绩前景恶化的信号更强（吴育辉、吴世农，2010；朱茶芬等，2010）。本书进一步认为，商誉减值规避对公司未来股价崩盘风险的提升作用主要存在于大股东减持的公司，即公司隐藏的商誉减值坏消息会随着大股东减持而被市场投资者识别，集中流入股票市场，使得公司股价崩盘风险显现出来。

据此提出以下研究假设。

H_2：相比及时计提商誉减值的公司，规避商誉减值的公司未来股价崩盘风险更高。

H_3：商誉减值规避与公司未来股价崩盘风险之间正向作用关系主要存在于大股东减持的公司。

6.3 研究设计

6.3.1 样本选择与数据来源

本书选取2007—2016年我国A股年度内有商誉资产的上市公司为初始研究样本。之所以选择2007年作为起始年份，是因为我国2007年1月1日开始实施的新企业会计准则把商誉作为资产项目列入资产负债表，财务报表附注中有披露商誉减值等具体信息。同时，由于大股东减持、股价崩盘风险等指标的滞后性，本书实际观测样本的年度截至2018年。借鉴以往相关研究的惯例（Hutton et al., 2009；王化成等, 2015；Kim et al., 2016a, 2016b；Knauer and Wöhrmann, 2016），依据如下原则进行数据筛选：①剔除金融保险行业的上市公司，这类公司的会计核算体系、资产结构与其他行业公司具有明显差异，致使不具有可比性，因此删除金融保险行业上市公司的研究样本；②删除ST公司样本；③为确保并购商誉能够对公司产生一定的影响，保留商誉资产占期末减值前总资产比例高于1%或商誉金额大于1000万元的样本公司；④剔除公司年度的周收益率低于30个观测值的研究样本，以确保股价崩盘风险测量指标计算的可靠性；⑤剔除行业年度内低于30个观测值的研究样本，以保证修正琼斯模型测量信息透明度指标计算的可靠性；⑥剔除净资产小于零、研究变量数据缺失及极端值的样本公司。为缓解极端值对研究结果的影响，我们对本书所有连续变量进行上下一个百分位数值进行缩尾处理。本书大股东减持的数据来源于WIND数据库和同花顺数据库，其他研究变量的数据来源于CSMAR数据库。

6.3.2 股价崩盘风险的定义与衡量

公司股价崩盘风险是指公司股票价格在一定时期内发生急剧下跌的概率（Jin and Myers, 2006；潘越等, 2011）。参照已有的研究文献

(Hutton et al., 2009; Kim et al., 2011a, 2011b; 王化成等, 2015), 本书选用以下方法度量公司年度的股价崩盘风险 CRASHRK。

首先, 利用每家公司每年内的周股票收益率数据, 按照下列模型 (6-1) 进行回归, 以排除市场对个股收益率的影响, 计算出公司年度内周特有收益率。

$$R_{i,t} = \alpha_i + \beta_{1,i} R_{m,t-2} + \beta_{2,i} R_{m,t-1} + \beta_{3,i} R_{m,t} + \beta_{4,i} R_{m,t+1} + \beta_{5,i} R_{m,t+2} + \xi_{i,t} \quad (6-1)$$

其中, $R_{i,t}$ 为 i 公司股票第 t 周考虑现金红利再投资的收益率, $R_{m,t}$ 为第 t 周经总市值加权的市场平均收益率。上述回归模型中, 加入市场收益率前后两期项, 是为了调整股票市场非同步性交易的影响。残差项 $x_{i,t}$ 表示的是个股收益率中不能被市场收益率所解释的部分。我们利用该残差项来衡量公司的周特有收益率 $W_{i,t}$, $W_{i,t} = \ln(1 + x_{i,t})$。

其次, 基于计算得出的个股年度内周特有收益率 $W_{i,t}$, 构造如下指标来测度公司年度股价崩盘风险。

(1) 负收益偏态系数 NCSKEW。使用以下模型 (6-2), 计算出负收益偏态系数 NCSKEW。其中, n 为 t 年 i 公司股票的交易周数。NCSKEW 数值越大, 表示公司股票特有收益率偏态系数负的程度越高, 股价崩盘风险则越高。

$$NCSKEW = -[n(n-1)^{3/2} \sum W_{i,t}^3] / [(n-1)(n-2)(\sum W_{i,t}^2)^{3/2}] \quad (6-2)$$

(2) 收益率上下波动的比率 DUVOL。使用以下模型 (6-3), 计算出公司特有收益率上下波动的比率 DUVOL, 其中, n_d (n_u) 为公司年度内股票周特有收益率低于 (高于) 周特有收益率均值的周数。DUVOL 越大, 公司股价崩盘风险越高。

$$DUVOL = \log\{[(n_u - 1) \sum_{\text{Down}} W_{i,t}^2] / [(n_d - 1) \sum_{\text{Up}} W_{i,t}^2]\} \quad (6-3)$$

6.3.3 模型设定

为检验前文提出的研究假设 H_1, 本书借鉴袁渊 (2010) 和蔡海静等 (2017) 的研究思路, 构建了以下 Probit 模型, 以此来分析商誉减值规避对公司大股东减持的影响, 具体见模型 (6-4):

$$REDUCED_{i,t+1} = \lambda_0 + \lambda_1 GWIMPA_{i,t} + \lambda_2 SIZE_{i,t} + \lambda_3 LEV_{i,t} + \lambda_4 ROA_{i,t} +$$
$$\lambda_5 M/B_{i,t} + \lambda_6 ABSDA_{i,t} + \lambda_7 INSTIOS_{i,t} + \lambda_8 RET_{i,t} +$$
$$\lambda_9 SIGMA_{i,t} + \lambda_{10} DTURN_{i,t} + \sum YEAR + \sum INDUSTRY$$
$$+ \eta_1 \qquad (6-4)$$

其中，被解释变量为大股东减持 $REDUCED$，若上市公司大股东年度内发生减持，取值为1，否则取值为0。解释变量为商誉减值规避 $GWIMPA$，若上市公司发生商誉减值规避，取值为1；若及时计提商誉减值，取值为0。第四章已对商誉减值规避的衡量方式进行了介绍（具体可见章节4.3.2的描述），在此不再赘述。参考以往研究的做法（袁渊，2010；蔡海静等，2017），本书控制公司规模（$SIZE$）、债务水平（LEV）、盈利水平（ROA）、市账比（M/B）、信息不透明度（$ABSDA$）、机构投资者持股（$INSTIOS$）、股票回报率（RET）、股票回报率波动（$SIGMA$）、超额换手率（$DTURN$）对大股东减持的影响。此外，本书还在回归模型中加入年度（$YEAR$）和行业（$INDUSTRY$）的哑变量，以控制年度和行业效应。模型（6-4）中，l_0 为常数项，$l_1 \sim l_{10}$ 为估计参数，h_1 为回归残差项。若研究假设 H_1 成立，那么估计系数 l_1 应当显著为正。

为检验前文提出的研究假设 H_2，本书借鉴 Kim 等（2016a，2016b）的研究思路，构建了以下 OLS 模型，以此来分析商誉减值规避对公司股价崩盘风险的影响，具体见模型（6-5）：

$$CRASHRISK_{i,t+1} = \lambda_0 + \lambda_1 GWIMPA_{i,t} + \lambda_2 CRASHRISK_{i,t} + \lambda_3 SIZE_{i,t} +$$
$$\lambda_4 LEV_{i,t} + \lambda_5 ROA_{i,t} + \lambda_6 M/B_{i,t} + \lambda_7 RET_{i,t} + \lambda_8 SIGMA_{i,t} +$$
$$\lambda_9 DTURN_{i,t} + \lambda_{10} ABSDA_{i,t} + \lambda_{11} INSTIOS_{i,t} + \sum YEAR +$$
$$\sum INDUSTRY + \eta_2 \qquad (6-5)$$

式中，被解释变量为公司未来股价崩盘风险 $CRASHRISK_{i,t+1}$（采用 $NCSKEW$ 和 $DUVOL$ 两个指标来衡量），解释变量为商誉减值规避 $GWIMPA_{i,t}$。参照以往研究文献（Hutton et al.，2009；王化成等，2015；Kim et al.，2016a，2016b），本书选取企业规模（$SIZE$）、资产负债率（LEV）、经营业绩（ROA）、市账比（M/B）、股票回报率（RET）、股票回报率波动（$SIGMA$）、超额换手率（$DTURN$）、信息不透明度（$ABSDA$）、机构投资者持股比例（$INSTIOS$）、本期的股票负收益偏度系数（NCSKEW）以及本期的股票收益率上下波动比例（DUVOL）变量来控制公司相关特征对股票崩盘风险的影响。本书还在回归模型中加入年度（YEAR）和行业（INDUSTRY）的哑变量，以控制年度和行业效应。模型（6-5）中，l_0为常数项，$l_1 \sim l_{11}$为估计参数，h_2为回归残差项。若研究假设H_2成立，那么估计系数l_1应当显著为正。

为缓解解释变量与调节变量间可能存在的内生性问题，参照王化成等（2015）以及和（2018）的做法，本书采用分组方法，进一步检验研究假设H_3。如果研究假设H_3成立，则相比大股东未减持的公司，在大股东减持的公司商誉减值规避与股价崩盘风险间作用关系更加显著。为了进一步缓解可能存在的内生性问题，本书进一步将股价崩盘风险指标滞后到$t+2$期，以此来进行稳健性检验。

具体变量定义与说明如表6-1所示。

表6-1 变量定义与说明

变量符号	变量名称	变量定义与计算
REDUCED	大股东减持	若公司年度内大股东发生减持，取值为1，否则取值为0
NCSKEW	股票负收益偏态系数	算法详见正文和模型（6-1）和模型（6-2）
DUVOL	股票收益上下波动的比例	算法详见正文和模型（6-1）和模型（6-3）
GWIMPA	商誉减值规避	若公司进行商誉减值规避，取值1，否则取值为0，具体衡量方式详见正文
SIZE	公司规模	公司期末总资产规模取自然对数
LEV	资产负债率	期末负债/期末总资产
ROA	经营业绩	期末净利润/期末账面总资产
M/B	市账比	期末公司权益市值/期末公司权益账面价值
RET	股票回报率	股票年度平均周收益率
SIGMA	股票回报率波动	股票年度内所有周收益率的标准差

续表

变量符号	变量名称	变量定义与计算
DTURN	月均超额换手率	当年月度换手率的均值减去上年月度换手率的均值
ABSDA	信息不透明度	修正琼斯模型残差项 DA 的绝对值
INSTIOS	机构投资者持股比例	机构投资者持股数/公司总股数
YEAR	年度变量	年度哑变量
INDUSTRY	行业变量	行业哑变量

6.4 实证结果与分析

6.4.1 描述性统计结果

表 6-2 列出本章主要研究变量的描述性分析结果。由表 6-2 中结果可知，股价崩盘风险指标 $NCSKEW_{t+1}$ 和 $DUVOL_{t+1}$ 的均值分别为 -0.279 和 -0.292，中位数分别为 -0.237 和 -0.294，标准差分别为 0.711 和 0.507，这表明研究样本中股价崩盘风险值分布波动性较大，这可能与公司商誉减值规避有关。

大股东减持 $REDUCED_{t+1}$ 的均值为 0.333，说明样本中有 33.3% 的样本公司发生了大股东减持事件。商誉减值规避 $GWIMPA_t$ 的均值为 0.562，说明样本中有 56.2% 的样本公司进行了商誉减值规避。当期的股价崩盘风险指标 $NCSKEW_t$ 和 $DUVOL_t$ 的均值分别为 -0.324 和 -0.349，中位数分别为 -0.270 和 -0.349，无论均值还是中位数均高于下一期的股价崩盘风险指标，这表明商誉减值规避后公司的股价崩盘风险得到提升。

其他变量的描述性统计分析结果与以往的研究文献较为一致（王化成等，2015；Kim et al.，2016b）。

第6章 大股东商誉减值规避后减持与股价崩盘风险：潜在危害

表6-2 主要研究变量的描述性分析结果

变量	N	Mean	SD	Min	p25	p50	p75	Max
$NCSKEW_{t+1}$	3025	-0.279	0.711	-2.300	-0.676	-0.237	0.141	1.712
$DUVOL_{t+1}$	3025	-0.292	0.507	-1.516	-0.614	-0.294	0.0230	1.110
$REDUCED_{t+1}$	3025	0.333	0.471	0	0	0	1	1
$GWIMPA_t$	3025	0.562	0.496	0	0	1	1	1
$NCSKEW_t$	3025	-0.324	0.693	-2.449	-0.702	-0.270	0.098	1.485
$DUVOL_t$	3025	-0.349	0.492	-1.579	-0.665	-0.349	-0.023	0.895
RET_t	3025	0.005	0.010	-0.016	-0.002	0.004	0.011	0.033
$SIGMA_t$	3025	0.070	0.026	0.031	0.050	0.063	0.084	0.150
$DTURN_t$	3025	-0.054	0.369	-1.097	-0.275	-0.036	0.164	0.857
$SIZE_t$	3025	22.647	1.284	20.543	21.732	22.405	23.351	26.657
LEV_t	3025	0.470	0.199	0.079	0.311	0.472	0.630	0.853
M/B_t	3025	3.196	1.644	0.750	1.929	2.861	4.213	7.610
ROA_t	3025	0.041	0.040	-0.080	0.020	0.040	0.060	0.160
$ABSDA_t$	3025	0.056	0.058	0.001	0.017	0.038	0.073	0.328
$INSTIOS_t$	3025	0.377	0.252	0.000	0.154	0.390	0.576	0.883

本书进一步观察企业大股东减持和未来股价崩盘风险在规避商誉减值组和计提商誉减值组间是否存在差异，表6-3列示了两者组间差异分析结果。由表6-3中分组样本的描述性统计分析结果可看出，规避商誉减值组样本中$REDUCED_{t+1}$的均值和中位数分别为0.375和0，计提商誉减值组样本中$REDUCED_{t+1}$的均值和中位数分别为0.280和0。经均值t检验和中位数z检验发现，商誉减值规避组中$REDUCED_{t+1}$的均值和中位数均显著高于商誉减值发生组。由该单变量分析结果可知，企业未来大股东减持在两组样本间存在显著差异，且商誉减值规避样本公司未来大股东减持明显高于计提商誉减值样本公司，这与本书研究假设H_1的预期一致。

规避商誉减值组样本中$NCSKEW_{t+1}$的均值和中位数分别为-0.226和-0.185，计提商誉减值组样本中$NCSKEW_{t+1}$的均值和中位数分别为-0.335和-0.312。经均值t检验和中位数z检验发现，商誉减值规避

组中 $NCSKEW_{t+1}$ 的均值和中位数均显著高于商誉减值发生组。规避商誉减值组样本 $DUVOL_{t+1}$ 的均值和中位数分别为 -0.259 和 -0.185，计提商誉减值组样本 $DUVOL_{t+1}$ 的均值和中位数分别为 -0.334 和 -0.312。经均值 t 检验和中位数 z 检验发现，商誉减值规避组中 $DUVOL_{t+1}$ 的均值和中位数均显著高于商誉减值发生组。由这些单变量分析结果可知，企业未来股价崩盘风险在两组样本间存在显著差异，且商誉减值规避样本公司未来股价崩盘风险明显高于计提商誉减值样本公司，这与本书研究假设 H_2 的预期一致。

表6-3 依据商誉减值规避分组检验股价崩盘风险和未来业绩的组间差异

变量	$GWIMPA=1$			$GWIMPA=0$			均值检验（t 值）	中位数检验（z 值）
	Mean	SD	Median	Mean	SD	Median		
$REDUCED_{t+1}$	0.375	0.484	0	0.280	0.449	0	-5.534***	-5.507***
$NCSKEW_{t+1}$	-0.226	0.716	-0.185	-0.335	0.502	-0.312	-4.668***	-5.083***
$DUVOL_{t+1}$	-0.259	0.509	-0.269	-0.334	0.700	-0.325	-5.078***	-5.125***

注：* $p<0.1$，** $p<0.05$，*** $p<0.01$（双尾）。

6.4.2 相关分析结果

表6-4列出主要研究变量间的 Pearson 相关分析结果。由表6-4中结果可知，$NCSKEW_{t+1}$ 和 $DUVOL_{t+1}$ 间相关系数为 0.777，显著性水平为 1%，这说明股价崩盘风险两个测度指标具有较高的一致性。$GWIMPA_t$ 与 $REDUCED_{t+1}$ 的相关性系数为 0.100，在 1% 水平下显著，这说明商誉减值规避与下一期的大股东减持两者之间具有显著的正相关关系，与前文研究假设 H_1 的预期一致。$GWIMPA_t$ 与 $NCSKEW_{t+1}$ 的相关性系数为 0.085，在 1% 水平下显著；$GWIMPA_t$ 与 $DUVOL_{t+1}$ 的相关性系数为 0.074，在 1% 水平下显著。这两组相关性分析结果表明，商誉资产减值规避与公司未来股价崩盘风险间具有显著的正相关关系，与前文研究假设 H_2 的预期一致。这些相关分析忽略了其他因素对公司大股东减持和未来股价崩盘风险的影响，因而需要进行更为严格的多元回归，检验

表 6-4 Pearson 相关性分析结果

变量	$GWIMPA_t$	$REDUCED_{t+1}$	$NCSKEW_{t+1}$	$DUVOL_{t+1}$	$NCSKEW_t$	$DUVOL_t$	RET_t	$SIGMA_t$	$DTURN_t$	$SIZE_t$	LEV_t	M/B_t	ROA_t	$ABSDA_t$	$INSTHOS_t$
$GWIMPA_t$	1														
$REDUCED_{t+1}$	0.100***	1													
$NCSKEW_{t+1}$	0.085***	0.035*	1												
$DUVOL_{t+1}$	0.074***	0.018	0.777***	1											
$NCSKEW_t$	0.043**	0.034*	0.073***	0.049***	1										
$DUVOL_t$	0.011	0.013	0.038**	0.0290	0.760***	1									
RET_t	0.086***	0.133***	0.014	-0.004	-0.049***	-0.104***	1								
$SIGMA_t$	0.146***	0.106***	-0.058***	-0.070***	-0.047***	-0.056***	0.541***	1							
$DTURN_t$	-0.023	0.017	-0.088***	-0.094***	-0.016	-0.013	0.564***	0.401***	1						
$SIZE_t$	-0.124***	-0.090***	-0.148***	-0.060***	-0.191***	-0.095***	-0.114***	-0.177***	0.030*	1					
LEV_t	-0.184***	-0.091***	-0.132***	-0.090***	-0.116***	-0.070***	-0.052***	-0.075***	0.040**	0.591***	1				
M/B_t	0.211***	0.160***	0.130***	0.082***	0.117***	0.052***	0.372***	0.388***	0.066***	-0.482***	-0.294***	1			
ROA_t	0.113***	0.056***	0.083***	0.080***	0.074***	0.056***	0.045***	-0.116***	-0.041**	-0.133***	-0.412***	0.287***	1		
$ABSDA_t$	0.005	0.001	0.022	0.020	0.031*	0.027	0.005	0.037**	-0.019	-0.051***	0.099***	0.079***	0.009	1	
$INSTHOS_t$	0.001	-0.044**	-0.023	0.073***	-0.039**	0.016	-0.005	-0.038**	-0.067***	0.337***	0.162***	-0.050***	0.060***	-0.044**	1

注：* $p<0.1$，** $p<0.05$，*** $p<0.01$（双尾）。

本书提出的研究假设。余者可以此类推。此外,由表6-4中结果可得出,上文模型设定中两两变量间相关系数较小,说明回归模型多重共线性问题较弱。

6.4.3 多元回归结果与假设检验

为检验前文提出的研究假设 H_1,通过对上文设定的大股东减持与商誉减值规避间作用关系模型 (6-4) 进行多元回归分析,表6-5列示了该模型的 Probit 回归结果。表6-5中模型的被解释变量为大股东减持 $REDUCED_{t+1}$,第1列仅放入解释变量商誉减值规避 $GWIMPA_t$、年度和行业效应,第2列是在第1列的基础上加入影响公司大股东减持的控制变量,比如 $SIZE_t$、LEV_t、M/B_t、ROA_t、$INSTIOS_t$、RET_t、$SIGMA_t$、$DTURN_t$ 等。

表6-5 商誉减值规避与公司大股东减持的 Probit 回归结果

变量	(1) $REDUCED_{t+1}$	(2) $REDUCED_{t+1}$
$GWIMPA_t$	0.194***	0.137***
	(3.85)	(2.62)
$SIZE_t$		-0.010
		(-0.34)
LEV_t		0.090
		(0.47)
M/B_t		0.057***
		(2.66)
ROA_t		0.692
		(0.91)
$ABSDA_t$		0.216
		(0.49)
$INSTIOS_t$		-0.064
		(-0.60)

续表

变量	(1) $REDUCED_{t+1}$	(2) $REDUCED_{t+1}$
RET_t		20.406***
		(5.42)
$SIGMA_t$		-0.983
		(-0.58)
$DTURN_t$		-0.161*
		(-1.84)
_cons	-0.458**	-0.468
	(-2.53)	(-0.65)
INDUSTRY	yes	yes
YEAR	yes	yes
N	3025	3025
Pseudo R^2	0.040	0.056
LR	153.107	215.900
Prob (LR)	0.000	0.000

z statistics in parentheses。

注：* $p<0.1$，** $p<0.05$，*** $p<0.01$。

由表 6-5 中第 1 列回归结果可得出，商誉减值规避（GWIMPA）的参数估计值为 0.194，且在 1% 水平上显著。这结果说明，单单控制年度和行业效应后，商誉减值规避对大股东减持有显著的正向影响。由表 6-5 中第 2 列回归结果可看出，商誉减值规避（GWIMPA）的参数估计值为 0.137，且在 1% 水平上显著。由此可见，控制了一系列影响大股东减持的因素（如企业规模 SIZE、负债水平 LEV、经营业绩 ROA 等），以及年度和行业效应后，商誉减值规避对大股东减持仍具有显著的正向影响。这些回归结果表明，相比及时计提商誉减值的公司，规避商誉减值的公司大股东更可能发生减持行为，即大股东商誉减值规避后具有明显的减持倾向，前文假设 H_1 得到验证。

为检验研究假设 H_2，通过对上文设定的商誉减值规避与股价崩盘风险模型（6-5）进行多元回归分析，表 6-6 列示了该模型的 OLS 回归结果。表6-6第1列和第2列的被解释变量为公司股价负收益偏态系数 $NCSKEW_{t+1}$，第3列和第4列的被解释变量为公司股价收益率上下波动比值 $DUVOL_{t+1}$。第1和第3列仅控制了解释变量 $GWIMPA_t$、年度和行业效应，第2和第4列分别是在第1和第3列的基础上加入影响公司股价崩盘风险的控制变量，比如 $SIZE_t$、LEV_t、M/B_t、ROA_t、RET_t、$SIGMA_t$、$DTURN_t$、$NCSKEW_t$、$DUVOL_t$、$INSTIOS_t$、$ABSDA_t$ 等。

表6-6 商誉减值规避与公司未来股价崩盘风险的多元回归结果

变量	(1) $NCSKEW_{t+1}$	(2) $NCSKEW_{t+1}$	(3) $DUVOL_{t+1}$	(4) $DUVOL_{t+1}$
$GWIMPA_t$	0.105***	0.079***	0.060***	0.052***
	(3.80)	(2.83)	(3.01)	(2.60)
$NCSKEW_t$		0.041**		
		(2.17)		
$DUVOL_t$				0.014
				(0.75)
RET_t		2.900		3.301**
		(1.28)		(2.02)
$SIGMA_t$		-2.925***		-2.476***
		(-3.10)		(-3.65)
$DTURN_t$		-0.168***		-0.103***
		(-3.67)		(-3.13)
$SIZE_t$		-0.034**		-0.005
		(-2.04)		(-0.44)
LEV_t		-0.155		-0.148**
		(-1.51)		(-2.00)
M/B_t		0.030***		0.015*
		(2.61)		(1.86)
ROA_t		-0.043		-0.025
		(-0.11)		(-0.09)
$ABSDA_t$		0.170		0.195

续表

变量	(1) $NCSKEW_{t+1}$	(2) $NCSKEW_{t+1}$	(3) $DUVOL_{t+1}$	(4) $DUVOL_{t+1}$
		(0.75)		(1.19)
$INSTIOS_t$		0.044		0.138***
		(0.68)		(2.96)
_cons	-0.121	0.765*	-0.252***	-0.019
	(-0.97)	(1.95)	(-2.82)	(-0.07)
INDUSTRY	yes	yes	yes	yes
YEAR	yes	yes	yes	yes
N	3025	3025	3025	3025
AR2	0.035	0.060	0.023	0.042
F	5.165	6.315	3.751	4.721
Prob (F)	0.000	0.000	0.000	0.000

t statistics in parentheses。

注：* $p<0.1$，** $p<0.05$，*** $p<0.01$。

由表6-6第1和第3列回归结果可得出，商誉减值规避 $GWIMPA_t$ 的参数估计值分别为0.105和0.060，且均在1%水平上显著。这些结果说明，控制年度和行业效应后，商誉减值规避对公司股价崩盘风险有显著的正向影响。由第2和第4列回归结果可看出，$GWIMPA_t$ 的参数估计值分别为0.079和0.052，且均在1%水平上显著。由此可见，控制了一系列影响股价崩盘风险的因素（如企业规模 $SIZE_t$、资产负债率 LEV_t、市账比 MB_t、经营业绩 ROA_t、股票年度内平均回报率 RET_t、股票回报率波动 $SIGMA_t$、超额换手率 $DTURN_t$、当期的股价崩盘风险 $NCSKEW_t$、$DUVOL_t$ 等），以及年度和行业效应后，商誉减值规避对公司股价崩盘风险仍具有显著的正向影响，即相比计提商誉减值的公司，规避商誉减值的公司未来股价崩盘风险更高，研究假设 H_2 得到验证。

为验证研究假设 H_3，考察商誉减值规避对股价崩盘风险的影响作用是否主要存在于大股东减持的公司，本书依据大股东减持与否进行分组，分组对上文设定的商誉减值规避与股价崩盘风险模型（6-5）进行回归分析，表6-7列示了该模型分组回归结果。表6-7第1列和第

3 列的被解释变量为公司股价负收益偏态系数 $NCSKEW_{t+1}$,第 2 列和第 4 列的被解释变量为公司股价收益率上下波动比值 $DUVOL_{t+1}$。

表 6-7 商誉减值规避、大股东减持与股价崩盘风险的回归结果

变量	大股东减持组		大股东未减持组	
	(1)	(2)	(3)	(4)
	$NCSKEW_{t+1}$	$DUVOL_{t+1}$	$NCSKEW_{t+1}$	$DUVOL_{t+1}$
$GWIMPA_t$	0.096**	0.087***	0.069*	0.033
	(2.13)	(2.59)	(1.95)	(1.34)
$NCSKEW_t$	0.063*		0.027	
	(1.96)		(1.15)	
$DUVOL_t$		0.039		0.003
		(1.19)		(0.14)
RET_t	1.888	3.056	3.502	3.025
	(0.54)	(1.16)	(1.16)	(1.42)
$SIGMA_t$	-3.371**	-2.627**	-2.754**	-2.329***
	(-2.23)	(-2.34)	(-2.25)	(-2.70)
$DTURN_t$	-0.105	-0.054	-0.218***	-0.138***
	(-1.53)	(-1.06)	(-3.57)	(-3.19)
$SIZE_t$	-0.061**	-0.021	-0.018	0.007
	(-2.09)	(-0.97)	(-0.87)	(0.50)
LEV_t	-0.157	-0.111	-0.178	-0.182**
	(-0.87)	(-0.83)	(-1.40)	(-2.03)
M/B_t	0.008	-0.003	0.044***	0.027***
	(0.44)	(-0.22)	(3.00)	(2.62)
ROA_t	-0.303	-0.005	-0.007	-0.107
	(-0.44)	(-0.01)	(-0.01)	(-0.30)
$ABSDA_t$	0.572	0.442	-0.002	0.103
	(1.49)	(1.54)	(-0.01)	(0.51)
$INSTIOS_t$	0.118	0.196***	0.002	0.103*
	(1.19)	(2.64)	(0.03)	(1.72)

续表

变量	大股东减持组		大股东未减持组	
	(1) $NCSKEW_{t+1}$	(2) $DUVOL_{t+1}$	(3) $NCSKEW_{t+1}$	(4) $DUVOL_{t+1}$
_cons	1.330*	0.257	0.383	-0.302
	(1.88)	(0.49)	(0.79)	(-0.89)
INDUSTRY	yes	yes	yes	yes
YEAR	yes	yes	yes	yes
N	1008	1008	2017	2017
AR2	0.056	0.024	0.058	0.055
F	2.648	1.681	4.420	4.284
Prob (F)	0.000	0.008	0.000	0.000

t statistics in parentheses。

注：* $p<0.1$，** $p<0.05$，*** $p<0.01$。

由表 6-7 第 1 列回归结果可知，在大股东减持组中，商誉减值规避 $GWIMPA_t$ 对 $NCSKEW_{t+1}$ 回归的参数估计值为 0.096，在 5% 水平上显著。由第 3 列回归结果可知，在大股东未减持组中，商誉减值规避 $GWIMPA_t$ 对 $NCSKEW_{t+1}$ 回归的参数估计值为 0.069，在 10% 水平上显著。结合这两列的结果可得出，大股东减持组中商誉减值规避 $GWIMPA_t$ 对公司股价负收益偏态系数 $NCSKEW_{t+1}$ 回归的参数估计值及其显著性水平明显高于大股东未减持组。由第 2 列回归结果可知，在大股东减持组中，商誉减值规避 $GWIMPA_t$ 对 $DUVOL_{t+1}$ 回归的参数估计值为 0.087，且在 1% 水平上显著。由第 4 列回归结果可知，在大股东未减持组中，商誉减值规避 $GWIMPA_t$ 对 $DUVOL_{t+1}$ 回归的参数估计值为 0.033，虽为正，但在统计上不显著。结合这两列的结果可得出，大股东减持组中商誉减值规避 $GWIMPA_t$ 对公司股价收益率上下波动比值 $DUVOL_{t+1}$ 回归的参数估计值及其显著性水平明显要高于大股东未减持组。综合而言，这些结果表明，商誉减值规避对股价崩盘风险的提升效应主要存在于大股东减持的公司，即相比大股东未发生减持的公司，大股东减持公司中商誉减值规避与未来股价崩盘风险之间的正向作用关系更加显著，研究假设 H_3 得到验证。

6.4.4 稳健性检验结果

为证实研究结论的稳健性，本书做了以下稳健性检验：

第一，在商誉减值测试实施的首个年度内，公司披露的商誉信息可能更多是对以前商誉的调整，可能会使得研究结果存在噪音（Filip et al.，2015；徐经长等，2017）。我国首次实施商誉减值测试的年度是2007年，故而删除此年度的研究样本，用余下样本重新对前文研究结论进行检验，检验结果如表6-8所示。由表6-8中结果可知，本书得出的研究结论没有发生实质性改变。

表6-8 删除商誉减值测试实施第1年研究样本的稳健性检验结果

变量	全样本			大股东减持组		大股东未减持组	
	(1)	(2)	(3)	(4)	(5)	(6)	(7)
	$REDUCED_{t+1}$	$NCSKEW_{t+1}$	$DUVOL_{t+1}$	$NCSKEW_{t+1}$	$DUVOL_{t+1}$	$NCSKEW_{t+1}$	$DUVOL_{t+1}$
$GWIMPA_t$	0.138***	0.078***	0.052***	0.096**	0.087***	0.068*	0.034
	(2.63)	(2.82)	(2.60)	(2.13)	(2.59)	(1.93)	(1.35)
$NCSKEW_t$		0.042**		0.063*		0.029	
		(2.24)		(1.96)		(1.24)	
$DUVOL_t$			0.016		0.039		0.005
			(0.83)		(1.19)		(0.22)
RET_t	20.610***	2.950	3.332**	1.889	3.054	3.604	3.117
	(5.47)	(1.30)	(2.03)	(0.54)	(1.16)	(1.19)	(1.46)
$SIGMA_t$	-0.928	-2.921***	-2.448***	-3.374**	-2.624**	-2.723**	-2.280***
	(-0.54)	(-3.09)	(-3.61)	(-2.23)	(-2.33)	(-2.22)	(-2.64)
$DTURN_t$	-0.163*	-0.176***	-0.109***	-0.105	-0.055	-0.231***	-0.147***
	(-1.85)	(-3.84)	(-3.29)	(-1.52)	(-1.06)	(-3.77)	(-3.39)
$SIZE_t$	-0.012	-0.035**	-0.006	-0.061**	-0.021	-0.020	0.006
	(-0.39)	(-2.14)	(-0.52)	(-2.09)	(-0.97)	(-0.98)	(0.39)
LEV_t	0.103	-0.148	-0.139*	-0.157	-0.111	-0.166	-0.168*
	(0.53)	(-1.43)	(-1.88)	(-0.87)	(-0.83)	(-1.30)	(-1.86)

续表

变量	全样本			大股东减持组		大股东未减持组	
	(1)	(2)	(3)	(4)	(5)	(6)	(7)
	$REDUCED_{t+1}$	$NCSKEW_{t+1}$	$DUVOL_{t+1}$	$NCSKEW_{t+1}$	$DUVOL_{t+1}$	$NCSKEW_{t+1}$	$DUVOL_{t+1}$
M/B_t	0.054**	0.029**	0.014*	0.008	−0.003	0.042***	0.025**
	(2.54)	(2.49)	(1.68)	(0.44)	(−0.23)	(2.84)	(2.37)
ROA_t	0.726	0.009	0.036	−0.306	−0.002	0.070	−0.016
	(0.95)	(0.02)	(0.13)	(−0.44)	(−0.00)	(0.14)	(−0.05)
$ABSDA_t$	0.227	0.169	0.184	0.571	0.443	−0.003	0.089
	(0.52)	(0.74)	(1.12)	(1.48)	(1.54)	(−0.01)	(0.44)
$INSTIOS_t$	−0.068	0.048	0.140***	0.118	0.196***	0.006	0.104*
	(−0.63)	(0.74)	(3.00)	(1.19)	(2.63)	(0.07)	(1.72)
_cons	−0.434	0.660*	−0.011	1.199*	0.316	0.077	−0.486
	(−0.60)	(1.67)	(−0.04)	(1.67)	(0.59)	(0.16)	(−1.40)
INDUSTRY	yes	yes	yes	yes	yes	yes	yes
YEAR	yes	yes	yes	yes	yes	yes	yes
N	3002	3002	3002	1006	1006	1996	1996
Pseudo R^2/AR^2	0.054	0.060	0.042	0.056	0.024	0.058	0.054
LR/F	207.540	6.461	4.756	2.704	1.715	4.490	4.251
Prob (LR/F)	0.000	0.000	0.000	0.000	0.006	0.000	0.000

z/t statistics in parentheses。

注：* $p<0.1$，** $p<0.05$，*** $p<0.01$。

第二，本书选用Logit模型替代Probit模型，重新对前文回归模型进行回归，回归结果如表6-9所示。由表6-9中这些研究结果与前文得出的研究结论一致，并未发生改变。

表 6-9 采用 Logit 模型的稳健性检验结果

变量	(1) $REDUCED_{t+1}$	(2) $REDUCED_{t+1}$
$GWIMPA_t$	0.321***	0.228***
	(3.84)	(2.61)
$SIZE_t$		-0.023
		(-0.44)
LEV_t		0.159
		(0.50)
M/B_t		0.089**
		(2.55)
ROA_t		1.185
		(0.95)
$ABSDA_t$		0.368
		(0.51)
$INSTIOS_t$		-0.111
		(-0.62)
RET_t		33.673***
		(5.40)
$SIGMA_t$		-1.857
		(-0.66)
$DTURN_t$		-0.279*
		(-1.94)
_cons	-0.746**	-0.617
	(-2.53)	(-0.52)
INDUSTRY	yes	yes
YEAR	yes	yes
N	3025	3025
Pseudo R^2	0.040	0.056
LR	153.090	215.384
Prob (LR)	0.000	0.000

z statistics in parentheses。

注：* $p<0.1$，** $p<0.05$，*** $p<0.01$。

第三,为了缓解可能存在的内生性问题,本书将预测窗口扩大至未来第2年的股价崩盘风险作为被解释变量,进行上述模型的回归分析,回归结果如表6-10所示。由表中结果可看出,商誉减值规避对未来第2年股价崩盘风险具有显著的正向作用,进一步分组的结果发现,商誉减值规避与未来第2年股价崩盘风险之间的正向作用关系主要存在于大股东减持样本组中。这些研究结果表明,商誉减值规避对公司股价崩盘风险具有较为长期的影响作用,更为重要的是可以进一步克服可能存在的两重内生性问题,即商誉减值规避与股价崩盘风险互为因果所导致的内生性问题、由于商誉减值规避与大股东减持间存在关系使得研究结论(商誉减值规避与股价崩盘风险之间作用关系主要存在于大股东减持的公司)存在的内生性问题。

表6-10 股价崩盘风险预测窗口扩大到未来第2年的稳健性检验结果

变量	全样本		大股东减持组		大股东未减持组	
	(1)	(2)	(3)	(4)	(5)	(6)
	$NCSKEW_{t+2}$	$DUVOL_{t+2}$	$NCSKEW_{t+2}$	$DUVOL_{t+2}$	$NCSKEW_{t+2}$	$DUVOL_{t+2}$
$GWIMPA_t$	0.060**	0.040**	0.112**	0.071**	0.031	0.024
	(1.99)	(2.02)	(2.18)	(2.10)	(0.83)	(0.97)
$NCSKEW_t$	0.079***		0.028		0.096***	
	(3.86)		(0.77)		(3.82)	
$DUVOL_t$		0.096***		0.076**		0.103***
		(5.06)		(2.33)		(4.42)
RET_t	10.922***	8.111***	14.247***	10.133***	10.291***	7.361***
	(4.42)	(4.95)	(3.54)	(3.81)	(3.22)	(3.47)
$SIGMA_t$	-4.761***	-3.253***	-6.477***	-4.106***	-4.494***	-3.076***
	(-4.63)	(-4.80)	(-3.75)	(-3.61)	(-3.47)	(-3.59)
$DTURN_t$	-0.014	0.002	0.052	0.021	-0.043	-0.003
	(-0.29)	(0.06)	(0.66)	(0.41)	(-0.67)	(-0.08)
$SIZE_t$	-0.013	-0.024**	-0.066**	-0.037*	0.008	-0.017
	(-0.73)	(-2.03)	(-1.97)	(-1.68)	(0.36)	(-1.17)
LEV_t	0.065	0.051	0.218	0.036	0.014	0.063

续表

变量	全样本		大股东减持组		大股东未减持组	
	(1)	(2)	(3)	(4)	(5)	(6)
	$NCSKEW_{t+2}$	$DUVOL_{t+2}$	$NCSKEW_{t+2}$	$DUVOL_{t+2}$	$NCSKEW_{t+2}$	$DUVOL_{t+2}$
	(0.58)	(0.69)	(1.06)	(0.27)	(0.11)	(0.70)
M/B_t	0.006	-0.002	-0.041*	-0.026*	0.025	0.009
	(0.50)	(-0.22)	(-1.93)	(-1.87)	(1.61)	(0.88)
ROA_t	0.482	0.442	0.681	0.124	0.361	0.573
	(1.11)	(1.53)	(0.87)	(0.24)	(0.68)	(1.63)
$ABSDA_t$	0.496**	0.328**	0.563	0.271	0.535*	0.370*
	(2.01)	(2.01)	(1.28)	(0.94)	(1.78)	(1.85)
$INSTIOS_t$	-0.029	-0.043	-0.059	-0.057	-0.024	-0.047
	(-0.41)	(-0.91)	(-0.52)	(-0.75)	(-0.26)	(-0.78)
_cons	0.876**	0.883***	1.908**	1.111**	0.454	0.738**
	(2.05)	(3.14)	(2.36)	(2.08)	(0.89)	(2.19)
INDUSTRY	yes	yes	yes	yes	yes	yes
YEAR	yes	yes	yes	yes	yes	yes
N	3025	3025	1008	1008	2017	2017
AR^2	0.070	0.088	0.095	0.107	0.063	0.080
F	7.292	9.059	3.934	4.368	4.775	5.853
Prob (F)	0.000	0.000	0.000	0.000	0.000	0.000

t statistics in parentheses。

注：* $p<0.1$，** $p<0.05$，*** $p<0.01$。

第四，为克服扰动项自相关等统计问题对回归结果的影响，得到更加稳健的研究结论，本书对标准误在个体层面上进行聚类调整，调整后的检验结果如表6-11所示。表6-11中回归结果显示，前文得出的研究仍被支持。

第6章 大股东商誉减值规避后减持与股价崩盘风险：潜在危害

表6-11 标准误调整后的敏感性测试结果

变量	全样本			大股东减持组		大股东未减持组	
	(1)	(2)	(3)	(4)	(5)	(6)	(7)
	$REDUCED_{t+1}$	$NCSKEW_{t+1}$	$DUVOL_{t+1}$	$NCSKEW_{t+1}$	$DUVOL_{t+1}$	$NCSKEW_{t+1}$	$DUVOL_{t+1}$
$GWIMPA_t$	0.137**	0.079***	0.052***	0.096**	0.087***	0.069*	0.033
	(2.31)	(2.83)	(2.61)	(2.11)	(2.64)	(1.67)	(1.35)
$NCSKEW_t$		0.041**		0.063**		0.027	
		(2.08)		(2.11)		(1.10)	
$DUVOL_t$			0.014		0.039		0.003
			(0.73)		(1.21)		(0.14)
RET_t	20.406***	2.900	3.301**	1.888	3.056	3.502	3.025
	(5.41)	(1.29)	(2.03)	(0.55)	(1.25)	(1.19)	(1.38)
$SIGMA_t$	−0.983	−2.925***	−2.476***	−3.371**	−2.627**	−2.754**	−2.329***
	(−0.56)	(−3.06)	(−3.66)	(−2.21)	(−2.35)	(−2.21)	(−2.66)
$DTURN_t$	−0.161*	−0.168***	−0.103***	−0.105	−0.054	−0.218***	−0.138***
	(−1.87)	(−3.69)	(−3.04)	(−1.59)	(−1.00)	(−3.48)	(−3.07)
$SIZE_t$	−0.010	−0.034**	−0.005	−0.061**	−0.021	−0.018	0.007
	(−0.34)	(−2.02)	(−0.48)	(−2.18)	(−1.03)	(−0.91)	(0.57)
LEV_t	0.090	−0.155	−0.148**	−0.157	−0.111	−0.178	−0.182**
	(0.46)	(−1.46)	(−1.97)	(−0.84)	(−0.79)	(−1.41)	(−2.13)
M/B_t	0.057**	0.030**	0.015*	0.008	−0.003	0.044***	0.027**
	(2.45)	(2.40)	(1.83)	(0.43)	(−0.23)	(2.74)	(2.54)
ROA_t	0.692	−0.043	−0.025	−0.303	−0.005	−0.007	−0.107
	(0.90)	(−0.09)	(−0.08)	(−0.41)	(−0.01)	(−0.01)	(−0.27)
$ABSDA_t$	0.216	0.170	0.195	0.572	0.442	−0.002	0.103
	(0.50)	(0.71)	(1.21)	(1.45)	(1.60)	(−0.01)	(0.51)
$INSTIOS_t$	−0.064	0.044	0.138***	0.118	0.196***	0.002	0.103
	(−0.57)	(0.62)	(2.79)	(1.23)	(2.75)	(0.03)	(1.62)
_cons	−0.468	0.765*	−0.019	1.330*	0.257	0.383	−0.302
	(−0.64)	(1.91)	(−0.07)	(1.93)	(0.51)	(0.80)	(−0.98)

续表

变量	全样本			大股东减持组		大股东未减持组	
	(1)	(2)	(3)	(4)	(5)	(6)	(7)
	$REDUCED_{t+1}$	$NCSKEW_{t+1}$	$DUVOL_{t+1}$	$NCSKEW_{t+1}$	$DUVOL_{t+1}$	$NCSKEW_{t+1}$	$DUVOL_{t+1}$
INDUSTRY	yes	yes	yes	yes	yes	yes	yes
YEAR	yes	yes	yes	yes	yes	yes	yes
N	3025	3025	3025	1008	1008	2017	2017
Pseudo R^2/AR^2	0.056	0.060	0.042	0.056	0.024	0.058	0.055
LR/F	176.220	7.853	5.388	4.396	3.091	5.585	4.893
Prob (LR/F)	0.000	0.000	0.000	0.000	0.000	0.000	0.000

z/t statistics in parentheses。

注：* $p<0.1$，** $p<0.05$，*** $p<0.01$。

6.4.5 进一步研究与结果

6.4.5.1 商誉减值规避后公司股价短期内是否被高估

Li 和 Sloan（2017）的研究得出，在商誉减值测试制度下，公司容易产生商誉减值不及时确认的问题，与之对应的是本书提出的商誉减值规避，而商誉减值不及时确认会导致公司短期内被高估。国内学者曲晓辉等（2017）的研究也发现，没有发生商誉减值的公司短期股价比发生商誉减值的公司更高。韩宏稳、唐清泉、黎文飞（2019）的研究发现，公司商誉减值规避规模越大，则公司股价下跌得越严重。这些研究成果表明，相比及时计提商誉的公司，规避商誉减值的公司短期内股价会被高估。据此本书研究认为，商誉减值规避后，公司股价短期内会被高估，为大股东减持创造一个良好的时机。本书的实证也发现，大股东商誉减值规避后发生减持的概率更高。基于本书的公司年度样本数据，我们进一步考察商誉减值规避后公司短期内股价是否真的被高估了。

本书借鉴 Li 和 Sloan（2017）的做法，采用市场模型计算出的累计异常收益，来衡量公司股价短期内是否被高估。我国大部分上市公司商誉减值信息在公司年报中公告（曲晓辉等，2017），通过查看巨潮资讯网，也有少部分公司商誉减值在公司年报前一个月左右公告。为此，本书以年报公告前 180 个交易日到前 50 个交易日为估计期,选择公司年报公告日期前后 30 交易日以及年报公告时至公告后 30 个交易日为窗口期,计算出两个窗口期的累计异常收益 CAR [0, 30] 和 CAR [-30, 30]。具体的横向分析结果如表 6-12 所示。

由表 6-12 中的结果可知,商誉减值规避组中 CAR [0, 30] 的均值为 0.0037,商誉减值发生组中 CAR [0, 30] 的均值为 -0.0059,经均值检验发现,商誉减值规避组中 CAR [0, 30] 的均值显著高于商誉减值发生组。商誉减值规避组中 CAR [-30, 30] 的均值为 0.0222,商誉减值发生组中 CAR [-30, 30] 的均值为 0.0096,经均值检验发现,商誉减值规避组中 CAR [-30, 30] 的均值显著高于商誉减值发生组。这些横向比较结果表明,商誉减值规避组中公司累计异常收益高于商誉减值发生组,这意味着,公司商誉减值规避后短期内股价确实被高估了。

表 6-12 商誉减值规避与公司短期股价高估的分析结果

自变量		样本量	均值
CAR [0, 30]	GWIMPA = 1	1521	0.0037
	GWIMPA = 0	1175	-0.0059
	Diff		0.0096**
CAR [-30, 30]	GWIMPA = 1	1521	0.0222
	GWIMPA = 0	1175	0.0096
	Diff		0.0126**

注:* $p<0.1$,** $p<0.05$,*** $p<0.01$。

6.4.5.2 商誉减值规避后公司业绩是否会发生"变脸"

以往研究表明,大股东减持可视为公司股价短期内被高估以及公司未来业绩前景会恶化的信号(吴育辉、吴世农,2010;朱茶芬等,2010,2011)。本书据此认为,商誉减值规避后导致的公司股价短期内被高估,会随着大股东减持而被市场投资者识别,流入股票市场,因而相比没有进行大股东减持的公司,大股东发生减持的公司商誉减值规避与未来股价崩盘风险更加明显。前文已经证实商誉减值规避后公司短期内股价会被高估。本书进一步考察商誉减值规避后公司业绩前景是否会恶化，也会随着大股东减持而流入股价市场，造成商誉减值规避与股价崩盘风险间作用关系在大股东减持公司更加显著。

Li et al.（2011）的研究指出，商誉减值规避可能会增加公司未来盈利的压力和不确定性，因为一旦公司商誉减值难以继续规避和隐藏，便会造成公司业绩的大幅下降。同时，结合前文研究得出的结论，商誉减值规避会诱发大股东进行向上的真实盈余管理。企业当期向上的真实盈余管理会损害企业未来的业绩增长，究其原因在于，通过折价促销等方式的销售操纵，虽能在当期提升企业的业绩，但这是牺牲企业单位产品的盈利为代价，会损害企业整体的业绩；通过扩大生产的方式进行操纵，虽会降低单位产品的成本，但会增加企业后期产品维护等成本；通过研发投入等费用的操纵，虽然短期内会提升企业业绩，但这会损害企业后期增长潜力（Zang，2012；李春涛等，2016）。这些真实盈余管理活动虽能短期内提升公司业绩，但都是以企业未来业绩为代价的，由此可以推断出，商誉减值规避引发的向上真实盈余，会降低企业业绩的增长。综合而言，企业商誉减值规避可能会对公司未来业绩增长产生不利的影响。

参照过去研究的做法（Filip et al.，2015；陈冬华等，2016；黎文飞等，2016），本书采用下一期期末与当期期末总资产收益率的增幅 ΔROA，以及下一期期末与当期期末净资产收益率的增幅 ΔROE 来测度公司未来业绩增长。具体的实证分析结果如表 6-13 所示。

表 6-13 商誉减值规避与公司未来业绩的分析结果

变量		样本量	均值
ΔROA	GWIMPA = 1	1699	-0.0036
	GWIMPA = 0	1326	-0.0008
	Diff		-0.0027***
ΔROE	GWIMPA = 1	1699	-0.0055
	GWIMPA = 0	1326	-0.0004
	Diff		-0.0051**

注：* $p<0.1$，** $p<0.05$，*** $p<0.01$。

由表 6-13 中的横向比较结果可知，商誉减值规避组中 ΔROA 的均

值为 -0.0036，商誉减值发生组中 ΔROA 的均值为 -0.0008，经均值检验发现，商誉减值规避组中 ΔROA 的均值显著低于商誉减值发生组。商誉减值规避组中 ΔROE 的均值为 -0.0055，商誉减值发生组中 ΔROE 的均值为 -0.0004，经均值检验发现，商誉减值规避组中 ΔROE 的均值显著低于商誉减值发生组。这些横向比较结果表明，商誉减值规避组中公司业绩增长低于商誉减值发生组，这意味着公司商誉减值规避后长期业绩会恶化，更加容易发生"变脸"。

6.5 结论与小结

本章主要探讨与回答了大股东商誉减值规避后是否会发生减持，公司股价崩盘风险是否会提升，以及当大股东减持时，商誉减值规避与股价崩盘风险之间作用关系是否更为明显。本章基于我国 A 股上市公司的样本数据，实证结果发现：①相比及时计提商誉减值的公司，规避商誉减值的公司未来发生大股东减持的概率更高。这表明大股东商誉减值规避后具有显著的减持倾向。②相比及时计提商誉减值的公司，规避商誉减值的公司未来股价崩盘风险更高，且商誉减值规避与未来股价崩盘风险之间的正向作用主要存在于大股东减持的公司。这表明，商誉减值规避导致商誉减值负面消息在公司内部集聚，会提升公司未来股价的崩盘风险，这些隐藏的商誉减值负面消息会随着大股东减持流入股票市场，使得公司股价崩盘风险显现出来。③本书的进一步研究发现，商誉减值规避后公司股价短期内会被高估，同时公司未来业绩会恶化。这为解释大股东商誉减值规避后发生提供了证据，同时也为厘清为何商誉减值规避与未来股价崩盘风险间作用关系在大股东减持公司中更加明显提供了解释。

本书得出的这些结论，一方面有助于丰富和完善商誉减值、大股东减持、股价崩盘风险等相关的理论文献，另一方面对现实具有启示价值。本书研究结论的现实启示在于：大股东作为公司内部信息的知情者和控制人，大股东减持通常会被市场视为"洪水猛兽"，因为大股东会利用这种内部信息优势，精准把握减持时机，获得不菲的个人独享收益，在零和博弈市场中，大股东这种择时减持势必会降低市场投资者的效用，因此如何应对大股东减持掏空问题是困扰监管部门的重大难题。

本书研究得出，大股东在商誉减值规避后，公司股价短期内被高估，在这个时机下大股东发生减持的概率更高，可以为监管部门破解大股东减持难题以及健全相关监管制度提供参考价值。另外，防范重大风险作为我国当前三大攻坚战的首要任务，本书研究发现，商誉减值规避后公司股价崩盘风险会提升，这种提升作用主要存在于发生大股东减持的公司，该结论可以为监管部门如何防范化解资本市场重大风险提供一些借鉴价值。

第 7 章　研究结论与展望

7.1　研究结论与启示

多轮并购浪潮后，并购形成的商誉规模越来越大，在资产负债表中的比重也越来越高，这些规模庞大的商誉后续减值处理已成为一个不容忽视的现实问题。对于商誉的后续处理方式，当前包括中国在内的大多数国家的会计准则为了更好地反映商誉的资产属性，由过去的定期摊销改为商誉减值测试。然而，商誉准则这一变更引发了较多的争议，因为在减值测试制度下，企业在商誉减值处理中拥有更多的自由裁量权，极易产生商誉减值规避的现象。Ramanna 和 Watts（2012）基于美国上市公司的样本数据，研究分析发现，高达 69% 的公司利用商誉减值测试中难以核实的减值评估，进行商誉减值规避。韩宏稳、唐清泉（2019）指出，我国资本市场上也同样普遍存在商誉减值规避的现象。

商誉减值的不及时确认对企业会计信息质量、投资者风险和资本市场发展等会产生不利的影响（Roychowdhury and Martin，2013；Filip et al.，2015；Lobo et al.，2017；Li and Sloan，2017；方重、武鹏，2018）。因而，随着并购商誉规模的激增，减值测试制度下的商誉减值确认不及时问题是一项重要的研究议题。本书聚焦我国资本市场的实际情况，试图从大股东视角揭示商誉减值规避现象背后的成因，进一步探讨大股东商誉减值规避是否会受到外部审计师等约束，面对这种可能的约束，大股东为规避商誉减值，会采取何种防御机制，最后考察大股东商誉减值规避后是否会发生减持，提升公司股价崩盘风险。通过实证分析研究，得出具体如下结论与启示。

（1）大股东视角下商誉减值规避的成因：现象揭示。本书选用我国 A 股市场有一定规模商誉的非金融上市公司为研究样本，探讨公司商誉减值规避现象背后是否存在大股东的影响，以及两者间作用关系的边界条件。实证结果发现：其一，大股东持股比例对商誉减值规避具有显著的正向影响，即随着大股东持股比例的提升，企业越可能会发生商誉减值规避。这表明企业商誉减值规避现象背后存在大股东的影响。其二，当大股东存在股权质押时，大股东持股与商誉减值规避正向作用关系更加显著。这表明有股权质押的大股东更加有动机进行商誉减值规避，以维持股价和自身利益价值不受损。其三，相比大公司，小公司的大股东持股比例与商誉减值规避间作用关系更加显著。这表明相比大公司，小公司的内外部信息不对称程度越高，大股东更加有空间进行商誉减值规避，以实现自身利益不因商誉减值而受损。其四，相比股权制衡较大的大股东，当大股东受到的股权制约较小的情境下，大股东持股与商誉减值规避的正向作用关系更加显著。这表明当大股东面对股权制衡较低时，大股东影响公司决策的权力更大，更加有能力为维护自身利益进行商誉减值规避。此外，本书的进一步研究结果还得出：其一，大股东持股对商誉减值规避的影响作用并不存在先升后降或先降后升的区间效应。其二，不同身份属性的大股东持股比例与商誉减值规避间作用关系存在差异，两者间作用关系由强到弱依次是中央国有大股东、地方国有企业大股东和非国有企业大股东。其三，大股东持股比例对商誉减值规模具有显著的负向影响。当大股东存在股权质押时，大股东持股比例与商誉减值规模间作用关系更加显著。相比大公司，小公司的大股东持股比例与商誉减值规避间作用关系更加显著。当大股东股权制衡较低（权力越高）时，大股东持股比例与商誉减值规模间作用关系更加显著。

　　这些研究结论的现实启示在于：为保证商誉减值测试准则的有效执行，监管部门具体可以通过企业基本面分析，识别出商誉减值规避的可疑公司，尤其需要注意对大股东持股比例较高的这类可疑公司监管，因为这类公司大股东为维护自身利益，更可能利用自由裁量权进行商誉减值规避；另外还需要重点强化对存在股权质押的大股东、小公司的大股东以及股权制衡较低的大股东的监督管理，因为这些情景下大股东更加有动机、空间和能力进行商誉减值规避。

　　（2）大股东商誉减值规避的外部约束与防御：审计师的作用。本书以我国上市公司为研究样本，实证分析大股东商誉减值规避是否会受到审计师等的约束，以及面对这种约束，大股东为规避商誉减值，是否会进行防御以及采取何种防御机制。研究结果发现：其一，大所审计师对大股东持股与商誉减值规避间作用关系具有显著的负向影响。这表明大股东自利动机驱使下的商誉减值规避行为会受到大所审计师的制约。其二，大所审计师对商誉减值规避与向上真实盈余管理间正向作用关系具有显著的正向影响，但对商誉减值规避与向上应计盈余管理间关系没有显著的影响。这表明面对大所审计师的监督制约压力，大股东为规避商誉减值，会选择进行更多向上真实盈余管理的防御方式，而不是向上应计盈余管理的防御方式。进一步对三种真实盈余管理方式的研究表明，大股东面对大所审计师的监督约束压力，为规避商誉减值，主要会选择生产操纵和酌量费用这两种方式真实盈余管理的防御机制。此外，本书进一步研究还发现，当公司机构投资者较多时，大股东持股对商誉减值规避的正向影响作用关系会被弱化，商誉减值规避与真实盈余管理之间的正向作用关系会被强化，但商誉减值规避与应计盈余管理之间的作用关系没有显著的变化。这表明，机构投资者对大股东商誉减值规避自利行为具有约束作用，面对机构投资者的约束，大股东会采取向上真实盈余管理的防御机制，且主要通过生产操纵和酌量费用这两种方式进行向上真实盈余管理。

这些研究结论的现实启示在于：其一，会计准则制定者最为关心的话题是如何保证会计准则得以有效地执行。现行的商誉减值测试制度下，企业规避商誉减值及时确认的现象普遍存在，这背后存在公司大股东的影响。大所审计师和机构投资者对大股东商誉减值规避行为会产生约束作用。因此，为保证商誉会计准则得以有效地执行，可以完善审计师和机构投资者等中介市场，强化审计师和机构投资者的专业能力，发挥监督功能，约束资本市场上市公司大股东规避商誉减值及时确认的行为。其二，即使在面对大所审计师等的约束时，公司大股东也可以通过向上真实盈余管理防御机制进行商誉减值规避。为此，监管部门需要加强对大股东商誉减值规避的防御机制监管。对大所审计师而言，为降低审计风险，应注意审查公司大股东为规避商誉减值，会采取向上盈余管理进行防御，尤其是通过酌量费用和生产操纵方式进行向上真实盈余管理。

（3）大股东商誉减值规避后减持与股价崩盘风险：潜在危害。本书选取我国上市公司为数据样本，考察大股东商誉减值规避后是否会减持，提升公司股价崩盘风险，以及这种提升效应的作用边界。研究结果发现：其一，相比及时计提商誉减值的公司，规避商誉减值的公司未来发生大股东减持的概率更高。这表明大股东商誉减值规避后具有显著的减持倾向。其二，相比及时计提商誉减值的公司，规避商誉减值的公司未来股价崩盘风险更高，且商誉减值规避与股价崩盘风险之间正向作用关系主要存在于大股东减持的公司中。这表明，商誉减值规避导致商誉减值负面消息在公司内部集聚，会提升公司未来股价的崩盘风险，这些隐藏的商誉减值负面消息，会随着大股东减持流入股票市场，引发公司股价崩盘。此外，本书进一步研究还发现，商誉减值规避后公司股价短期内会被高估，同时公司未来业绩会恶化。这些结论为解释大股东商誉减值规避后进行减持提供了直接证据，同时也为厘清为何商誉减值规避与未来股价崩盘风险间作用关系主要存在于大股东减持公司中提供了解释。

这些研究结论的现实启示在于：其一，大股东作为公司内部信息的知情者，精准把握减持时机，获得丰厚的个人独享收益，使得零和博弈中的中小投资者利益受损，如何解决大股东减持掏空问题是困扰监管部门的重大难题。本书研究得出，大股东在商誉减值规避后，公司股价短期内被高估，在这个时机下大股东发生减持的概率更高。为此，市场监管部门应该加大对商誉减值规避后大股东减持的监管与处罚力度。其二，股票崩盘会造成投资者财富缩水，影响资本市场有效运行，更甚者会危害国家金融稳定和实体经济发展。本书研究得出，商誉减值规避是影响公司股价崩盘风险的一项重要因素。对投资者而言，应该提高对商誉减值规避公司的防范意识，以保护自身利益。对金融监管者而言，应该加强对商誉减值规避公司的监督力度，并对违规操纵的大股东进行行政处罚，以防范重大风险的发生、维护金融市场的稳定和发展。

7.2 可能创新之处

本书研究可能存在以下方面的创新之处：

（1）本书基于大股东视角，揭示上市公司商誉减值规避的成因，拓展和深化了商誉减值相关的研究成果，同时，对加强监管、确保减值测试制度有效执行具有重要的现实启示。

本书立足于我国资本市场实际情况，从大股东视角揭示上市公司为何会规避商誉减值，拓展了商誉减值的研究视角。现有关于商誉减值问题的研究文献，主要聚焦于英美发达资本市场，基于管理者视角，考察其在企业商誉减值决策中的影响作用（Beatty and Weber, 2006; AbuGhazaleh et al., 2011; Ramanna and Watts, 2012; Giner and Pardo, 2015; Glaum et al., 2018）。这一研究商誉减值的视角，在公司股权结构较为分散的英美等国家资本市场比较适用，因为在公司股权结构较为分散的情况下，公司管理者掌握着公司经营等各项决策权。除英美之外大多数国家尤其是新兴资本市场国家的公司股权结构较为集中（La Porta et al., 1999），公司大股东实际控制着企业，对企业的决策活动具有重要的影响（姜付秀等，2016）。为此，需要结合每个国家资本市场的实际情况，选择研究商誉减值问题的契合视角。那么在股权结构较为集中的国家中，大股东是否会对企业商誉减值决策产生影响，目前鲜见有文献对此展开研究。本书扎根于我国资本市场实际情况，首次从大股东视角揭示我国上市公司规避商誉减值背后的成因。研究得出，商誉减值规避背后存在大股东的影响，大股东持股比例越高的公司更可能规避商誉减值。进一步研究表明，大股东持股与商誉减值规避之间正向作用关系在大股东存在股权质押的公司、规模较小的公司以及股权制衡较低的公司中更加显著，说明在这三种情境下公司大股东更加有动机、空间和能力规避商誉减值，维护自身利益不因商誉减值而减损。这些研究结论有助于拓展商誉减值的研究视角，丰富商誉减值在新兴资本市场的理论研究成果。

本书依据会计减值和经济减值两个维度，将年度内有商誉资产的样本公司分为四类，进一步细化研究商誉减值规避，有助于加深对商誉减值问题的理解和认识。现有对商誉减值问题的研究文献中，大多数仅依据公司商誉减值的会计处理，简单、粗糙地将样本公司分为减值和没有减值两大类（AbuGhazaleh et al., 2011; Giner and Pardo, 2015; Darrough, Guler and Wang, 2014; Majid, 2015; Chen, Krishnan and Sami, 2015; Sun, 2016; 卢煜、曲晓辉，2016; 叶建芳等，2016; 徐经长等，2017; 曲晓辉等，2017）。这样的做法没有考虑公司商誉是否需要经济减值，很可能会致使研究得出的结论有失偏颇，缺乏指导价值（Li et al., 2011）。为此，需要对商誉减值问题进行细化分类探讨。目前只有少量文献考虑商誉是否需要减值，进一步细化研究商誉减值不及时确认或规避问题（Beatty and Weber，2006；Li et al.，2011；Ramanna and Watts，2012；Filip et al.，2015；Glaum et al.，2018），为商誉减值细分研究提供了有益的参考。由于每个国家资本市场情况不一样，如何借鉴这些研究成果判断商誉是否需要减值，要结合每个国家资本市场的实际情况进行甄别。本书选择与我国资本市场较为契合的判断商誉需要减值指标，聚焦商誉需要减值的场景，研究商誉减值规避问题，可为国内后续深化商誉减值研究提供些许参考价值。

本书得出的研究结论对我国监管层如何加强监督，确保商誉减值测试制度有效执行，化解商誉减值积聚风险具有重要的现实启示价值。目前包括我国在内的大多数国家会计准则为了更好地反映商誉的资产属性，对商誉后续会计处理，引入减值测试方法以取代过去的系统摊销。然而，以原则为导向的减值测试制度在实际执行过程中，上市公司被赋予较高的自由裁量权，容易形成商誉减值规避的现象（Beatty and Weber，2006；Ramanna and Watts，2012；Glaum et al.，2018）。商誉减值的不及时确认会对企业会计信息质量、投资者风险、资本市场资源配置等产生不利影响（Roychowdhury and Martin，2013；Filip et al.，2015；Lobo et al.，2017；Li and Sloan，2017；方重、武鹏，2018）。波澜壮阔的并购浪潮后，资本市场累积的商誉规模越来越大，减值测试制度下商誉减值不及时确认的这些不利影响开始凸显。近年来，国际会计准则理事会和我国财政部相继对商誉减值及其相关问题开展咨询与讨论。我国证监会在对上市公司监管报告中，连续几年多次重点提及商誉减值确认不及时性和随意性的问题。对于商誉减值还是摊销的问题，按照现行会计准则制定的逻辑和发展方向，商誉不应该进行摊销，而应继续采用减值测试的处理方法（谢德仁，2019）。商誉减值被规避或被选择性执行，属于监管的问题，而非会计准则本身的问题。也就是说，对于商誉减值规避问题，应该加强监管，确保商誉减值测试制度有效执行。那么监管部门如何对此加强监管？本书基于企业大股东视角，揭示上市公司商誉减值规避的成因，并进一步考察企业大股东在何种情景下更加有动机、空间和能力对商誉减值进行规避，这些研究结论对于如何加强有针对性的监管，确保商誉减值测试制度得以有效执行，化解商誉减值积聚风险提供了重要的现实启示。

（2）本书考察公司大股东对商誉减值规避的影响，以及分析研究大股东商誉减值规避后的策略选择，丰富了与大股东相关的理论研究成果。

本书探讨大股东在公司商誉减值规避决策中的影响作用，具体分析研究大股东持股比例是否会对商誉减值规避产生显著影响，丰富了大股东如何影响公司会计选择方面的理论成果。目前，国内外学者对大股东持股的经济后果已展开较多的探讨，主要集中考察大股东持股对企业会计信息质量，包括融资、投资和股利政策的财务决策、多元化经营和公司价值等方面的影响作用（Fan and Wong，2002；王化成、胡国柳，2005；徐莉萍、辛宇、陈工孟，2006；王化成、佟岩，2006；黎文靖、路晓燕，2007；罗进辉等，2008；Ramli，2010；Jiang，Habib，Hu，2011；叶松勤、徐经长，2013；Sousa and Galdi，2016；Yao and Yang，2017；王运通、姜付秀，2017；Iwasaki and Mizobata，2019）。尽管已有不少文献考察了大股东持股对公司会计信息质量的影响（Fan and Wong，2002；王化成、佟岩，2006；雷光勇、刘慧龙，2006；黎文靖、路晓燕，2007；张继袖、陆宇建，2007；周泽将，2008；喻凯、徐琴，2010；苏柯等，2014；Alzoubi，2016；Sousa and Galdi，2016；Bao and Lewellyn，2017），但由于研究样本、样本期间和变量测量方式等方面的问题，研究得出的结论没有达成共识，甚至基于同一个国家的样本数据得出截然相反的结论，因而当前这仍然是一个充满活力的研究主题（Iwasaki and Mizobata，2019）。但令人遗憾的是，目前少见有研究文献考察大股东持股对公司具体会计选择（比如商誉减值）的影响作用。本书的研究表明，大股东持股比例对商誉减值规避具有显著的正向影响作用，该结论有助于丰富大股东持股在公司会计选择方面经济后果的研究文献。

本书还从动态角度考察大股东商誉减值规避后是否进行减持，拓展了大股东减持择时性方面的文献成果，丰富了与大股东相关的代理问题研究成果。已有研究发现，公司大股东减持存在择时性（吴育辉、吴世农，2010；朱茶芬等，2010，2011），但较少有文献大股东会在何种具体时机下减持。本书研究得出，公司大股东更可能会在商誉减值规避后进行减持，该结论可为理解企业大股东会在何种时机下发生减持提供一个新的视角。同时，本书得出的这一结论也有助于丰富代理理论研究的成果。代理理论的研究早期主要是在分散公司股权结构下探讨股东与经理人间的第一类代理问题。随着有较多研究发现，除了在英美国少数国家公司股权结构较为分散外，其他多数国家的上市公司股权结构较为集中，人们开始关注和研究大股东与中小股东间第二类代理问题。我国学者发现，公司大股东可以通过关联交易、现金股利和并购重组等方式侵占中小股东利益（刘峰等，2004；李增泉等，2005，2006，等，2018），大股东这种隧道行为在股权分置时期最为明显（蔡宁、魏明海，2009）。随着股权分置改革完成后，中国股票市场进入全流通时代，原非流通股大股东利益实现途径也随着发生变化，可以通过二级市场等渠道进行减持套现。本书研究得出，大股东借助商誉减值规避后公司股价短期内被高估的时机，通过减持交易获得丰厚的个人独享收益，侵占零和博弈中小股东利益，这一结论有助于丰富企业大股东如何侵占中小股东利益相关代理问题的理论研究成果。

(3) 本书探讨审计师对大股东商誉减值规避的约束，大股东面对约束为规避商誉减值，会进行向上真实盈余管理（生产操纵和酌量费用操纵），拓展了盈余管理成因的研究视角，同时丰富了审计师在公司会计选择方面的理论成果。

全球资本市场上的盈余管理事件频现，诸如安然事件此类的盈余管理丑闻屡见不鲜。企业盈余管理活动会损害投资者等利益相关者的利益，妨碍资本市场健康发展。如何识别和监督企业盈余管理活动一直是个重要而永久的话题。以往关于企业盈余管理动因的研究文献，主要是基于契约视角和资本市场视角对此进行考察。其中，契约视角主要包括薪酬契约视角和债务契约视角；资本市场视角主要包括 IPO、再融资活动、规避亏损、税收规避、达到分析师预期（Shivakumar, 2000；Cheng and Warfeild, 2005；戴德明、音亮，2005；吴联生等，2007；Yu, 2008；Chen et al., 2013；肖淑芳等，2013；An, Li and Yu, 2016；Irani, Oesch, 2016；李春涛等，2016）。本书研究结果发现，大股东面对大所审计师的约束，为规避商誉减值，会进行更多向上真实盈余管理、非应计盈余管理，进一步研究发现，其主要是采取生产操纵和酌量费用操纵的真实盈余管理活动。这些研究结论可为理解企业盈余管理活动产生原因提供一个新的视角，为政府等部门监管企业商誉减值规避机制、规范资本市场发展提供参考。

本书还重点探讨了公司财务报告审计师在大股东商誉减值规避中的

影响作用,研究得出,大所审计师对大股东商誉减值规避会产生约束作用,以及大所审计师会强化商誉减值规避与真实盈余管理间作用关系,而对商誉减值规避与应计盈余管理间关系没有显著影响作用,这些研究结论有助于丰富审计师在企业商誉减值会计选择中作用机制的理论研究成果。

(4)本书具体分析了商誉减值规避对公司股价崩盘风险的影响作用,丰富了股价崩盘风险成因的研究成果,同时对防范重大风险具有现实启示。

当前经济形势下,防范重大风险是我国乃至全世界一项重要研究议题。公司股票崩盘会造成投资者财富缩水,影响资本市场有效运行,更甚者会危害国家金融稳定和实体经济发展。因而,如何侦测公司股价崩盘风险对于防范化解重大风险具有重要的意义。近些年来,越来越多的学者开始关注和探讨公司股价崩盘风险的成因,这些研究文献主要基于会计信息质量视角和代理冲突视角探讨公司股价崩盘风险形成的原因。前者主要考察企业内部人为何能够隐瞒坏消息,后者主要解释企业内部人为何会隐瞒坏消息,提升公司股价崩盘风险(Bleck and Liu, 2007; Kothari et al., 2009; Ball, 2009; Kim et al., 2011a, 2011b; Xu et al., 2014; Piotroski et al., 2015; 江轩宇、许年行, 2015; Kim et al., 2016a, 2016b)。

已有的这两类研究的隐性假设是,公司内部人对坏消息的隐瞒,会致使负面信息在公司内部累积,当难以继续隐瞒时,负面信息将集中释放到市场,从而造成公司股价跳跃式下跌。但较少有研究直接探讨企业内部人会隐藏何种坏消息,提升公司股价崩盘风险,以及隐藏的坏消息何时会流入股票市场,使得企业股价崩盘风险显现出来。本书研究发现,公司大股东会对商誉减值进行规避,隐藏商誉资产减值的负面消息,提升了公司未来股价崩盘风险。进一步研究发现,隐藏的商誉减值坏消息,会随着大股东减持而流入股票市场,使得公司股价崩盘风险显现出来。因此,本书得出的该结论拓展和丰富了现有关于股价崩盘风险成因的理论文献,同时,为投资者提高防范意识和保护自身利益提供了参考价值,为金融市场监管者有针对性地防范和化解重大风险提供了重要的现实启示。

7.3 局限与展望

相比公司固定资产和无形资产等资产减值，商誉减值是个更为复杂的问题。囿于可获得数据和个人能力精力的限制，此次研究还存在一些局限性，需要未来研究对此进行进一步更深入的探讨。

第一，由于商誉减值测试有关资产组盈利状况等公司内部数据难以获得，精确衡量商誉减值规避是一项难度较大的工作。现有的研究文献主要是基于企业整体层面的数据，探讨商誉减值不及时确认或规避的问题。本书参考 Glaum et al.（2018）在 The Accounting Review 期刊上发表论文的做法，对公司商誉减值规避进行测度，诚然这种方法相对而言比较科学，但仍难以做到非常准确的去测量商誉减值规避。随着公司商誉减值信息披露的不断完善，未来研究可依据公司包含商誉资产组的盈利状况等信息，更为准确地测度商誉减值规避这一指标，同时进一步测量上市公司商誉减值规避程度，探讨商誉减值规避持续性等问题。

第二，未来研究可以追溯到企业并购时，探讨并购时点的一些特征因素是否会影响并购企业后续的商誉减值。国外学者 Li et al.（2011）探讨并购当时的溢价水平是否是影响企业商誉减值的一个重要前因，由于商誉减值难以匹配到过去的并购事件，他们运用过去五年的并购溢价均值来衡量企业并购时的溢价水平，研究结果发现，并购溢价会对并购企业后期的商誉减值具有显著的影响作用。Gu 和 Lev（2011）考察并购时并购公司股价被高估是否会影响后续商誉减值，研究结果发现，并购方公司股价高估会对企业未来几年的商誉减值具有显著的预测作用。由于我国上市公司商誉减值信息披露不完全，很少有公司披露商誉减值对应的并购事件（傅超等，2015），所以探讨并购时点特征与后续商誉减值之间作用关系的研究难度较大，且可收集到的样本量较少。为此，随着公司商誉减值披露的信息越来越完善，可以进一步考察并购时点特征对企业后续商誉减值的影响，具体可以探究并购时的目标公司信息不确定性（跨行业并购、跨地区并购、目标公司信息质量等）和并购方公司治理机制（股权结构、会计稳健性、年报审计师等）是否会影响企业后续的商誉减值。

第三，本书在探讨大股东商誉减值规避是否会约束时，主要考虑外部审计师的作用,也涉及机构投资者的作用。尽管如此,未来的研究可以进一步考察独立董事、审计委员会、供应商和客户集中度、债权人、媒体监督、投资者保护制度、VC/PE 和社保基金更为具体的机构投资者、证券分析师等内外部公司治理机制是否会约束公司大股东商誉减值规避行为。本书探讨了在面对大所审计师和机构投资者约束时,大股东为规避商誉减值规避,会选择更多的向上真实盈余管理,而非应计盈余管理防御机制。未来的研究可以进一步考察大股东在面对不同类型的约束时,是否会选择更多的向上应计盈余管理,而非真实盈余管理防御机制,或者两者兼有,抑或其他类型的防御机制。

参 考 文 献

[1] 薄仙慧,吴联生. 国有控股与机构投资者的治理效应:盈余管理视角 [J]. 经济研究,2009,44(2):81-91,160.

[2] 蔡春,唐凯桃,薛小荣. 会计专业独董的兼职席位、事务所经历与真实盈余管理 [J]. 管理科学,2017,30(4):30-47.

[3] 蔡海静,汪祥耀,谭超. 高送转、财务业绩与大股东减持规模 [J]. 会计研究,2017(12):45-51,96.

[4] 蔡宁,魏明海. "大小非"减持中的盈余管理 [J]. 审计研究,2009(2):40-49.

[5] 曹越,姚位燕,张肖飞. 大股东控制、股权制衡与企业公益性捐赠 [J]. 中南财经政法大学学报,2015(1):132-140,160.

[6] 曾伟强,李延喜,张婷婷,等. 行业竞争是外部治理机制还是外部诱导因素:基于中国上市公司盈余管理的经验证据 [J]. 南开管理评论,2016,19(4):75-86.

[7] 陈德萍,陈永圣. 股权集中度、股权制衡度与公司绩效关系研究:2007—2009年中小企业板块的实证检验 [J]. 会计研究,2011(1):38-43.

[8] 陈小悦,肖星,过晓艳. 配股权与上市公司利润操纵 [J]. 经济研究,2000(1):30-36.

[9] 陈小悦,徐晓东. 股权结构、企业绩效与投资者利益保护 [J]. 经济研究,2001(11):3-11,94.

[10] 程书强. 机构投资者持股与上市公司会计盈余信息关系实证研究 [J]. 管理世界,2006(9):129-136.

[11] 党红. 关于股改前后现金股利影响因素的实证研究 [J]. 会计研究,2008(6):63-71,95-96.

[12] 邓建平,曾勇,何佳. 利益获取:股利共享还是资金独占? [J]. 经济研究,2007(4):112-123.

[13] 窦炜,刘星. 所有权集中下的企业控制权配置与非效率投资行为

研究：兼论大股东的监督抑或合谋［J］．中国软科学，2009 (9)：107-117．

［14］杜兴强，杜颖洁，周泽将．商誉的内涵及其确认问题探讨［J］．会计研究，2011（1）：11-16，95．

［15］杜勇，张欢，陈建英．CEO 海外经历与企业盈余管理［J］．会计研究，2018（2）：27-33．

［16］段伟宇，师萍．股权结构对债务期限结构选择的影响：基于国家层面创新型企业的证据［J］．预测，2013，32（6）：15-21．

［17］方重，武鹏．商誉减值：上市公司的隐忧［J］．清华金融评论，2018（8）：36-43．

［18］冯根福．双重委托代理理论：上市公司治理的另一种分析框架：兼论进一步完善中国上市公司治理的新思路［J］．经济研究，2004（12）：16-25．

［18］冯卫东．基于知识经济的商誉会计理论研究与准则改进［M］．大连：东北财经大学出版社，2015．

［20］高雷，张杰．公司治理、资金占用与盈余管理［J］．金融研究，2009（5）：121-140．

［21］葛家澍．当前财务会计的几个问题：衍生金融工具、自创商誉和不确定性［J］．会计研究，1996（1）：3-8．

［22］葛家澍．关于财务会计几个基本概念的思考：兼论商誉与衍生金融工具确认与计量［J］．财会通讯，2000（1）：3-12．

［23］韩宏稳，唐清泉．商誉减值规避、盈余管理与股价崩盘风险［J］．中国会计评论，2019（2）：203-234．

［24］韩宏稳，唐清泉，黎文飞．并购商誉减值、信息不对称与股价崩盘风险［J］．证券市场导报，2019（3）：59-70．

［25］洪金明，徐玉德，李亚茹．信息披露质量、控股股东资金占用与审计师选择：来自深市 A 股上市公司的经验证据［J］．审计研究，2011（2）：107-112．

［26］胡国柳，李伟铭，张长海，等．股权分置、公司治理与股利分配决策：现金股利还是股票股利？［J］．财经理论与实践，2011，32（1）：37-42．

［27］胡奕明，唐松莲．独立董事与上市公司盈余信息质量［J］．管理

世界，2008（9）：149-160.

[28] 黄海杰，吕长江，丁慧. 独立董事声誉与盈余质量：会计专业独董的视角[J]. 管理世界，2016（3）：128-143，188.

[29] 黄政，吴国萍. 内部控制质量与股价崩盘风险：影响效果及路径检验[J]. 审计研究，2017（4）：48-55.

[30] 贾明琪，杜蕊，贾文劢，等. 关系股东视角的大股东控制与上市公司投资效率关系研究[J]. 兰州大学学报（社会科学版），2017，45（5）：137-147.

[31] 江轩宇，许年行. 企业过度投资与股价崩盘风险[J]. 金融研究，2015（8）：141-158.

[32] 江轩宇，伊志宏. 审计行业专长与股价崩盘风险[J]. 中国会计评论，2013（2）：133-150.

[33] 姜付秀，蔡欣妮，朱冰. 多个大股东与股价崩盘风险[J]. 会计研究，2018（1）：68-74.

[34] 姜付秀，KIM K A，王运通. 公司治理：西方理论与中国实践[M]. 北京：北京大学出版社，2016.

[35] 蒋大富，熊剑. 非经常性损益、会计准则变更与ST公司盈余管理[J]. 南开管理评论，2012，15（4）：151-160.

[36] 蒋弘，刘星. 股权制衡、并购信息披露质量与主并公司价值：基于中国上市公司的模型与实证研究[J]. 管理工程学报，2012，26（4）：17-25，126.

[37] 雷光勇，刘慧龙. 大股东控制、融资规模与盈余操纵程度[J]. 管理世界，2006（1）：129-136，172.

[38] 黎来芳，陈占燎. 控股股东股权质押降低信息披露质量吗？[J]. 科学决策，2018（8）：1-20.

[39] 黎文飞，郭惠武，唐清泉. 产业集群、信息传递与并购价值创造[J]. 财经研究，2016，42（1）：123-133.

[40] 黎文靖，路晓燕. 地区环境，第一大股东与会计信息质量：来自中国证券市场的经验证据[J]. 经济与管理研究，2007（12）：66-71.

[41] 黎文靖. 股东和管理层的权力博弈与会计信息质量：来自中国证券市场的经验证据[J]. 暨南学报（哲学社会科学版），2009，

31 (6)：114 - 123，210.

[42] 李常青，李宇坤，李茂良. 控股股东股权质押与企业创新投入 [J]. 金融研究，2018 (7)：143 - 157.

[43] 李常青，幸伟. 控股股东股权质押与上市公司信息披露 [J]. 统计研究，2017，34 (12)：75 - 86.

[44] 李春涛，赵一，徐欣，等. 按下葫芦浮起瓢：分析师跟踪与盈余管理途径选择 [J]. 金融研究，2016 (4)：144 - 157.

[45] 李琳，刘凤委，卢文彬. 基于公司业绩波动性的股权制衡治理效应研究 [J]. 管理世界，2009 (5)：145 - 151.

[46] 李青原，周汝卓. "四大"审计师与审计质量的再审视 [J]. 东南大学学报（哲学社会科学版），2016，18 (1)：41 - 51，143.

[47] 李仙，聂丽洁. 我国上市公司 IPO 中审计质量与盈余管理实证研究 [J]. 审计研究，2006 (6)：67 - 72.

[48] 李小荣，刘行. CEO vs CFO：性别与股价崩盘风险 [J]. 世界经济，2012，35 (12)：102 - 129.

[49] 李延喜，包世泽，高锐，等. 薪酬激励、董事会监管与上市公司盈余管理 [J]. 南开管理评论，2007 (6)：55 - 61.

[50] 李玉菊. 混合所有制改革中的商誉与无形资产价值问题 [J]. 财经科学，2018 (1)：89 - 98.

[51] 李玉菊. 基于企业能力的商誉计量方法研究 [J]. 管理世界，2010 (11)：174 - 175.

[52] 李玉菊，张秋生，谢纪刚. 商誉会计的困惑、思考与展望：商誉会计专题学术研讨会观点综述 [J]. 会计研究，2010 (8)：87 - 90.

[53] 李增福，曾慜. 投资者法律保护与企业的盈余管理：基于应计项目操控和真实活动操控的研究 [J]. 管理评论，2017，29 (2)：221 - 233.

[54] 李增福，林盛天，连玉君. 国有控股、机构投资者与真实活动的盈余管理 [J]. 管理工程学报，2013，27 (3)：35 - 44.

[55] 李增福，黄华林，连玉君. 股票定向增发、盈余管理与公司的业绩滑坡：基于应计项目操控与真实活动操控方式下的研究 [J]. 数理统计与管理，2012，31 (5)：941 - 950.

[56] 李增福,曾庆意,魏下海. 债务契约、控制人性质与盈余管理 [J]. 经济评论, 2011 (6): 88-96.

[57] 李增福,郑友环,连玉君. 股权再融资、盈余管理与上市公司业绩滑坡:基于应计项目操控与真实活动操控方式下的研究 [J]. 中国管理科学, 2011, 19 (2): 49-56.

[58] 李增福,董志强,连玉君. 应计项目盈余管理还是真实活动盈余管理?:基于我国 2007 年所得税改革的研究 [J]. 管理世界, 2011 (1): 121-134.

[59] 梁权熙,曾海舰. 独立董事制度改革、独立董事的独立性与股价崩盘风险 [J]. 管理世界, 2016 (3): 144-159.

[60] 林乐,郑登津. 退市监管与股价崩盘风险 [J]. 中国工业经济, 2016 (12): 58-74.

[61] 林永坚,王志强. 国际"四大"的审计质量更高吗?:来自中国上市公司的经验证据 [J]. 财经研究, 2013, 39 (6): 73-83.

[62] 刘春,孙亮. 股权结构与会计信息质量:以熵权法所构建的会计信息质量指数为基础的经验研究 [J]. 税务与经济, 2011 (2): 52-59.

[63] 刘力,马贤明. 审计委员会与审计质量:来自中国 A 股市场的经验证据 [J]. 会计研究, 2008 (7): 84-89, 97.

[64] 刘文军. 审计师的地理位置是否影响审计质量? [J]. 审计研究, 2014 (1): 79-87.

[65] 刘星,安灵. 大股东控制、政府控制层级与公司价值创造 [J]. 会计研究, 2010 (1): 69-78, 96.

[66] 刘星,刘伟. 监督,抑或共谋?:我国上市公司股权结构与公司价值的关系研究 [J]. 会计研究, 2007 (6): 68-75, 96.

[67] 柳建华,孙亮,卢锐. 券商声誉、制度环境与 IPO 公司盈余管理 [J]. 管理科学学报, 2017, 20 (7): 24-42.

[68] 卢煜,曲晓辉. 商誉减值的盈余管理动机:基于中国 A 股上市公司的经验证据 [J]. 山西财经大学学报, 2016, 38 (7): 87-99.

[69] 芦笛. 税收-会计差异与企业盈余管理行为的研究 [J]. 科研管理, 2017, 38 (5): 98-106.

[70] 陆宇建. 上市公司盈余管理行为对配股政策反应的实证研究 [J].

中国软科学, 2003 (6): 47-51.

[71] 罗宏, 曾永良, 宛玲羽. 薪酬攀比、盈余管理与高管薪酬操纵 [J]. 南开管理评论, 2016, 19 (2): 19-31, 74.

[72] 罗进辉, 杜兴强. 媒体报道、制度环境与股价崩盘风险 [J]. 会计研究, 2014 (9): 53-59, 97.

[73] 罗进辉, 万迪昉, 蔡地. 大股东治理与管理者过度投资行为 [J]. 经济管理, 2008 (1): 33-39.

[74] 罗进辉, 万迪昉. 大股东持股对公司价值影响的区间特征 [J]. 数理统计与管理, 2010, 29 (6): 1084-1095.

[75] 罗琦, 吴哲栋. 控股股东代理问题与公司现金股利 [J]. 管理科学, 2016, 29 (3): 112-122.

[76] 罗琦, 伍敬侗. 控股股东代理与股利生命周期特征 [J]. 经济管理, 2017, 39 (9): 167-179.

[77] 罗正英, 李益娟, 常昀. 民营企业的股权结构对 R&D 投资行为的传导效应研究 [J]. 中国软科学, 2014 (3): 167-176.

[78] 潘红波, 饶晓琼, 张哲. 并购套利观: 来自内部人减持的经验证据 [J]. 经济管理, 2019, 41 (3): 107-123.

[79] 潘越, 戴亦一, 林超群. 信息不透明、分析师关注与个股暴跌风险 [J]. 金融研究, 2011 (9): 138-151.

[80] 钱爱民, 张晨宇. 股权质押与信息披露策略 [J]. 会计研究, 2018 (12): 34-40.

[81] 曲晓辉, 卢煜, 张瑞丽. 商誉减值的价值相关性: 基于中国 A 股市场的经验证据 [J]. 经济与管理研究, 2017, 38 (3): 122-132.

[82] 冉茂盛, 钟海燕, 文守逊, 等. 大股东控制影响上市公司投资效率的路径研究 [J]. 中国管理科学, 2010, 18 (4): 165-172.

[83] 饶茜, 唐柳, 姜宇, 等. 中国上市公司多元化经营与股权结构关系的实证研究 [J]. 经济管理, 2004 (2): 82-88.

[84] 任海云. 股权结构与企业 R&D 投入关系的实证研究: 基于 A 股制造业上市公司的数据分析 [J]. 中国软科学, 2010 (5): 126-135.

[85] 宋迪, 杨超. 控股股东股权质押、分析师关注与股利政策 [J].

北京工商大学学报（社会科学版），2018，33（6）：102－112.

[86] 宋敏，张俊喜，李春涛. 股权结构的陷阱 [J]. 南开管理评论，2004（1）：9－23，56.

[87] 宋小保. 股权集中，投资决策与代理成本 [J]. 中国管理科学，2013，21（4）：152－161.

[88] 宋岩，宋爽. 股权质押与市值管理：基于中国沪深股市A股上市公司的实证检验 [J]. 中国管理科学，2019，27（6）：10－20.

[89] 宋岩，滕萍萍，秦昌才. 企业社会责任与盈余管理：基于中国沪深股市A股制造业上市公司的实证研究 [J]. 中国管理科学，2017，25（5）：187－196.

[90] 孙永祥，黄祖辉. 上市公司的股权结构与绩效 [J]. 经济研究，1999（12）：23－30，39.

[91] 谭劲松，林雨晨. 机构投资者对信息披露的治理效应：基于机构调研行为的证据 [J]. 南开管理评论，2016，19（5）：115－126.

[92] 谭燕，吴静. 股权质押具有治理效用吗？：来自中国上市公司的经验证据 [J]. 会计研究，2013（2）：45－53，95.

[93] 汤云为，钱逢胜. 会计理论 [M]. 上海：上海财经大学出版社，1997.

[94] 唐建新，李永华，卢剑龙. 股权结构、董事会特征与大股东掏空：来自民营上市公司的经验证据 [J]. 经济评论，2013（1）：86－95.

[95] 唐清泉，罗党论，王莉. 大股东的隧道挖掘与制衡力量：来自中国市场的经验证据 [J]. 中国会计评论，2005（1）：63－86.

[96] 佟岩，王化成. 关联交易、控制权收益与盈余质量 [J]. 会计研究，2007（4）：75－82，96.

[97] 王兵，吕梦，苏文兵. 监事会治理有效吗：基于内部审计师兼任监事会成员的视角 [J]. 南开管理评论，2018，21（3）：76－89.

[98] 王兵. 独立董事监督了吗？：基于中国上市公司盈余质量的视角 [J]. 金融研究，2007（1）：109－121.

[99] 王冲，谢雅璐. 会计稳健性、信息不透明与股价暴跌风险 [J]. 管理科学，2013，26（1）：68－79.

[100] 王化成，曹丰，叶康涛. 监督还是掏空：大股东持股比例与股价

崩盘风险 [J]. 管理世界, 2015 (2): 45-57.

[101] 王化成, 曹丰, 高升好, 等. 投资者保护与股价崩盘风险 [J]. 财贸经济, 2014 (10): 73-82.

[102] 王化成, 胡国柳. 股权结构与企业投资多元化关系: 理论与实证分析 [J]. 会计研究, 2005 (8): 56-62, 96.

[103] 王化成, 李春玲, 卢闯. 控股股东对上市公司现金股利政策影响的实证研究 [J]. 管理世界, 2007 (1): 122-127, 136, 172.

[104] 王化成, 佟岩. 控股股东与盈余质量: 基于盈余反应系数的考察 [J]. 会计研究, 2006 (2): 66-74, 97.

[105] 王化成, 张修平, 侯粲然, 等. 企业战略差异与权益资本成本: 基于经营风险和信息不对称的中介效应研究 [J]. 中国软科学, 2017 (9): 99-113.

[106] 王晓珂, 王艳艳, 于李胜, 等. 审计师个人经验与审计质量 [J]. 会计研究, 2016 (9): 75-81.

[107] 王雄元, 欧阳才越, 史震阳. 股权质押、控制权转移风险与税收规避 [J]. 经济研究, 2018, 53 (1): 138-152.

[108] 王云, 李延喜, 宋金波, 等. 企业生命周期视角下盈余管理方式研究: 基于债务契约理论 [J]. 管理评论, 2016, 28 (12): 75-91.

[109] 王运通, 姜付秀. 多个大股东能否降低公司债务融资成本 [J]. 世界经济, 2017, 40 (10): 119-143.

[110] 魏明海, 陈胜蓝, 黎文靖. 投资者保护研究综述: 财务会计信息的作用 [J]. 中国会计评论, 2007 (1): 131-150.

[111] 魏涛, 陆正飞, 单宏伟. 非经常性损益盈余管理的动机、手段和作用研究: 来自中国上市公司的经验证据 [J]. 管理世界, 2007 (1): 113-121, 172.

[112] 吴联生, 薄仙慧, 王亚平. 避免亏损的盈余管理程度: 上市公司与非上市公司的比较 [J]. 会计研究, 2007 (2): 44-51, 91.

[113] 吴水澎, 李奇凤. 国际四大、国内十大与国内非十大的审计质量: 来自2003年中国上市公司的经验证据 [J]. 当代财经, 2006 (2): 114-118.

[114] 吴育辉, 吴世农. 股票减持过程中的大股东掏空行为研究 [J].

中国工业经济, 2010 (5): 121-130.

[115] 武聪, 张俊生. 内部人交易与企业盈余管理行为 [J]. 经济管理, 2009, 31 (8): 113-118.

[116] 肖淑芳, 刘颖, 刘洋. 股票期权实施中经理人盈余管理行为研究: 行权业绩考核指标设置角度 [J]. 会计研究, 2013 (12): 40-46, 96.

[117] 谢德仁, 崔宸瑜, 汤晓燕. 业绩型股权激励下的业绩达标动机和真实盈余管理 [J]. 南开管理评论, 2018, 21 (1): 159-171.

[118] 谢德仁, 廖珂, 郑登津. 控股股东股权质押与开发支出会计政策隐性选择 [J]. 会计研究, 2017 (3): 30-38, 94.

[119] 谢德仁, 郑登津, 崔宸瑜. 控股股东股权质押是潜在的"地雷"吗?: 基于股价崩盘风险视角的研究 [J]. 管理世界, 2016 (5): 128-140, 188.

[120] 谢军. 第一大股东持股和公司价值: 激励效应和防御效应 [J]. 南开管理评论, 2007 (1): 21-25.

[121] 徐经长, 张东旭, 刘欢欢. 并购商誉信息会影响债务资本成本吗? [J]. 中央财经大学学报, 2017 (3): 109-118.

[122] 徐莉萍, 辛宇, 陈工孟. 股权集中度和股权制衡及其对公司经营绩效的影响 [J]. 经济研究, 2006 (1): 90-100.

[123] 徐文丽, 张敏. 对商誉本质的重新认识 [J]. 上海大学学报 (社会科学版), 2009, 16 (1): 39-44.

[124] 阎德玉. 论商誉会计理论重构: 兼评商誉会计"三元理论" [J]. 中南财经大学学报, 1997 (1): 66-71, 142.

[125] 杨德明, 辛清泉. 投资者关系与代理成本: 基于上市公司的分析 [J]. 经济科学, 2006 (3): 47-60.

[126] 杨继伟, 汪戎, 陈红. 债权治理与盈余质量: 来自中国证券市场的经验证据 [J]. 管理评论, 2012, 24 (9): 75-82.

[127] 杨清香, 俞麟, 胡向丽. 不同产权性质下股权结构对投资行为的影响: 来自中国上市公司的经验证据 [J]. 中国软科学, 2010 (7): 142-150.

[128] 杨汝梅. 无形资产 [M]. 施仁夫, 等, 译. 上海: 商务印书馆, 1936.

[129] 杨志强,王华. 公司内部薪酬差距、股权集中度与盈余管理行为:基于高管团队内和高管与员工之间薪酬的比较分析[J]. 会计研究,2014(6):57-65,97.

[130] 叶建芳,何开刚,杨庆,等. 不可核实的商誉减值测试估计与审计费用[J]. 审计研究,2016(1):76-84.

[131] 叶康涛,曹丰,王化成. 内部控制信息披露能够降低股价崩盘风险吗?[J]. 金融研究,2015(2):192-206.

[132] 叶康涛,刘行. 税收征管、所得税成本与盈余管理[J]. 管理世界,2011(5):140-148.

[133] 叶康涛. 盈余管理与所得税支付:基于会计利润与应税所得之间差异的研究[J]. 中国会计评论,2006(2):205-224.

[134] 游家兴,罗胜强. 政府行为、股权安排与公司治理的有效性:基于盈余质量视角的研究[J]. 南开管理评论,2008,11(6):66-73.

[135] 于越冬. 人力资本与企业商誉的经济实质[J]. 会计研究,2000(2):40-45.

[136] 郁玉环. 基于公司治理视角的信息披露影响因素分析[J]. 数量经济技术经济研究,2012,29(8):64-78.

[137] 喻凯,徐琴. 终极产权性质、第一大股东对盈余质量的影响分析[J]. 财经理论与实践,2010,31(5):63-68.

[138] 袁渊. 大股东减持影响因素的理论和实证分析[J]. 中国会计评论,2010,8(4):463-484.

[139] 张继袖,陆宇建. 控股股东、政府补助与盈余质量[J]. 财经问题研究,2007(4):41-47.

[140] 张俊瑞,李彬,刘东霖. 真实活动操控的盈余管理研究:基于保盈动机的经验证据[J]. 数理统计与管理,2008(5):918-927.

[141] 张鸣,王明虎. 对商誉会计理论的反思[J]. 会计研究,1998(4):12-16.

[142] 张婷,余玉苗. 合并商誉的本质及会计处理:企业资源基础理论和交易费用视角[J]. 南开管理评论,2008(4):105-110.

[143] 张昕,杨再惠. 中国上市公司利用盈余管理避免亏损的实证研究[J]. 管理世界,2007(9):166-167.

［144］张翼，李辰. 股权结构、现金流与资本投资［J］. 经济学（季刊），2005（4）：229–246.

［145］张友棠，熊毅. 内部控制、产权性质与盈余管理方式选择：基于2007—2015年A股非金融类上市公司的实证研究［J］. 审计研究，2017（3）：105–112.

［146］张宗益，黄新建. 我国上市公司首次公开发行股票中的盈余管理实证研究［J］. 中国软科学，2003（10）：37–39.

［147］章卫东. 定向增发新股与盈余管理：来自中国证券市场的经验证据［J］. 管理世界，2010（1）：54–63，73.

［148］赵放，孙哲，聂兴凯. 审计委员会中会计独董的同城特征与股价崩盘风险［J］. 审计研究，2017（5）：104–112.

［149］郑国坚，林东杰，林斌. 大股东股权质押、占款与企业价值［J］. 管理科学学报，2014，17（9）：72–87.

［150］郑海英，刘正阳，冯卫东. 并购商誉能提升公司业绩吗？：来自A股上市公司的经验证据［J］. 会计研究，2014（3）：11–17.

［151］周仁俊，杨战兵，李礼. 管理层激励与企业经营业绩的相关性：国有与非国有控股上市公司的比较［J］. 会计研究，2010（12）：69–75.

［152］周晓苏，黄殿英. 合并商誉的本质及其经济后果研究［J］. 当代财经，2008（2）：119–125.

［153］周泽将，徐硕，马静. 政治关联、事务所背景与盈余管理：基于独立董事视角的经验证据［J］. 审计研究，2017（6）：99–104，112.

［154］朱茶芬，陈超，李志文. 信息优势、波动风险与大股东的选择性减持行为［J］. 浙江大学学报（人文社会科学版），2010，40（2）：164–173.

［155］朱茶芬，李志文，陈超. A股市场上大股东减持的时机选择和市场反应研究［J］. 浙江大学学报（人文社会科学版），2011，41（3）：159–169.

［156］朱德胜，周晓珮. 股权制衡、管理者持股与企业创新效率［J］. 南开管理评论，2016，19（3）：136–144.

［157］朱松. 债券市场参与者关注会计信息质量吗［J］. 南开管理评

论, 2013, 16 (3): 16 - 25.

[158] ABUGHAZALEH N M, AL-HARES O M, ROBERTS C. Accounting discretion in goodwill impairments: UK evidence [J]. Journal of international financial management & accounting, 2011, 22 (3): 165 - 204.

[159] AHARONY J, LIN C J, LOEB M P. Initial public offerings, accounting choices, and earnings management [J]. Contemporary accounting research, 1993, 10 (1): 61 - 81.

[160] AHMED A S, GULER L. Evidence on the effects of SFAS 142 on the reliability of goodwill write-offs [J]. Working paper, 2007.

[161] AHN S, CHOI W. The role of bank monitoring in corporate governance: evidence from borrowers' earnings management behavior [J]. Journal of banking & finance, 2009, 33 (2): 425 - 434.

[162] ALHADAB M, CLACHER I, KEASEY K. A comparativeanalysis of real and accrual earnings management around initial public offerings under different regulatory environments [J]. Journal of business finance & accounting, 2016, 43 (7 - 8): 849 - 871.

[163] ALZOUBI E S S. Ownership structure and earnings management: evidence from Jordan [J]. International journal of accounting & information management, 2016, 24 (2): 135 - 161.

[164] AMIHUD Y, LEV B. Does corporate ownership structure affect its strategy towards diversification? [J]. Strategic management journal, 1999, 20 (11): 1063 - 1069.

[165] AN Z, LI D, YU J. Earnings management, capital structure, and the role of institutional environments [J]. Journal of banking & finance, 2016, 68: 131 - 152.

[166] ARSLAN Ö, KARAN M B. Ownership and control structure as determinants of corporate debt maturity: a panel study of an emerging market [J]. Corporate governance: an international review, 2006, 14 (4): 312 - 324.

[167] AYRES D R, NEAL T L, REID L C, et al. Auditing goodwill in the post-Amortization era: challenges for auditors [J]. Contemporary

accounting research, 2019, 36 (1): 82 – 107.

[168] BALL R, KOTHARI S P, ROBIN A. The effect of international institutional factors on properties of accounting earnings [J]. Journal of accounting and economics, 2000, 29 (1): 1 – 51.

[169] BALL R, SHIVAKUMAR L. Earnings quality in UK private firms: comparative loss recognition timeliness. Journal of accounting & economics, 2005, 39 (1): 83 – 128.

[170] BALL R. Market and political/regulatory perspectives on the recent accounting scandals [J]. Journal of accounting research, 2009, 47 (2): 277 – 323.

[171] BALSAM S, KRISHNAN J, YANG J S. Auditor industry specialization and earnings quality [J]. Auditing: a journal of practice & theory, 2003, 22 (2): 71 – 97.

[172] BAO S R, LEWELLYN K B. Ownership structure and earnings management in emerging markets—an institutionalized agency perspective [J]. International business review, 26 (5): 828 – 838.

[173] BARGERON L L, SCHLINGEMANN F P, STULZ R M, et al. Why do private acquirers pay so little compared to public acquirers? [J]. Journal of financial economics, 2008, 89 (3): 375 – 390.

[174] BARKEMA H G, GOMEZ-MEJIA L R. Managerial compensation and firm performance: a general research framework [J]. Academy of management journal, 1998, 41 (2): 135 – 145.

[175] BEATTY A, WEBER J. Accounting discretion in fair value estimates: an examination of SFAS 142 goodwill impairments [J]. Journal of accounting research, 2006, 44 (2): 257 – 288.

[176] BECKER C L, DEFOND M L, JIAMBALVO J, et al. The effect of audit quality on earnings management [J]. Contemporary accounting research, 1998, 15 (1): 1 – 24.

[177] BENS D A, HELTZER W, SEGAL B. The information content of goodwill impairments and SFAS 142 [J]. Journal of accounting, auditing & finance, 2011, 26 (3): 527 – 555.

[178] BEPARI M K, MOLLIK A T. Effect of audit quality and accounting

and finance backgrounds of audit committee members on firms' compliance with IFRS for goodwill impairment testing [J]. Journal of applied accounting research, 2016, 16 (2): 196 – 220.

[179] BHARGAVA R, FAIRCLOTH S, ZENG H. Takeover protection and stock price crash risk: evidence from state antitakeover laws [J]. Journal of business research, 2017, 70: 177 – 184.

[180] BHATTACHARYA N, DESAI H, VENKATARAMAN K. Does earnings quality affect information asymmetry? Evidence from trading costs [J]. Contemporary accounting research, 2013, 30 (2): 482 – 516.

[181] BIDDLE G C, HILARY G. Accounting quality and firm-level capital investment [J]. The accounting review, 2006, 81 (5): 963 – 982.

[182] BLECK A, LIU X. Market transparency and the accounting regime [J]. Journal of accounting research, 2007, 45 (2): 229 – 256.

[183] BOSTWICK E D, KRIEGER K, LAMBERT S L. Relevance of goodwill impairments to cash flow prediction and forecasting [J]. Journal of accounting auditing & finance, 2016, 31 (3): 137 – 154.

[184] BOUBAKRI N, GHOUMA H. Control/ownership structure, creditor rights protection, and the cost of debt financing: international evidence [J]. Journal of banking & finance, 2010, 34 (10): 2481 – 2499.

[185] BUSHMAN R M, PIOTROSKI J D, SMITH A J. Capital allocation and timely accounting recognition of economic losses [J]. Journal of business finance & accounting, 2011, 38 (1 – 2): 1 – 33.

[186] CALLEN J L, FANG X. Religion and stock price crash risk [J]. Journal of financial & quantitative analysis, 2015, 50 (1 – 2): 169 – 195.

[187] CANNING J B. The economics of accountancy [M]. New York: A New York Times Company, 1929.

[188] CARAMANIS C, LENNOX C. Audit effort and earnings management [J]. Journal of accounting and economics, 2008, 45 (1): 116 – 138.

[189] CHALMERS K G, GODFREY J M, WEBSTER J C. Does a goodwill impairment regime better reflect the underlying economic attributes of goodwill? [J]. Accounting & finance, 2011, 51 (3): 634-660.

[190] CHEN C, KIM J B, YAO L. Earnings smoothing: does it exacerbate or constrain stock price crash risk? [J]. Journal of corporate finance, 2017, 42: 36-54.

[191] CHEN H, CHEN J Z, LOBO G J, et al. Effects of audit quality on earnings management and cost of equity capital: evidence from China [J]. Contemporary accounting research, 2011, 28 (3): 892-925.

[192] CHEN J, HONG H, STEIN J C. Breadth of ownership and stock returns [J]. Journal of financial economics, 2002, 66 (2-3): 171-205.

[193] CHEN L H, KRISHNAN J, SAMI H. Goodwill impairment charges and analyst forecast properties [J]. Accounting horizons, 2015, 29 (1): 141-169.

[194] CHEN S S, LIN W C, CHANG S C, et al. Information uncertainty, earnings management, and long-run stock performance following initial public offerings [J]. Journal of business finance & accounting, 2013, 40 (9-10): 1126-1154.

[195] CHEN V Z, LI J, SHAPIRO D M, et al. Ownership structure and innovation: an emerging market perspective [J]. Asia Pacific journal of management, 2014, 31 (1): 1-24.

[196] CHEN W, SHROFF P K, ZHANG I. Fair value accounting: consequences of booking market-driven goodwill impairment [J]. Social science electronic publishing, 2014.

[197] CHEN Y, XIE Y, YOU H, et al. Does crackdown on corruption reduce stock price crash risk? Evidence from China [J]. Journal of corporate finance, 2018, 51 (5): 125-141.

[198] CHEN Z, CHEUNG Y L, STOURAITIS A, et al. Ownership concentration, firm performance, and dividend policy in Hong Kong [J]. Pacific-basin finance journal, 2005, 13 (4): 431-449.

[199] CHENG C S A, WANG J, WEI S X. State ownership and earnings

management around initial public offerings: evidence from China [J]. Journal of international accounting research, 2015, 14 (2): 89 – 116.

[200] CHENG Q, LEE J, SHEVLIN T. Internal governance and real earnings management [J]. The accounting review, 2016, 91 (4): 1051 – 1085.

[201] CHENG S, INDJEJIKIAN R. Managerial influence and CEO performance incentives [J]. International review of law & economics, 2009, 29 (2): 115 – 126.

[202] CHUNG R, FIRTH M, KIM J B. Institutional monitoring and opportunistic earnings management [J]. Journal of corporate finance, 2002, 8 (1): 29 – 48.

[203] CLAESSENS S, DJANKOV S, LANG L H P. The separation of ownership and control in East Asian Corporations [J]. Journal of financial economics, 2000, 58 (1 – 2): 81 – 112.

[204] CLAESSENS S, DJANKOV S. Ownership concentration and corporate performance in the Czech Republic [J]. Journal of comparative economics, 1999, 27 (3): 498 – 513.

[205] COHEN D A, ZAROWIN P. Accrual-based and real earnings management activities around seasoned equity offerings [J]. Journal of accounting and economics, 2010, 50 (1): 2 – 19.

[206] DA CUNHA C M P, BORTOLON P M. The role of ownership concentration and debt in downturns: evidence from Brazilian firms during the 2008 – 9 financial crisis [J]. Emerging markets finance and trade, 2016, 52: 1 – 14.

[207] DARROUGH M N, GULER L, WANG P. Goodwill impairment losses and CEO compensation [J]. Journal of accounting, auditing & finance, 2014, 29 (4): 435 – 463.

[208] DATTA S, ISKANDAR-DATTA M, RAMAN K. Managerial stock ownership and the maturity structure of corporate debt [J]. The journal of finance, 2005, 60 (5): 2333 – 2350.

[209] DATTA S, ISKANDAR-DATTA M, SINGH V. Product market pow-

er, industry structure, and corporate earnings management [J]. Journal of banking & finance, 2013, 37 (8): 3273 – 3285.

[210] DEANGELO L E. Auditor size and audit quality [J]. Journal of accounting and economics, 1981, 3 (3): 183 – 199.

[211] DEFOND M L, JIAMBALVO J. Debt covenant violation and manipulation of accruals [J]. Journal of accounting and economics, 1994, 17 (1 – 2): 145 – 176.

[212] DENG Z, HOFMAN P S, NEWMAN A. Ownership concentration and product innovation in Chinese private SMEs [J]. Asia Pacific journal of management, 2013, 30 (3): 717 – 734.

[213] DENIS D J, DENIS D K, SARIN A. Agency problems, equity ownership, and corporate diversification [J]. The journal of finance, 1997, 52 (1): 135 – 160.

[214] DEPOERS F. A cost benefit study of voluntary disclosure: some empirical evidence from French listed companies [J]. European accounting review, 2000, 9 (2): 245 – 263.

[215] DOPUCH N, SIMUNIC D. Competition in auditing: an assessment [C]//Fourth symposium on auditing research. Urbana, IL: University of Illinois, 1982: 401 – 405.

[216] DOYLE J, GE W, MCVAY S. Determinants of weaknesses in internal control over financial reporting [J]. Journal of accounting and economics, 2007, 44 (1 – 2): 193 – 223.

[217] DUCHARME L L, MALATESTA P H, SEFCIK S E. Earnings management, stock issues, and shareholder lawsuits [J]. Journal of financial economics, 2004, 71 (1): 27 – 49.

[218] EDWARDS J S S, WEICHENRIEDER A J. Ownership concentration and share valuation [J]. German economic review, 2004, 5 (2): 143 – 171.

[219] FAN J P H, WONG T J. Corporate ownership structure and the informativeness of accounting earnings in East Asia [J]. Journal of accounting & economics, 2002, 33 (3): 401 – 425.

[220] FERRAMOSCA S, GRECO G, ALLEGRINI M. External audit and

goodwill write-off [J]. Journal of management & governance, 2017, 21 (4): 907 – 934.

[221] FILATOTCHEV I, KAPELYUSHNIKOV R, DYOMINA N, et al. The effects of ownership concentration on investment and performance in privatized firms in Russia [J]. Managerial and decision economics, 2001, 22 (6): 299 – 313.

[222] FILIP A, JEANJEAN T, PAUGAM L. Using real activities to avoid goodwill impairment losses: evidence and effect on future performance [J]. Journal of business finance & accounting, 2015, 42 (3 – 4): 515 – 554.

[223] FRANCIS B, HASAN I, LI L. Abnormal real operations, real earnings management, and subsequent crashes in stock prices [J]. Review of quantitative finance and accounting, 2016, 46 (2): 217 – 260.

[224] FRANCIS J R, MAYDEW E L, SPARKS H C. The role of big 6 auditors in the credible reporting of accruals [J]. Auditing: a journal of practice & theory, 1999, 18 (2): 17 – 34.

[225] FRANCIS J R, MARTIN X. Acquisition profitability and timely loss recognition [J]. Journal of accounting and economics, 2010, 49 (1 – 2): 161 – 178.

[226] FRANCIS J R, MAYDEW E L, SPARKS H C. The role of big 6 auditors in the credible reporting of accruals [J]. Auditing: a journal of practice & theory, 1999, 18 (2): 17 – 34.

[227] FRANCIS J R, WANG D. The joint effect of investor protection and big 4 audits on earnings quality around the world [J]. Contemporary accounting research, 2008, 25 (1): 157 – 191.

[228] FRANZ D R, HASSAB ELNABY H R, LOBO G J. Impact of proximity to debt covenant violation on earnings management [J]. Review of accounting studies, 2014, 19 (1): 473 – 505.

[229] FRIEDLAN J M. Accounting choices of issuers of initial public offerings [J]. Contemporary accounting research, 1994, 11 (1): 1 – 31.

[230] GARCÍA-TERUEL P J, MARTÍNEZ-SOLANO P. Ownership structure and debt maturity: new evidence from Spain [J]. Review of quantitative finance and accounting, 2010, 35 (4): 473 –491.

[231] GINER B, PARDO F. How ethical are managers' goodwill impairment decisions in spanish-listed firms? [J]. Journal of business ethics, 2015, 132 (1): 21 –40.

[232] GLAUM M, LANDSMAN W R, WYRWA S. Goodwill impairment: the effects of public enforcement and monitoring by institutional investors [J]. The accounting review, 2018, 93 (6): 149 –180.

[233] GODFREY J M, KOH P S. Goodwill impairment as a reflection of investment opportunities [J]. Accounting & finance, 2009, 49 (1): 117 –140.

[234] GU F, LEV B. Overpriced shares, Ⅲ-advised acquisitions, and goodwill impairment [J]. Accounting review, 2011, 86 (6): 1995 –2022.

[235] GUPTA M, KHURANA I K, PEREIRA R. Legal inforcement, short maturity debt, and the incentive to manage earnings [J]. The journal of law and economics, 2008, 51 (4): 619 –639.

[236] HAUTZ J, MAYER M C J, STADLER C. Ownership identity and concentration: a study of their joint impact on corporate diversification [J]. British journal of management, 2013, 24 (1): 102 –126.

[237] HAYN C, HUGHES P J. Leading indicators of goodwill impairment [J]. Journal of accounting, auditing & finance, 2006, 21 (3): 223 –265.

[238] HEALY P M. The effect of bonus schemes on accounting decisions [J]. Journal of accounting & economics, 1985, 7 (1 –3): 85 –107.

[239] HILTON A S, O'BRIEN P C. Inco Ltd.: market value, fair value, and management discretion [J]. Journal of accounting research, 2009, 47 (1): 179 –211.

[240] HOLDERNESS C G, KROSZNER R S, SHEEHAN D P. Were the good old days that good? Changes in managerial stock ownership since

the great depression [J]. The journal of finance, 1999, 54 (2): 435-469.

[241] HOLDERNESS C G, SHEEHAN D P. The role of majority shareholders in publicly held corporations: an exploratory analysis [J]. Journal of financial economics, 1988, 20: 317-346.

[242] HOVEY M, LI L, NAUGHTON T. The relationship between valuation and ownership of listed firms in China [J]. Corporate governance: an international review, 2003, 11 (2): 112-122.

[243] HU H W, TAM O K, TAN M G S. Internal governance mechanisms and firm performance in China [J]. Asia Pacific journal of management, 2010, 27 (4): 727-749.

[244] HUTTON A P, MARCUS A J, TEHRANIAN H. Opaque financial reports, R2, and crash risk [J]. Journal of financial economics, 2009, 94 (1): 67-86.

[245] INCHAUSTI G B. The influence of company characteristics and accounting regulation on information disclosed by Spanish firms [J]. European accounting review, 1997, 6 (1): 45-68.

[246] IWASAKI I, MIZOBATA S. Ownership concentration and firm performance in european emerging economies: a meta-analysis [J]. Emerging markets finance and trade, 2019 (3): 1-36.

[247] JARVA H. Do firms manage fair value estimates? an examination of SFAS 142 goodwill impairments [J]. Journal of business finance & accounting, 2009, 36 (9-10): 1059-1086.

[248] JENSEN M C, MECKLING W H. Theory of the firm: managerial behavior, agency costs and ownership structure [J]. Journal of financial economics, 1976, 3 (4): 305-360.

[249] JHA A. Earnings management around debt-covenant violations: an empirical investigation using a large sample of quarterly data [J]. Journal of accounting, auditing & finance, 2013, 28 (4): 369-396.

[250] JIANG H, HABIB A, HU B. Ownership concentration, voluntary disclosures and information asymmetry in New Zealand [J]. The

British accounting review, 2011, 43 (1): 39 – 53.

[251] JIANG G, LEE C M C, YUE H. Tunneling through intercorporate loans: the China experience [J]. Journal of financial economics, 2010, 98 (1): 1 – 20.

[252] JIN L, MYERS S C. R2 around the world: new theory and new tests [J]. Journal of financial economics, 2006, 79 (2): 257 – 292.

[253] KABIR H, RAHMAN A. The role of corporate governance in accounting discretion under IFRS: goodwill impairment in Australia [J]. Journal of contemporary accounting & economics, 2016, 12 (3): 290 – 308.

[254] KAGNEMAN D, TVERSKY A. Prospect theory: an analysis of decision under risk [J]. Econometrica, 1979, 47 (2): 263 – 292.

[255] KANG Y S, KIM B Y. Ownership structure and firm performance: evidence from the Chinese corporate reform [J]. China economic review, 2012, 23 (2): 471 – 481.

[256] KIM J B, YI C H. Ownership structure, business group affiliation, listing status, and earnings management: evidence from Korea [J]. Contemporary accounting research, 2006, 23 (2): 427 – 464.

[257] KIM J B, CHUNG R, FIRTH M. Auditor conservatism, asymmetric monitoring, and earnings management [J]. Contemporary accounting research, 2003, 20 (2): 323 – 359.

[258] KIM J B, LI L, LU L Y, et al. Financial statement comparability and expected crash risk [J]. Journal of accounting & economics, 2016a, 61 (2 – 3): 294 – 312.

[259] KIM J B, LI Y, ZHANG L. CFOs versus CEOs: equity incentives and crashes [J]. Journal of financial economics, 2011b, 101 (3): 713 – 730.

[260] KIM J B, LI Y, ZHANG L. Corporate tax avoidance and stock price crash risk: firm-level analysis [J]. Journal of financial economics, 2011a, 99 (3): 639 – 662.

[261] KIM J B, ZHANG L. Accounting conservatism and stock price crash risk: firm-level evidence [J]. Contemporary accounting research,

2016b, 33 (1): 412-441.

[262] KLEIN A. Audit committee, board of director characteristics, and earnings management [J]. Journal of accounting and economics, 2002, 33 (3): 375-400.

[263] KNAUER T, WöHRMANN A. Market reaction to goodwill impairments [J]. European accounting review, 2016, 25 (3): 421-449.

[264] KOBAYASHI K, KUNIYOSHI N, AIHARA T, et al. Relevance of goodwill impairments to cash flow prediction and forecasting [J]. Journal of accounting auditing & finance, 2016, 31 (3): 137-154.

[265] KOTHARI S P, SHU S, WYSOCKI P D. Do Managers withhold bad news? [J]. Journal of accounting research, 2009, 47 (1): 241-276.

[266] LA PORTA R, LOPEZ-DE-SILANES F, SHLEIFER A, et al. Investor protection and corporate governance [J]. Journal of financial economics, 2000, 58 (1-2): 3-27.

[267] LA PORTA R, LOPEZ-DE-SILANES F, SHLEIFER A. Corporate ownership around the world [J]. The journal of finance, 1999, 54 (2): 471-517.

[268] LAURA C G, SILVIA G A. Post-privatisation ownership concentration: determinants and influence on firm efficiency [J]. Journal of comparative economics, 2011, 39 (3): 0-430.

[269] LAURION, HENRY AND RYANS, JAMES AND TAN, et al. Segment management to delay goodwill write-downs (September 12, 2014). Available at SSRN: https://ssrn.com/abstract=2473896.

[270] LAURION H, RYANS J, TAN S T. Segment management to delay goodwill write-downs [J]. SSRN electronic journal, 2014.

[271] LENNOX C, PITTMAN J A. Big five audits and accounting fraud [J]. Contemporary accounting research, 2010, 27 (1): 209-247.

[272] LI K K, SLOAN R G. Has goodwill accounting gone bad? [J]. Review of accounting studies, 2017: 1-40.

[273] LI X, WANG S S, WANG X. Trust and stock price crash risk: evidence from China [J]. Journal of banking & finance, 2017, 76: 74-91.

[274] LI Z, SHROFF P K, VENKATARAMAN R, et al. Causes and consequences of goodwill impairment losses [J]. Review of accounting studies, 2011, 16 (4): 745-778.

[275] LIN C, MA Y, MALATESTA P, et al. Ownership structure and the cost of corporate borrowing [J]. Journal of financial economics, 2011, 100 (1): 1-23.

[276] LIU J, UCHIDA K, GAO R. Earnings management of initial public offering firms: evidence from regulation changes in C hina [J]. Accounting & finance, 2014, 54 (2): 505-537.

[277] LOBO G J, PAUGAM L, ZHANG D, et al. The effect of joint auditor pair composition on audit quality: evidence from impairment tests [J]. Contemporary accounting research, 2017, 34 (1): 118-153.

[278] LOBO G J, ZHOU J. Changes in discretionary financial reporting behavior following the Sarbanes-Oxley Act [J]. Journal of accounting, auditing & finance, 2010, 25 (1): 1-26.

[279] LOPES P T, RODRIGUES L L. Accounting for financial instruments: an analysis of the determinants of disclosure in the Portuguese stock exchange [J]. The international journal of accounting, 2007, 42 (1): 25-56.

[280] LÓPEZ ITURRIAGA, FÉLIX J, LÓPEZ-MILLÁN, et al. Institutional framework, corporate ownership structure, and R&D investment: an international analysis [J]. R&D management, 2017, 47 (1): 141-157.

[281] MA S, NAUGHTON T, TIAN G. Ownership and ownership concentration: which is important in determining the performance of China's listed firms? [J]. Accounting and finance, 2010, 50 (4): 871-897.

[282] MAJID J A. Reporting incentives, ownership concentration by the largest outside shareholder, and reported goodwill impairment losses [J]. Journal of contemporary accounting & economics, 2015, 11

(3): 199-214.

[283] MANCINELLI L, OZKAN A. Ownership structure and dividend policy: evidence from Italian firms [J]. European journal of finance, 2006, 12 (03): 265-282.

[284] MARKARIAN G, SANTALó J. Product market competition, information and earnings management [J]. Journal of business finance & accounting, 2014, 41 (5-6): 572-599.

[285] MAURY B, PAJUSTE A. Multiple large shareholders and firm value [J]. Journal of banking & finance, 2005, 29 (7): 1813-1834.

[286] MEHRAN H. Executive compensation structure, ownership, and firm performance [J]. Journal of financial economics, 1995, 38 (2): 163-184.

[287] MOH'D M A, PERRY L G, RIMBEY J N. The impact of ownership structure on corporate debt policy: a time-series cross-sectional analysis [J]. Financial review, 1998, 33 (3): 85-98.

[288] MORSFIELD S G, TAN C E L. Do venture capitalists influence the decision to manage earnings in initial public offerings? [J]. The accounting review, 2006, 81 (5): 1119-1150.

[289] NG, ALEX, YUCE, et al. Determinants of state equity ownership, and its effect on value/performance: China's privatized firms [J]. Pacific-basin finance journal, 2009, 17 (4): 413-443.

[290] NGUYEN T, LOCKE S, REDDY K. Ownership concentration and corporate performance from a dynamic perspective: does national governance quality matter? [J]. International review of financial analysis, 2015, 41: 148-161.

[291] NOWOTNY, J, KLYTA, M, CIEŚLA T. Acquisition returns, increase in firm size, and chief executive officer compensation: the moderating role of monitoring [J]. Academy of management journal, 2002, 45 (3): 599-608.

[292] OMRAN M M, BOLBOL A, FATHELDIN A. Corporate governance and firm performance in Arab equity markets: does ownership concentration matter? [J]. International review of law & economics, 2008,

28（1）：32-45.

［293］PAANANEN M, NOVAK HAMBERG M, PAANANEN M, et al. The adoption of IFRS 3: the effects of managerial discretion and stock market reactions [J]. European accounting review, 2011, 20（2）：263-288.

［294］PATON W A. Accountants handbook [M]. New York: The Ronald Press Company, 1922.

［295］PEDERSEN T, THOMSEN S. Ownership structure and value of the largest european firms: the importance of owner identity [J]. Journal of management and governance, 2003, 7（1）：27-55.

［296］PETERSEN C, PLENBORG T. How do firms implement impairment tests of goodwill? [J]. Abacus, 2010, 46（4）：419-446.

［297］PIOTROSKI J D, WONG T J, ZHANG T. Political incentives to suppress negative information: evidence from Chinese listed firms [J]. Journal of accounting research, 2015, 53（2）：405-459.

［298］PITTMAN J A, FORTIN S. Auditor choice and the cost of debt capital for newly public firms [J]. Journal of accounting and economics, 2004, 37（1）：113-136.

［299］PROMMIN P, JUMREORNVONG S, JIRAPORN P, et al. Liquidity, ownership concentration, corporate governance, and firm value: evidence from Thailand [J]. Global finance journal, 2016, 31（4）：73-87.

［300］QIAO Y, DU B, QIAN S. Earnings management at rights issues thresholds—evidence from China [J]. Journal of banking & finance, 2006, 30（12）：3453-3468.

［301］RAMANNA K, WATTS R L. Evidence on the use of unverifiable estimates in required goodwill impairment [J]. Review of accounting studies, 2012, 17（4）：749-780.

［302］RAMANNA K. The implications of unverifiable fair-value accounting: evidence from the political economy of goodwill accounting [J]. Journal of accounting & economics, 2008, 45（2）：253-281.

［303］RAMLI N M. Ownership structure and dividend policy: evidence from

Malaysian companies [J]. International review of business research papers, 2010, 6 (1): 170-180.

[304] RODRíGUEZ-PéREZ G, VAN HEMMEN S. Debt, diversification and earnings management [J]. Journal of accounting and public policy, 2010, 29 (2): 138-159.

[305] ROYCHOWDHURY S, MARTIN X. Understanding discretion in conservatism: an alternative viewpoint [J]. Journal of accounting & economics, 2013, 56 (2-3): 134-146.

[306] ROYCHOWDHURY S. Earnings management through real activities manipulation [J]. Journal of accounting and economics, 2006, 42 (3): 335-370.

[307] SETIA-ATMAJA L Y. Governance mechanisms and firm value: the impact of ownership concentration and dividends [J]. Corporate governance an international review, 2010, 17 (6): 694-709.

[308] SHIVAKUMAR L. Do firms mislead investors by overstating earnings before seasoned equity offerings? [J]. Journal of accounting and economics, 2000, 29 (3): 339-371.

[309] SHLEIFER A, VISHNY R W. Large shareholders and corporate control [J]. Scholarly articles, 1986, 94 (3): 461-488.

[310] SHLEIFER A, VISHNY R W. A survey of corporate governance [J]. The journal of finance, 1997, 52 (2): 737-783.

[311] SHLEIFER A, VISHNY R W. Large shareholders and corporate control [J]. Journal of political economy, 1986, 94 (3): 461-488.

[312] SINGH S, TABASSUM N, DARWISH T K, et al. Corporate governance and Tobin's Q as a measure of organizational performance [J]. British journal of management, 2018, 29 (1): 171-190.

[313] SOUSA E F D, GALDI F C. The relationship between equity ownership concentration and earnings quality: evidence from Brazil [J]. Revista de Administração, 2016, 51 (4): 331-343.

[314] SUN L. Managerial ability and goodwill impairment [J]. Advances in accounting, 2016, 32: 42-51.

[315] SWEENEY A P. Debt-covenant violations and managers' accounting

responses [J]. Journal of accounting and economics, 1994, 17 (3): 281-308.

[316] TEOH S H, WELCH I, WONG T J. Earnings management and the underperformance of seasoned equity offerings1 [J]. Journal of financial economics, 1998, 50 (1): 63-99.

[317] TEOH S H, WONG T J, RAO G R. Are accruals during initial public offerings opportunistic? [J]. Review of accounting studies, 1998, 3 (1-2): 175-208.

[318] TEPALAGUL N, LIN L. Auditor independence and audit quality: a literature review [J]. Journal of accounting, auditing & finance, 2015, 30 (1): 101-121.

[319] THANATAWEE Y. Ownership structure and dividend policy: evidence from Thailand [J]. International journal of economics and finance, 2013, 5 (1): 121-132.

[320] THOMSEN S, PEDERSEN T, KVIST H K. Blockholder ownership: effects on firm value in market and control based governance systems [J]. Journal of corporate finance, 2006, 12 (2): 246-269.

[321] WATTS R L, ZIMMERMAN J L. Positive accounting theory: a ten year perspective [J]. The accounting review, 1990, 65 (1): 131-156.

[322] WEI G. Ownership structure, corporate governance and company performance in China [J]. Asia Pacific business review, 2007, 13 (4): 519-545.

[323] WEISS C, HILGER S. Ownership concentration beyond good and evil: is there an effect on corporate performance? [J]. Journal of management & governance, 2012, 16 (4): 727-752.

[324] YAO S, YANG J. Geographical distance and environmental information disclosure: the perspective of public pressure transmission efficiency [J]. Asia-Pacific journal of financial studies, 2017, 46 (3): 445-462.

[325] YU M. State ownership and firm performance: empirical evidence from Chinese listed companies [J]. China journal of accounting research, 2013, 6 (2): 75-87.